Die 50 schönsten Kreuzfahrten der Welt

Inhalt

Inselhüpfen deluxe: Als Passagier eines Kreuzfahrtschiffs erlebt man die schönsten Reiseziele der Welt aus einer neuen, faszinierenden Perspektive.

Natur und Abenteuer

01 Im Land der seufzenden Eisberge

Die Geheimnisse der Antarktis lassen sich nicht ergoogeln oder erraten. An Bord des Expeditionsschiffs Fram bekommt man die Naturgewalt und die ungeheuren Dimensionen des kalten Kontinents hautnah mit.

Text: Stefan Nink

Und dann ist da wieder dieses Geräusch, das sich anhört, als fahre jemand mit einem gewaltigen Messer über den Boden einer gigantischen Aludose, »krrschzzssht!« beginnt es irgendwo vorne und verschwindet dann über die Seite, »krrschzzssht!«. Das geht jetzt schon seit vielen Stunden so. Immer dann, wenn der Schiffsbug eine große Scholle zerschmettert und die einzelnen Eisbrocken anschließend am Rumpf entlangschreddern, immer dann hört man das bis hinauf aufs Aussichtsdeck und spürt es bis in die Knochen. Anfangs war das äußerst unheimlich, die Passagiere machten Witze, einer pfiff die Titelmelodie aus der Titanic, die anderen lachten übertrieben. Mittlerweile wundert man sich nur noch, dass es nicht noch viel häufiger rummst und kracht und »krrschzzssht!« macht: Da draußen sind Hunderte Eisberge und Eisschollen. Tausende. Zehntausende. Sie sind vorne, hinten, links und rechts. Sie sind überall.

Ein enger Canyon aus Eis

Der Kapitän war sich bis heute Morgen nicht sicher, ob er überhaupt hineinfahren sollte in die Meerenge des Lemaire-Kanals: Normalerweise gibt es hier kein Durchkommen. Der Schiffsführer aber hat da oben auf seiner Brücke wohl geahnt, dass das heute sein Glückstag sein könnte, eine jener raren Passagen, an denen einfach alles stimmt, kein Wind, keine Wolke, keine geschlossene Eisberg-Barriere, und dass er die Fram hier durchbugsieren würde bis hinaus aufs offene Meer auf der anderen Seite. Deshalb schieben wir uns seit ein paar Stunden mit permanenten »krrschzzssht!« durch einen immer enger werdenden Canyon aus Eis. Das erste Schiff in diesem

Erst durch das Kreuzfahrtschiff werden die wahren Dimensionen im Reich der Eisberge deutlich.

Die wendigen Zodiacs bahnen sich ihren Weg durchs Eis. Acht Personen haben in den Schlauchbooten Platz.

kurzen antarktischen Sommer, und so gut wie sicher auch das letzte. Vor uns her fährt ein feuerrotes Schlauchboot, das nach der besten Fahrtroute Ausschau hält. Sogar die Robben, die auf den Schollen vorbeitreiben, beobachten das Treiben erstaunt.

Orkane, Nebel und riesige Eisberge

Eine Reise in die Antarktis: Das ist auch im Zeitalter alles erfassender Satellitentechnik noch immer eine Fahrt ins Ungewisse. Man kann nämlich noch so viel zu wissen glauben über Buchten und Landeplätze am Rande des ewigen Eises, aber dann kommt man an, und alles ist anders. Vielleicht hat sich der Wind entschlossen, auf Orkanstärke aufzudrehen. Oder ein Eisberg von der Größe der Cheopspyramide blockiert die Zufahrt. Dicker Nebel, hoher Wellengang oder eine Herde zornig fauchender Seelöwen, die partout keine Schlauchboote anlanden lassen wollen – es gibt hier viele Faktoren, die einen fein ausgeklügelten Tagesplan ratzfatz zunichte machen. Und einen anderen ins Spiel bringen. Was die Passagiere zumindest an den ersten Tagen nicht stört: Hier ist nämlich alles derart spektakulär, dass man sich nicht wirklich dafür interessiert, ob man nun die Halfmoon Bay anläuft oder doch eher vor der Petermann-Insel ankert.

Wenn sich der antarktische Kontinent nach zwei Tagen Fahrt von Ushuaia aus allmählich herausschält aus dem Dunst am Horizont, erscheint er nicht wirklich existent. Eher wie ein Trugbild. Eine Schimäre. Eine Fantasie, in die man hineinfährt. Und wahrscheinlich gibt es keinen anderen Ort auf diesem Planeten, an dem man sich so schnell derart abgeschnitten fühlt wie hier, abgeschnitten vom Rest der Welt, abgeschnitten von dem, was man wusste und kannte, abgeschnitten von seinem, ja, doch: bisherigen Leben.

Wer die Antarktis besucht, fühlt sich schon bald wie ein Reisender am Ende der Zeit, driftend in einem Paralleluniversum der Unwirklichkeit, in dem Wind und Treibeis die Landschaft modellieren. Und sich die Dimensionen einen Teufel um die menschliche Wahrnehmung scheren.

Heute Ruhetag

Im Gegensatz zu den geselligen, neugierigen Pinguinen wollen die Robben und Seelöwen lieber in Frieden gelassen werden, was sie gerne durch unmissverständliches Fauchen kundtun. Ehrensache, dass die zweibeinigen Besucher respektvoll Abstand halten und die Meeressäuger von ihrem Schiff aus mit dem Fernglas heranzoomen.

Gebilde wie von Dalí gemeißelt

Die Eisberge zum Beispiel. Tauchen plötzlich vor den Bullaugen auf wie Gebilde, die aus einem surrealistischen Gemälde von Dalí gepurzelt sind und regelmäßig größer sind, als es einem Himmel und Horizont vorgaukeln. Manchmal sieht man das Scoutboot der Fram auf einen dieser Eisberge zufahren, der winzig in der

Kälte des Meeres treibt. Ist das Boot neben ihm, erkennt man, dass er groß ist wie ein Appartementblock. Und dass die kleinen Punkte oben auf ihm drauf ausgewachsene Pinguine sind. Was? Na klar sind die überall. Meistens stehen Tausende von ihnen genau an jener Stelle herum, an der die Boote anlanden. Pinguine haben ein miserables Kurzzeitgedächtnis. Selbst wenn in ihrer Bucht drei Tage zuvor andere Besucher gewesen wären, hätten sie das längst schon wieder vergessen. Deswegen schauen sie einen erst einmal an, als komme man aus einer anderen Welt. Bevor sie dann offensichtlich beschließen, dass es sich bei den Neuen um Artgenossen handelt. Merkwürdig überdimensioniert zwar, aber was soll das denn schon anderes sein, die gehen ja auch auf zwei Beinen.

Polar-Legende

Der Name des Hurtigrutenschiffs Fram erinnert an das gleichnamige Expeditionsschiff, mit dem die norwegischen Polarforscher Fridtjof Nansen und Roald Amundsen zu Beginn des 20. Jahrhunderts mit Unterstützung des Königshauses zu ihren waghalsigen Forschungsreisen zu Nord- und Südpol aufbrachen.

Ist man erst einmal als Pinguinkollege akzeptiert, gibt es keine Hemmungen mehr. Alsbald watscheln sie einem über die Gummistiefel, stellen sich in den Weg oder bringen sich für die Morgentoilette in Position (wer es genauer wissen möchte: einer Verbeugung nach vorne folgt ein meterlanger, übel riechender Strahl). Und wenn man sich auf einen Stein setzt und sie beobachtet, muss man damit rechnen, dass sie über kurz oder lang versuchen, den Rucksack anzufressen oder auch gerne die Hose. Stoßen sie dabei auf Schwierigkeiten, schlagen sie aufgeregt mit ihren Stummelflügeln und krächzen ohrenbetäubend. Das soll jetzt nicht undankbar klingen. Aber manchmal ist man froh, wenn einen die Schlauchboote zurück in die Pinguin-freie Zone der Fram bringen.

Happy Feet: Millionen von Pinguinen bevölkern die Antarktis. Tollpatsche an Land, sind sie elegante Schwimmer.

Schwimmender Hörsaal

Über das Schiff müssen wir sowieso noch reden. Mit handelsüblichen Kreuzfahrern hat die Fram nämlich nichts zu tun. Das Schiff ist ausgerüstet mit all jenen wunderbaren Dingen, die man an einer Seereise schätzt, bei der man nicht bloß im Whirlpool oder an der Bar sitzen, sondern ein Land erleben möchte. Wer auf der Fram unterwegs ist, fährt auf einer schwimmenden Universität, in der mitreisende Botaniker, Geologen und Biologen Vorträge halten, Filme präsentieren und mit den Passagieren über den Klimawandel diskutieren. Wenn man es anschließend noch ein wenig genauer wissen will, kann man sich mit einem Band aus der wissenschaftlichen Bordbibliothek in die Panorama-Bar setzen. Die Fram ist übrigens gerade groß genug, um sämtlichen Mitpassagieren aus dem Weg zu gehen, wenn man nichts anderes machen möchte als lesen und Eisberge schauen, ein Glas Rotwein in der Hand, den iPod in der Tasche und das ätherische Gesäusel von Sigur Ros im Ohr. Edvard Grieg passt auch sehr gut.

Das macht man übrigens sehr oft: einfach nur schauen. In der Szenerie versinken. In sich hineinhören. Im antarktischen Sommer sind die Tage lang, ist die Dämmerung endlos, weshalb die meisten Passagiere ständig

Der kalte Kontinent

Die Antarktis ist der kälteste Kontinent der Erde. Hier wurde bei der ehemals sowjetischen Station Wostok am 21. Juli 1983 in 3420 Meter Höhe die niedrigste Temperatur aller Zeiten gemessen: unglaubliche –89 °C. An der Küste sind die Temperaturen moderater: zwischen –20 und –30 °C im Winter, um die Nullgradgrenze im Sommer. An Süd- und Nordpol erreicht nur wenig Sonnenstrahlung die Erde, da sie in einem sehr flachen Winkel auftrifft. Dazu kommt die ständige Eisbedeckung, die zur Folge hat, dass ein großer Teil der Sonnenstrahlung in den Weltraum zurückgeworfen wird, statt den Kontinent zu erwärmen. Die Antarktis ist auch gefürchtet wegen ihrer Stürme, die Geschwindigkeiten von bis zu 250 km/h erreichen. Im Landesinneren werden bis zu 340 Sturmtage pro Jahr gezählt. Beste Reisezeit ist der antarktische Sommer zwischen Dezember und März.

an Deck zu sein scheinen, warm verpackt in voluminöse Daunenjacken, die sie wie Teletubbies aussehen lassen. Manchmal gehen Eis und Schnee und Wolken eine so nahe Verbindung ein, dass es scheint, als würden die Wolken aus den weißen Flanken der Berge hinauswachsen, als seien sie geboren aus Eis und Schnee und schwebten anschließend die Hänge hinunter. Wenn man an der Reling steht, zieht eine Leinwand aus Bergen und Gletschern vorbei, die eine ähnliche Wirkung entfaltet wie ein loderndes Kaminfeuer: Obwohl sich das Bild nicht wirklich verändert, kann man sich nicht davon losreißen. Bis es irgendwann zu kalt wird. Und gerade wenn man hineingehen will, passiert dann meistens wieder etwas Spektakuläres – als wolle dieses Land einen mit aller Macht dazu bringen, es keine Minute aus den Augen zu lassen. Dann taucht zum Beispiel auf der Backbordseite ein Wal aus dem Wasser auf, prustet eine Fontäne in die Luft und taucht unter dem Schiffsrumpf hinüber nach Steuerbord, damit ihn dort auch jeder sehen kann. Oder es kommt eine Scholle voller Robben angetrieben. Oder ein eisiger Koloss stellt fest, dass er eigentlich viel zu groß ist.

Ein auseinanderbrechender Eisberg gehört zu jenen Anblicken, die man nie im Leben mehr vergisst. Wie fließende Lava. Wie ein explodierender Geysir. Zuerst knirscht es verhalten, dann grummelt es kurz, und wenn dann eine Eiswand von der Größe eines Ministerialgebäudes nach vorne wegknickt, entsteht ganz kurz diese in der Luft hängende Stille, die ein akustisches Großereignis ankündigt. Dann kracht das Eis aufs Wasser und die Schallwelle gegen die Trommelfelle, und wenn man nah genug dran ist, hallt es noch einige Sekunden irgendwo da drinnen in einem nach. Und dann hört man dieses Seufzen. Als ob der Berg um sein verlorenes Eis trauere. Kommt aber nur aus einem selbst, dieses Seufzen. Und bevor man das erkannt hat, sind die Reste des Eisberges schon wieder im Nebel verschwunden.

Lebensfeindliche Zone

Welch einen Unterschied das Wetter hier macht! Bei Sonnenschein ist die Antarktis pompös und majestätisch, eine tiefgefrorene Märchenlandschaft, zu der im Kopf eine Musik mit Pauken und Trompeten loslegt, als kämen die Walküren vom anderen Ende der Welt hinuntergaloppiert. Weil das Meer so stahlblau ist, erscheint das Eis gleißend weiß, und weil das Eis so weiß ist, sieht es obendrüber aus, als solle der Begriff »Himmelblau« neu definiert werden. Aber wehe, Wolken ziehen auf oder Nebel! Dann pfeift der Wind und die Pinguine rücken zusammen, und die Antarktis gehört von einer Minute auf die andere zu jenen Landschaften, die einem unmissverständlich signalisieren, dass sie keinerlei Spaß verstehen. Das sind dann jene Tage, an denen man erkennt, weshalb der Mensch es hier nie lange ausgehalten hat – und sich absetzte, sobald sich eine Möglichkeit eröffnete. Wie in der Halfmoon Bay, wo die Ruinen einer Walverarbeitungsanlage stehen. Die rostigen Tanks und Kessel sehen aus wie die Überreste einer außerirdi-

Fire & Ice

Die einzigen Siedlungen in der Antarktis sind Forschungsstationen. Hier besuchen die Fram-Passagiere die argentinische Almirante Brown Base in der Paradise Bay, die 1984 ein verzweifelter, dort stationierter Arzt in Brand gesteckt hat. Teilweise wurde die Station wieder aufgebaut.

Füttern und streicheln verboten

Um das sensible Ökosystem der Antarktis zu schützen, gelten in dieser Region für Besucher besonders strenge Regeln, die im internationalen Antarktis-Vertrag von 1961 festgelegt sind. Kreuzfahrtpassagieren werden diese Verhaltensregeln sehr gründlich eingeprägt. Dazu gehören:

- Füttern und berühren Sie keine Vögel und Robben. Besondere Vorsicht bei Tieren mit Jungen
- Beschädigen Sie keine Pflanzen. Auch beim Gehen über moosbewachsenen Grund ist Vorsicht geboten.
- Vermeiden Sie Lärm, Sie könnten die Wildtiere stören.
- Halten Sie ausreichend Abstand zu den Tieren.
- Stören Sie keine Wissenschaftler bei der Arbeit.
- Betreten Sie keine Gletscher oder Eisfelder ohne eine entsprechende Ausrüstung. Vorsicht: Gletscherspalten!
- Das Wegwerfen oder Verbrennen von Abfall ist strengstens verboten!
- Werfen Sie nichts ins Meer, in Seen und Flüsse.
- Nehmen Sie keine Steine, Knochen, Eier und Fossilien mit.

schen Zivilisation, die einst hier Fuß fassen wollte und es sich dann doch anders überlegt hatte. Auch die britische Station »Base E« auf Stonington Island ist längst verlassen. In den Regalen stapeln sich alte Konserven, auf dem Tisch stehen Gläser und Teller, es scheint, als seien die Forscher nur mal kurz um den Block – dem Aktfoto von Raquel Welch auf der Herrentoilette nach zu schließen muss das um 1976 gewesen sein. Seitdem war hier ganz offensichtlich niemand mehr. Bis auf ein paar Touristen.

Vielleicht ist es auch dieses Gefühl der Verlassenheit, das dieses Land so besonders macht. Es gibt keine Geschichte, zumindest keine, die wir erfassen könnten, alles ist Eis, Wasser und Schnee, weshalb man hier ganz schnell daran zweifeln kann, ob man sich in der Gegenwart befindet oder doch in einer Zeit vor Christus. In solchen Momenten weiß man nicht so recht, woran man ist. Klar, das da hinten ist mein Schiff, da vorne fotografieren die anderen eine Robbenkolonie, ab 19 Uhr gibt es Abendessen – und dennoch fühlt man sich seltsam orientierungslos und ein klein wenig verloren. Die Antarktis gibt sich so, als liege sie nicht auf eben dieser Welt. Sondern in einer anderen Zeit, in einem anderen Raum. Und nur, weil der Kapitän soeben über Bordlautsprecher verkündet, der Lemaire-Kanal sei durchquert, und weil die Passagiere jubeln und die Mannschaft sich gegenseitig abklatscht und es noch einmal »krrschzzssht!« macht, wie zum großen Finale – nur deshalb ist man sich sicher, dass man genau da ist, wo man zu sein glaubt.

Wo Eisberge und Pinguine die Show machen

Steckbrief Fram
Reederei: Hurtigruten
Baujahr: 2007
Dimensionen: 12 700 BRZ, Länge: 113,8 Meter, Breite: 20,2 Meter
Passagierdecks: 8
Passagiere: max. 318
Mannschaft: 70–80
Einsatzgebiet: Arktis (Sommer), Europa (Frühling, Herbst), Antarktis (Winter)

Kabinen & Suiten
128 Passagierkabinen: davon 24 Innenkabinen, 83 Außenkabinen, 21 Suiten (7 davon mit Balkon), 2 behindertengerechte Kabinen. Alle Kabinen verfügen über ein großes Doppelbett bzw. 2 Einzelbetten, einige können auch als 3- oder 4-Bett-Kabinen genutzt werden. Alle Kabinen sind mit Bad, Telefon, TV-Gerät, Kühlschrank, Haartrockner sowie individuell regulierbarer Klimaanlage ausgestattet. Die modern-klassische Inneneinrichtung wurde in Anlehnung an das Fahrtgebiet Grönland entworfen, so spiegelt z. B. das Design der Kabinen die drei Elemente Himmel, Land und See wider.

Restaurants & Bars
Restaurant mit Büfett, zwei Sitzungen beim Dinner. Kleines Selbstbedienungscafé (Kuchen, Kekse, Kaffee und Tee) rund um die Uhr. Panorama-Lounge mit Kaffee- und Bargetränken (kostenpflichtig). Mineralwasser zu den Mahlzeiten gegen Reisepauschal-Abo, sonstige Getränke kostenpflichtig.

Sport & Wellness
Das Schiff ist mit einer Sauna, einem kleinen Fitnessraum und zwei Whirlpools an Deck ausgestattet.

Unterhaltung & Ausflüge
Die Fram ist keine erste Wahl für Leute, die abends in einer Broadway-Show sitzen möchten oder das Angebot einer klassischen Kreuzfahrt erwarten – auf diesem Schiff liefert die Natur das Programm. Die meisten Passagiere halten sich bis spät in den Abend an Deck oder in der verglasten Panorama-Lounge auf, schauen den vorbeitreibenden Eisbergen zu oder lesen in Büchern aus der Bordbibliothek. Überhaupt kann man die Fram wie eine schwimmende Universität nutzen: An den meisten Tagen halten die Wissenschaftler des Expeditionsteams zwischen Frühstück und Abendessen Vorträge zu Geschichte, Geologie sowie Flora und Fauna des Reisegebietes (jeweils in Deutsch und Englisch).
In Arktis, Antarktis und auf Spitzbergen gehören Landgänge mit Schlauchboot-Shuttles und wissenschaftlicher Begleitung zum festen Tagesrhythmus (sind im Reisepreis inklusive). Außer bei Spitzbergen-Reisen können kostenpflichtige Zusatzausflüge gebucht werden. Alle Anlandungen sind abhängig von Wetter- und Eisbedingungen.

Grandiose Landschaften und ein buntes Ausflugsprogramm sorgen für gute Stimmung.

Bordsprache & Dresscode
Deutsch und Englisch sind die dominierenden Sprachen; die meisten Offiziere und Wissenschaftler sprechen Deutsch. Es gibt keinerlei Dresscode: Jeans und Pullover sind auch beim Dinner völlig ok.

Fazit
Ein wunderbares Schiff für alle, die es als Abenteuer begreifen, die Arktis oder Antarktis hautnah und mit wissenschaftlichem Hintergrund zu erleben. Die lässig-lockere Atmosphäre und Null-Kleiderordnung tragen dazu bei, dass man sich an Bord der Fram sofort wohlfühlt.

Info & Buchung
Hurtigruten, Große Bleichen 23, 20354 Hamburg, Tel. 0 40/87 40 83 58, www.hurtigruten.de oder im Reisebüro

02 Gletscherzungen, Walflossen und Clintons Saxofon

Eine Kreuzfahrt durch Alaskas Inside Passage offenbart die kraftvolle Schönheit von Amerikas größtem und nördlichstem Bundesstaat.

Wunderbarer Jetlag! Ohne ihn wäre man sicher nicht um halb fünf in der Früh aufgewacht und hätte dann diesen Sonnenaufgang verpasst. Der Himmel glüht in allen Violett-Tönen und spiegelt sich auf der Wasseroberfläche, auf der einzelne Baumstämme treiben. Am Abend zuvor hatte das Kreuzfahrtschiff Zaandam in der kanadischen Pazifikmetropole Vancouver abgelegt, um zur Fahrt durch die Inside Passage aufzubrechen. Die Fjord- und Inselwelt des 800 Kilometer langen Küstenstreifens im Südosten Alaskas zählt zu den schönsten Wildnis-Paradiesen der Welt.

Die Atmosphäre auf der Zaandam, genannt nach der Stadt in den Niederlanden, ist leger. Musik gehört zum festen Programmteil an Bord des immerhin rund 1400 Passagiere fassenden Schiffs. Kein Wunder, sind doch hier Musikinstrumente wie das Saxofon von Bill Clinton sowie signierte Gitarren von Queen, Eric Clapton und den Rolling Stones als Kunstobjekte zu sehen. Und eine barocke holländische Orgel nimmt das dreistöckige Atrium der Zaandam ein.

Erster Anlegehafen ist Ketchikan, etwa 150 Kilometer nördlich von Prince Rupert in Kanadas Provinz British Columbia. Nicht ohne Selbstironie brüstet sich das Städtchen damit, der regenreichste Ort der Welt zu sein. Die Einwohner sehen das positiv-locker und nennen den Regen »liquid sunshine« (flüssiger Sonnenschein), und Regenschirme kommen schon aus Prinzip nicht infrage. Und so werden Landgänger in den zahlreichen Läden an der Front Street auch keine finden und sich dafür mit T-Shirts, Eskimo- und Indianer-Nippes eindecken, bevor sie zu den Ausflügen aufbrechen.

Am nächsten Morgen strahlt die Sonne. In Alaskas Hauptstadt Juneau, in der Bucht unterhalb des gewaltigen Mount Juneau, beginnt das tägliche Treiben auf den Straßen. Nach Juneau gelangt man nur mit dem Schiff oder dem Flugzeug, gewaltige Berge und Gletscherfelder schneiden die Stadt von den Überlandstraßen ab. Mit jeder Seemeile in Richtung Norden wird der Landschaftscharakter arktischer. Riesige Gletscherzungen bahnen sich ihren Weg ins Meer. Immer wieder brechen Eiswände ab und stürzen mit Getöse ins Wasser.

Nächster Hafen ist Skagway: Von hier aus machten sich Goldsucher 1896 auf den beschwerlichen Weg über den White Pass und den Chilkoot Pass ins Landesinnere zu den Goldfeldern am Klondike River. Das Gold-Rush-Feeling ist noch überall präsent. Nach der Fahrt durch die majestätische Glacier Bay auf die offene See in den Golf von Alaska hinaus sind die Chancen, Buckelwale, Delfine und Seelöwen zu sehen, groß. Gleichzeitig mit der Zaandam laufen zahlreiche Fischerboote in den Zielhafen Seward ein – an Bord stolze Angler mit ihren stattlichen Heilbutts und Königslachsen. Wer ein Alaska-Anschlussprogramm gebucht hat, zieht vielleicht bald selbst einen solchen »King« aus dem Wasser.

Zaandam
Zielgebiet: Alaska
Buchung: Holland America Line, www.hollandamerica.com und im Reisebüro

03 Reise in die Vergangenheit

Besuch bei Riesenechsen. Die Galapagos-Inseln gehören zu den letzten Naturparadiesen.

Dutzende von Riesenechsen aalen sich auf einem schwarzen Lavafelsen in der Mittagssonne. Seelöwen liegen unbeweglich wie Brotlaibe am Strand, zwischen ihnen balzt ein Blaufußtölpel seine Auserwählte an. Flamingos stehen in einem Tümpel und putzen sich das rosafarbene Gefieder. Von den 18 Menschen, die aus dem gerade angelandeten Zodiac aussteigen, scheinen sie sich nicht aus der Ruhe bringen zu lassen. Jede Gruppe wird von mindestens einem Ranger begleitet, der streng darüber wacht, dass bei der Naturschau niemand die markierten Pfade verlässt. Der aus rund 45 Vulkaninseln bestehende Archipel im Pazifik ist Unesco-Weltkulturerbe und gehört zu den naturgeschichtlich bedeutendsten Regionen der Welt. Die Celebrity Xpedition steuert ihre Gäste im Wochenrhythmus durch diese einzigartige Inselwelt. Spektakulärste Bewohner sind die drachenähnlichen Iguanas und riesigen Elefantenschildkröten. Nach diesem Kontrastprogramm taucht man am Ende des Tages wieder in die entspannte Yacht-Atmosphäre der Celebrity Xpedition ein.

Celebrity Xpedition
Zielgebiet: Galapagos-Inseln
Buchung: Celebrity Cruises, Tel. 0800/ 7240346, www.celebritycruises.de

04 Stahl trifft auf Eis

Der finnische Eisbrecher Sampo nimmt Passagiere mit ins ewige Eis.

40 Jahre lang brach der 3540 Tonnen schwere Stahlkoloss für andere Schiffe Fahrrinnen durchs meterdicke Ostsee-Eis. Dann durfte sich die Sampo in den wohlverdienten Ruhestand begeben – um als Passagier-Eisbrecher ein erfolgreiches Comeback zu feiern. Vom Städtchen Kemi in Finnisch-Lappland startet die Sampo zu ihren vierstündigen Fahrten durchs Meer. Das Aufeinandertreffen von massivem Stahl und Eis ist überwältigend. Erstaunlich, wie mühelos und nahezu lautlos der 3400-Tonner selbst mit acht Meter dicken Eisschichten fertigwird. Am Ende der Fahrt können sich Passagiere auf Wunsch ein Bad im nördlichen Bottnischen Meerbusen gönnen. Kein Witz, dicke Neoprenanzüge sorgen in arktischer Kälte für wohlige Wärme.

Sampo
Zielgebiet: Finnland
Buchung: Nordic Holidays,
Tel. 04121/79110,
www.nordic-holidays.de

05 Schlaflos am Polarkreis

Eine Kreuzfahrt mit den Hurtigruten zur norwegischen Mitternachtssonne wirkt wie eine Partydroge.

Das Meer glitzert wie nach einem Goldregen. In der Ferne erheben sich kantige, hohe Berge, die wie Scherenschnitte aussehen. Es sind die letzten Ausläufer der Lofoten, einer Inselgruppe von etwa 80 Eilanden vor der Westküste Norwegens. Obwohl es bald auf Mitternacht zugeht, tragen die Passagiere an Deck der Finnmarken Sonnenbrillen. Eingehüllt in Windbreaker und Decken wollen sie ganz unmittelbar erleben, wie sich die Sonne zügig auf den Horizont zu bewegt, kurz vor dem Abtauchen aber die Kurve kriegt und wieder gen Himmel steigt.

An Tagen wie diesen ist die Sonne die Königin der Nacht. Mitternachtssonne heißt dieses Phänomen in den Regionen um den nördlichen (und südlichen) Polarkreis. In den Wochen vor und nach der Sommersonnenwende kommt es höchstens zu einer kurzen kaum wahrzunehmenden Dämmerung. Die Menschen, die hier leben, wollen dieses Geschenk der Natur vollends auskosten – als Entschädigung für die langen finsteren Wintertage – und haben ihren Organismus auf »wach« programmiert. Bei den Passagieren auf der Finnmarken scheint das automatisch erfolgt zu sein. Die Dauersonne wirkt wie eine Partydroge, macht sie aufgedreht und munter. Seit die Kreuzfahrer vor einigen Tagen in Tromsø an Bord gegangen sind, haben sie nicht mehr richtig geschlafen. Hier mal drei Stunden am Stück, dort ein Nickerchen im Liegestuhl – mehr ist einfach nicht drin. Man will schließlich nichts verpassen.

Es gibt keine authentischere Art Norwegen zu bereisen als mit einem der Postschiffe. Seit 1893 verkehren die Schiffe »der schnellen Linie« – so die wörtliche Übersetzung – zwischen den Häfen der spektakulären Fjord- und Schärenküste. Elf Tage dauert die Reise von Kirkenes im Norden nach Bergen im Süden, dabei legen die elf Schiffe 2500 Seemeilen zurück und laufen 34 Häfen an. Die Schiffsverbindung zählt bis heute zu den wichtigsten Verkehrsadern in den dünn besiedelten Norden.

Für die Norweger sind die Hurtigruten Transportmittel und Nationalheiligtum zugleich, für die vielen Touristen der Schlüssel zu einem einzigartigen Natur- und Kreuzfahrterlebnis. Die wild zerklüftete Küste Norwegens mit Bergen, Gletschern, den tief ins Land dringenden Fjorden, Dörfern und Gehöften, die nur auf dem Seeweg zu erreichen sind, ist immer in greifbarer Nähe. Die klare Luft und die Weite tun ihr Übriges, um das Grandiose dieser Fels- und Wasserlandschaft immer wieder neu zu spüren. Die Stopps in den meist winzigen Häfen dauern lange genug, um sich an Land die Beine zu vertreten. Landgänge in den Lofoten-Siedlungen Solvær und Stamsund sind ein geruchsintensives Erlebnis. Der Fisch ist das Markenzeichen des Archipels. Überall stehen meterhohe Holzgestelle, an denen Dorsche zum Trocknen aufgehängt sind. Dieser Stockfisch geht in den Export bis nach Südeuropa und Westafrika. Das Hafengelände mit seinen Holzhäusern auf Stelzen wird durch die tief stehende Sonne prächtig in Szene gesetzt.

Auf den Hurtigrutenschiffen gibt es kein offizielles Unterhaltungsprogramm – wo doch die Natur eine grandiose Show nach der anderen abzieht. Umso größer ist die Überraschung, als eines schönen Abends eine Combo mit einer fantastischen Sängerin, Typ Edith Piaf, auftritt. Die Lieder erzählen von der Freude auf den Sommer, von Wintermelancholie und natürlich von der Liebe. Die berührende Vorführung bringt eine Gruppe Italiener auf die ulkige Idee, am Abend darauf mit einem italienischen Liederabend dagegenzuhalten und diesen vollmundig über Bordlautsprecher ankündigen zu lassen. Die Performance gerät dann aber so dilettantisch, dass selbst die gutmütigsten Zuhörer an die Bar fliehen.

Sechs Stunden dauert die Überfahrt von Stamsund zum Festland nach Bodø, wo die Finnmarken gegen 1.30 Uhr einläuft. Auf dem großen Platz vor der Hafenpromenade herrscht Volksfeststimmung. Aus den Lautsprechern wummern lateinamerikanische Rhythmen. Es kreisen die Hüften, es fliegen Röckchen. Auf einem mit Sand aufgeschütteten Beachsoccer-Platz ist ein Turnier im Gange. Die Spieler werden von Fans und Cheerleaders angefeuert. Hier geht noch lange keiner schlafen.

Weiter geht die Reise gen Süden. Am nächsten Morgen nach dem Frühstück folgen die Passagiere unverzüglich einer Lautsprecher-Ansage und stürmen aufs Oberdeck an die Steuerbord-Reling. Ein feierlicher Moment; die Finnmarken überquert soeben den Polarkreis. Auf einer kleinen Schäre markiert das Modell einer Weltkugel die imaginäre Trennlinie, die etwas nördlich des 66. Breitengrades verläuft. Später wird das Schiff für drei Stunden in Trondheim anlegen, Norwegens drittgrößter Stadt mit alten Speicherhäusern, Holzbrücken und dem prächtigen Nidaros-Dom, in dem bis heute die norwegischen Könige gekrönt werden. Vielleicht ist bis dahin ein wenig Schlaf drin? Wahrscheinlich aber wird die eindrucksvolle Landschaft die Passagiere davon abhalten. Wieder mal.

Finnmarken
Zielgebiet: Norwegen
Buchung: Hurtigruten,
Tel. 0 40/87 40 83 58,
www.hurtigruten.de

06 Auf dem falschen Dampfer

Frachter statt Oceanliner: Für die junge Reporterin war die Enttäuschung zunächst riesengroß. Doch nach einem total missglückten Start nahm die Reise eine wunderbare Wendung.

Text: Brigitte von Imhof

In jener Montagmorgenkonferenz fiel meine Euphorie binnen weniger Sekunden in sich zusammen wie ein missglücktes Soufflé. Es hatte geheißen, ich solle auf Kreuzfahrt-Recherche gehen. Yippie!! Der Traum vom Traumschiff würde endlich wahr werden. Ich sah mich schon in langer Abendrobe durch den eleganten Speisesaal rauschen und stellte erste Überlegungen an, mit welchen spritzigen Themen ich am Captain's Table glänzen könnte ... Doch am Konferenztisch eröffnete mir der Chefredakteur, dass die erste Seereise meines Lebens auf einem Frachter stattfinden würde. Von Triest aus sollte es eine Woche lang durch die Adria und die griechische Inselwelt nach Alexandria in Ägypten gehen und schließlich weiter nach Israel zum Zielhafen Ashdod. Den größten Spaß hatten meine Redaktionskolleginnen. Sie ergötzten sich an der Vorstellung, wie ein Rudel stockbesoffener Matrosen nächtens an meiner Kabinentür scharrten, und hakten unermüdlich nach, mit wie vielen Pools und Nightclubs mein Schiff denn ausgestattet sei.

Unfroh saß ich zwei Wochen später im Zug nach Triest. Ich hatte meine Enttäuschung mittlerweile verdaut und beschlossen, die Sache mit frischer journalistischer Neugier anzugehen. Doch in Triest sollte mich gleich der erste Dämpfer erwarten: Nachdem ich im Hotel eingecheckt hatte, sprach ich in der Schifffahrtsagentur vor, wo ich mich am nächsten Morgen einfinden solle. Der junge Mitarbeiter zuckte mit den Achseln: Man wisse nicht, wann das Schiff komme, ich solle mich morgen Mittag nochmals melden. Der Frust drohte in Richtung Depression zu kippen, als mir tags darauf dieselben Schultern entgegenzuckten. Keine Neuigkeiten von der

Wo bleibt nur der Kabinensteward? An Bord eines Frachters lernen die Passagiere zu improvisieren.

Besser an Bord

Landgänge mit Tücken: Es gibt keine verbindlichen Abfahrtszeiten. Außerdem liegen die Häfen oft weit vom Stadtzentrum entfernt. Lass dann noch das Taxi im Stau stecken bleiben ... Dass je ein Frachtschiff auf einen Passagier gewartet hat, soll noch nie vorgekommen sein.

Freccia dell'Ovest, leider. Bei Frachtschiffen könnten die angegebenen An- und Ablegezeiten sogar um mehrere Tage abweichen. »Mal gibt es Probleme mit dem Beladen, mal sorgt der Zoll für Verzögerungen«, holte er aus und komplimentierte mich mit einem beschwichtigenden »Irgendwann wird Ihr Schiff schon kommen« aus dem Büro.

Tristesse in Triest

Als hätte mich der Triester Dauerregen nicht schon genug zermürbt. Wie oft bin ich über die Piazza dell'Unita mit ihren neoklassizistischen Prachtbauten und über den Opernplatz mit dem Teatro Verdi geschlendert? Wie viele Stunden habe ich in Cafés und Bars totgeschlagen und bei überteuerten Cappuccini den waagerecht daherfliegenden Regen durch die Fensterscheiben angestarrt? Ich fühlte mich ausgesetzt und angefeindet, elend und einsam. Erst an Tag drei meines unfreiwilligen Triest-Trips kam vom Achselzucker die erlösende Nachricht: Das Schiff sei im Hafen eingetroffen und ich könne gegen 14 Uhr an Bord gehen.

Da war sie also, die Freccia dell'Ovest, der Pfeil des Westens. Himmel, der Kahn sah ja genau so aus, wie ich ihn mir vorgestellt hatte – ein weißgelber, nicht zu großer Rostkübel. Dann also mal rein. Ich steuerte auf einen Mann zu, der mit wild rudernden Armen einen Lastenkran dirigierte. »Scusi Signore«, hob ich freundlich an. »Wo bitte finde ich den Kapitän dieses Schiffs? Ich werde erwartet.« Zwei lebhafte schwarze Augen musterten mich. »Ich bin Commandante Luigi und Sie sind bestimmt die Journalistin aus Deutschland. Sie sehen, wir haben eine Menge hier zu tun. Am besten gehen Sie aufs Schiff und lassen sich von einem meiner Leute Ihre Kabine zeigen. Da bleiben Sie, bis wir ablegen, so gegen vier oder fünf. Vorher würden Sie uns nur im Weg stehen.«

Ein VIP-Empfang wie aus dem Bilderbuch! Meine Kabine war okay. Sauber, zweckmäßig, klein, mit ausreichend Stauraum für meine paar Klamotten und das Waschzeug. Ich legte mich aufs Bett und starrte an die Decke. Mein Kopf war leer, ich spürte nichts als dumpfe Gleichgültigkeit. An der Tür klopfte es. »Signora?« Commandante Luigi streckte mir verlegen ein paar bunte Blümchen entgegen. »Tut mir leid, dass ich vorhin etwas kurz angebunden war. Aber draußen gab es einige Probleme mit der neuen Fracht ... Ist die Kabine in Ordnung?« »Ja, alles bestens«, gab ich versöhnt zurück. »Ich muss rauf, wir legen gleich ab. Kommen Sie doch in einer Stunde in die Messe. Wir trinken einen Schluck, essen ein paar Happen, und dann lernen Sie meine Kollegen und die anderen Passagiere kennen.«

Endlich geht's los!

Eigentlich ein ganz netter Mann. Der hatte natürlich andere Probleme, als für eine vom Triester Dauerregen zermürbte Reporterin den Animateur zu mimen. Auf einmal geriet

Brücke, Maschinenraum, Kombüse: Passagiere können jederzeit Einblick nehmen in den Alltag der Crew.

Picknick an Deck

Wenn das Wetter schön und der Schiffskoch gut glelaunt ist, werden die Passagiere zwischendurch mal mit einem Barbecue überrascht. Auf Frachtschiffen, wo die Crew hart arbeiten muss, gibt es stets gut, reichlich und abwechslungsreich zu essen.

Bewegung unter meine Füße. Mit der Nase ans Bullauge gepresst verfolgte ich gebannt, wie das Schiff aus dem Hafen glitt und das triste Triest hinter sich ließ. Ach, vielleicht würde das hier doch noch ganz nett. Und vielleicht hörte irgendwann auch der verdammte Regen auf, der wütend gegen das Schiff peitschte.

Bei Prosecco und Antipasti lernte ich meine Mitreisenden und weitere Crew-Mitglieder kennen: Das israelische Ehepaar, Reuben und Luzie, die den neugeborenen Enkelsohn in Zürich besucht hatten. Der in Wien studierende Ägypter Karim auf dem Weg zur Familie in Alexandria und Enrico, ein Arzt aus Rom, der einen Freund in Tel Aviv besuchen wollte. Zu dem Zweck hatte er auch sein Auto dabei. Maximal zwölf Passagiere dürfen auf Frachtschiffen mitreisen, ab 13 Fahrgästen muss einer internationalen Bestimmung zufolge ein Schiffsarzt an Bord sein.

Seegang mit üblen Folgen

Mittlerweile hatte leichter Wellengang eingesetzt. Ich fand das Geschaukel herrlich, während Enrico immer blasser wurde und sich mit einem knappen Gruß verabschiedete. Maurizio sah ihm hinterher. »Heute Nacht könnte es noch ein bisschen stürmischer werden«, meinte er unheilvoll. Ich grinste in mich hinein: Hoffentlich war unser Dottore heute Nacht nicht zum Bereitschaftsdienst eingeteilt. Eine halbe Stunde später war mir das Grinsen vergangen. Der Seegang hatte meinem Magen zugesetzt. Rocco trug das Abendessen auf. Der Anblick dampfender Rigatoni-Berge mit Fleischsoße gab mir den Rest. Ich verließ mein erstes, total vermurkstes Captain's Dinner und sauste zurück zum Kabinenklo – nicht ohne mit dem Kopf zweimal gegen die Wand zu schlagen. Der Wellengang hatte mittlerweile bedrohliche Ausmaße angenommen und warf mich herum wie eine Flipperkugel. Elend hing ich über der Kloschüssel und feierte in mehreren Gängen Wiedersehen mit dem kompletten Vorspeisen-Büfett. In der Kabine nebenan schien jemand ebenfalls mit dem Brechtod zu ringen.

Der nächste Morgen tat so, als wäre nichts gewesen. Durch das Rund meines Bullauges blitzte der stahlblaue Himmel. Nur noch ein sanftes, rhythmisches Wanken war zu spüren. Mein Magen röhrte vor Hunger und der Kreislauf ließ etwas zu wünschen übrig, als ich unter der Dusche das Elend der letzten Nacht abzuwaschen versuchte. Mit wackeligen Knien, aber frohen Mutes machte ich mich auf den Weg zum Frühstück, wo ich von Rocco überschwänglich begrüßt wurde. Ob ich auch Rührei mit Speck wolle. Nach und nach trafen meine Mitpassagiere ein.

Es wurden herrliche Tage. Mit jeder Seemeile gen Süden wurde es wärmer. Bald hatten wir die Adria verlassen und das Ionische Meer erreicht. Geschmeidig bahnte sich die Freccia dell'Ovest ihren Weg durch die griechische Inselwelt. Ein intensives Glücksgefühl ergriff von mir Besitz. Gab es etwas Schöneres, als den Nachmittag im Liegestuhl zu dösen und ein Buch in einem Stück durchzulesen? Zusammen mit dem Commandante den Nachthimmel nach Sternbildern abzusuchen oder den Umgang mit einem Sextanten erklärt zu bekommen? Die 25 Mann Besatzung auf der Freccia, ausnahmslos Neapolitaner, machten es mir mit ihrer herzlich-lebhaften Art immer leichter, mich bei ihnen daheim zu fühlen.

Kulinarische Offenbarungen

Wenn man eine Woche lang auf der Kapitänsbrücke, in der Funkerbude, im Maschinenraum und in der Schiffsküche aus- und eingeht, wenn einem der Kapitän spannende Geschichten aus seinem langen Seefahrerleben erzählt und einem der Maschinist mit leuchtenden Augen vorrechnet, in wie vielen Tagen er seine Frau wiedersieht, bekommt man einen kleinen, aber authentischen Einblick in das Leben auf See. Ich möchte mir kein Urteil darüber anmaßen, wie hart so ein Job ist. Doch solange die Mannschaft von einem Schiffskoch wie Rocco verpflegt wird, kann es so schlimm eigentlich nicht sein. Rocco zog alle Register italienischer Kochkunst und verwöhnte uns Tag für Tag mit opulenten Menüs. Antipasti, Pasta in allen Variationen, wie sie nur Italiener hinbekommen, Seebarsch in der Salzkruste, Piccata Milanese, Ratatouille, knackige Salate, frisches Obst, Käse und Desserts.

Wir wuchsen zu einer verschworenen Clique zusammen. Wir hatten die Freiheit, nicht zusammenglucken zu müssen. Aber nach einem Lesetag im Liegestuhl stand uns wieder der Sinn nach Geselligkeit. Mal eine Partie Backgammon, mal das gute

Emma und ihre Riesenschwestern

Von 2006 bis 2012 war die »Emma Mærsk« (mit ihren sieben baugleichen Schwestern) das größte Containerschiff der Welt. Jedes dieser Schiffe der dänischen Mærsk Line bringt es auf 397 Meter Länge und 56,4 Meter Breite – und die Hafenanlagen dieser Welt an den Rand ihrer Möglichkeiten. So wurde etwa eine Wendestelle des Container Terminals Bremerhaven extra für die Emma Mærsk um 600 Meter verbreitert. 11 000 Standardcontainer haben auf der Emma Platz, die aneinandergereiht eine Länge von 71 Kilometer ergeben würden.

alte Mikado. Zu unseren Lieblingsbeschäftigungen zählte, bei Rocco in der Kombüse vorbeizuschauen und aus dem Kochtopf zu naschen, bis er uns mit gespielter Empörung verjagte. Der Nationalitäten-Mix ergab so manche Sprachverwirrung, die an den Turmbau von Babel erinnerte. So bedurfte es einiger linguistischer Zwischenstationen, bis der nur Arabisch und Wienerisch sprechende Karim unserem des Italienischen und Französischen mächtigen Dottore Enrico sein Stechen in der Milzgegend erläutert hatte. Reuben und Luzie schienen irgendwie alles zu verstehen und viele Sprachen zu sprechen. Die italienische Crew konnte passables Englisch. Und wenn Bryan Adams »Summer of 69« anstimmte oder wir Adriano Celentano bei »Azzurro« gesanglich unter die Arme griffen, war einmal mehr klar: Die Sprache der Musik ist international.

Abschied für immer

In Alexandria hieß es Abschied nehmen von Karim. Sein Trennungsschmerz wich schnell großer Vorfreude, schließlich wurde er am Hafen von seiner großen Familie erwartet. Bald waren auch für den Rest von uns die Tage an Bord der Freccia dell'Ovest gezählt. Ein letztes Captain's Dinner mit einem übellaunigen Luigi (»wird schön langweilig ohne euch!«), Rocco tischte gegrillte Riesengarnelen auf. Handys, E-Mails, Facebook ... das gab es damals noch nicht. Und so war der Abschied in Ashdod ein Abschied für immer. Auf dem Rückflug fiel mir ein, dass ich auf die Stunde genau eine Woche zuvor über der Kloschüssel hing und nur noch sterben wollte. Aber man wird doch wohl noch seine Meinung ändern dürfen!

Nimm mich mit, Kapitän

Eine Seereise mit einem Frachtschiff ist nicht jedermanns Sache und schon gar nicht von Passagieren, die den Luxus und das Unterhaltungsangebot von Kreuzfahrtschiffen schätzen. Doch auf einer solchen Reise erfährt man Seefahrt hautnah und ungeschminkt. Die Planung einer Frachterreise erfordert mehr Eigeninitiative als eine Rundum-Sorglos-Kreuzfahrt.

Anreise
Die Abreisezeit kann nur ungefähr angegeben werden, was eine rechtzeitige Anreise und eventuell eine Übernachtung am Abgangshafen erfordert. In den Tagen vor der Abreise ist der Kontakt zur Agentur wichtig: Aufenthaltsort bekannt geben und Handynummer hinterlassen.

Einschiffung
Vorsicht ist geboten im regen Hafenbetrieb. Auf dem Schiff können Lade-, Lösch- und Reparaturarbeiten Hektik verursachen. Es ist nicht immer sofort jemand zur Stelle, der das Gepäck abnimmt und den Passagier in seine Kabine begleitet.

Komfort & Service
Die meisten Kabinen sind sauber, geräumig, gut ausgestattet und haben Meerblick. Oft sind es frei gebliebene Unterkünfte für Offiziere und Ingenieure. Einige Schiffe verfügen sogar über Fitnessraum, Pool, Sauna und Bibliothek. Ein Arzt ist nicht an Bord, doch hat mindestens einer der Offiziere eine fundierte Erste-Hilfe-Ausbildung.

Leben an Bord
Lutz Woitas, Geschäftsführer von »Frachtschiff-Touristik Kapitän Zylmann«, betont den Reiz von Frachtschiffreisen: »Die Passagiere erleben unmittelbar, wie die heutige Seefahrt funktioniert. Schnell bekommen sie einen vertrauten Kontakt zur Crew. Man darf meist ohne Voranmeldung beim Kapitän auf der Brücke ein- und ausgehen.« Die Reisenden sind allerdings weitgehend auf sich gestellt. Es gibt keine Animation, keine Abendunterhaltung. Die Passagiere nehmen die Mahlzeiten zusammen mit der Crew in der Messe ein. Insofern kommen die Passagiere allabendlich in den Genuss eines Captain's Dinner.

Landausflüge
»Land und Leute kennenlernen spielt eine untergeordnete Rolle«, sagt Lutz Woitas. »Denn die Häfen sind meist weit vom Stadtzentrum entfernt und die Zeit ist zu knapp für ausgiebiges Sightseeing.« Der Lösch- und Ladeprozess kann flott vonstatten gehen. Und wer nicht kommt zu rechten Zeit ...

Routen und Preise
Wie bei Kreuzfahrten reicht das Angebot von mehrtägigen Kurztrips bis zur mehrmonatigen Weltreise. Der Reisepreis richtet sich nach Reederei und Strecke. Pro Tag fallen ca. 60 bis 100 Euro an, Vollpension inbegriffen.

Frachtschiff-Typen
Die meisten Reiseangebote gibt es für Containerschiffe. RoRo-Schiffe (»roll-on, roll-off«) sind ideal zur Mitnahme von Autos.

Die wichtigsten Vermittler von Frachtschiffreisen
– Frachtschiff-Touristik Kapitän Zylmann, Tel. 04642/9655-0, www.zylmann.de
– Frachtschiffreisen Pfeiffer, Tel. 0202/452379, www.frachtschiffreisen-pfeiffer.de
– Fachreiseagentur für Seereisen Kapitän Hoffmann, Tel. 04503/73675, www.frachtschiff-reisen.net
– Hamburg Süd Reiseagentur, Tel. 040/3705-157, www.hamburgsued-frachtschiffreisen.de

Erinnerungen an eine unvergessliche Reise: Die Autorin (3. v. r.) mit Crew und Passagieren auf der Freccia dell'Ovest.

07 Ich bin dann mal weg

In 144 Tagen mit dem Schiff die Welt umrunden – für viele Menschen ist es der Lebenstraum schlechthin.

Seit der portugiesische Seefahrer Ferdinand Magellan im Jahr 1519 zu seiner Weltumseglung antrat, beschäftigt die Menschen der Traum von der Weltumrundung. Ein Kreuzfahrtschiff ist für dieses Unternehmen das komfortabelste Transportmittel, entfällt doch ständiges Kofferpacken und -schleppen, das Ein- und Auschecken, lauern keine unbekannten Gefahren. Die Wahl des geeigneten Schiffs spielt, mehr noch als die Reiseroute, eine wichtige Rolle. Schließlich soll es das Zuhause für mehrere Monate werden. Großer Beliebtheit beim deutschen Publikum erfreut sich das moderne First-Class-Schiff Amadea, das in 126 Tagen die Welt umrundet und dabei 58 Häfen anläuft. Bordsprache ist Deutsch, bei maximal 600 Gästen kommt schnell eine familiäre Atmosphäre auf. Für Unterhaltung und Abwechslung an Bord ist gesorgt: Die Amadea ist mit Spa, Beautysalon und einem Fitnesscenter ausgestattet. Die Bibliothek, das japanische Teezimmer und der Aussichtssalon bieten ausreichend Rückzugsmöglichkeiten. In den beiden Restaurants gibt es nur jeweils eine Sitzung bei freier Sitzwahl. Fünf Bars sind die geselligen Zentren. Man muss auch nicht das Überseegepäck mitnehmen, da eine Wäscherei an Bord ist. Von Nizza aus geht es nach Madeira und über den Atlantik in die Karibik und nach Kolumbien. Die Route führt durch den Panama-Kanal und dann nördlich an die kalifornische Küste. Von dort sticht die Amadea in den Pazifik nach Hawaii, weiter nach Japan und hangelt sich die prominenten Häfen im Fernen Osten entlang. Über Thailand, Indien, die Arabische Halbinsel und durch den Suezkanal erreicht man schließlich das Mittelmeer, bis die Reise in Nizza zu Ende geht. Einmal um die ganze Welt – und idealerweise die Taschen voller Geld: Zwischen rund 22 500 und 68 000 Euro kostet die Reise je nach Kabinen-Kategorie, hinzu kommen Trinkgelder, Bargetränke und Landausflüge. Die Amadea hat übrigens noch einen weiteren wichtigen Job: Seit 2015 spielt sie das »Traumschiff« des ZDF (siehe S. 113).

Amadea
Zielgebiet: Rund um die Welt
Buchung: Phoenix Reisen, Tel. 02 28/92 60-0, www.phoenixreisen.com oder im Reisebüro

08 Segeln in die Seligkeit

Inselhüpfen auf den Seychellen kommt der Vorstellung vom Paradies auf Erden ganz nah.

Für Fernwehsüchtige sind die Seychellen das Sehnsuchtsziel schlechthin. Die Inselgruppe im Indischen Ozean betört durch zeitlose Schönheit und ökologische Unversehrtheit. Die 115 Granit- und Koralleninseln sind Lebensraum für einige seltene Spezies an Flora und Fauna, darunter die berühmte »Riesen-Doppelnuss« Coco-de-Mer, die auf der Insel Praslin beheimatet ist. Die Sea Bird, ein in Holland gebauter Zweimastschoner mit neun Kabinen, ist das ideale Transportmittel zum Inselhüpfen und zum Kennenlernen traumhafter weißer Sandstrände, hinter denen üppige Tropenwälder wuchern. Zur neunköpfigen Besatzung der Sea Bird gehört ein Tauchlehrer, der die Gäste zu den schönsten Tauchgründen in den Seychellen führt.

Sea Bird
Zielgebiet: Seychellen
Buchung: Silhouette Cruises,
www.seychelles-cruises.de oder
bei Dertour, www.dertour.de

09 Globetrotter-Feeling

Mit dem Frachter ein unverfälschtes Stück Polynesien kennenlernen.

Der Weg ist das Ziel, wenn die Aranui 3 in Tahiti zu ihrer zweiwöchigen turnusmäßigen Reise zu den Tuamotu- und Marquesas-Inseln aufbricht. Das kombinierte Passagier- und Frachtschiff ist für die Bewohner der beiden Archipele die einzige Verbindung zur Außenwelt – und für die maximal 100 Passagiere das ideale Gefährt, die weltverlorenen Weiten des Pazifiks kennenzulernen. Als Unterkünfte stehen ein klimatisierter Schlafsaal mit Etagenbetten, aber auch Kabinen und Suiten zur Auswahl. Bei den Ausflügen zu den Inseln, die mit ihren Hochplateaus, Wasserfällen und schwarzsandigen Buchten von großem Reiz sind, erleben die Gäste die Südsee von ihrer ursprünglichsten Seite, fernab des Tahiti-Glamours. Die Marquesas-Insel Hiva Oa hat es als Rückzugsort von Paul Gauguin, dessen Portäts von Inselschönheiten zum Markenzeichen wurden, und Chansonnier Jacques Brel zur Bekanntheit auf dem Globus gebracht.

Aranui 3
Zielgebiet: Südsee
Buchung: UC Unlimited Cruises, Rheinstr.
1–5, 63225 Langen, Tel. 06103/7064614,
www.unlimited-cruises.com, oder bei
Reiseveranstaltern, z. B. FTI Reisen

10 Magie unterm Halbmond

Bei einer »Blauen Reise« an Bord eines traditionellen Gület zeigt sich die türkische Mittelmeerküste von ihrer schönsten Seite.

Schon Kleopatra segelte – in einer Wolke aus Weihrauch – die lykischen Gestade entlang. Zusammen mit Marc Anton, der ihr die gesamte Region zur Hochzeit spendierte, flitterte sie in stillen, tiefblauen Buchten, über denen die frühjährlich schneebedeckten Gebirgszüge des Taurus thronen.

Gut 2000 Jahre später schlägt diese magische Landschaft noch immer Menschen in ihren Bann. So auch uns – bereits das dritte Jahr in Folge segeln wir auf einem der dickbauchigen Schiffe aus widerstandsfähigem Pinienholz von Bucht zu Bucht, um den Landstrich zwischen Bodrum und Antalya etappenweise zu erkunden. Genauer gesagt: Wir lassen segeln. Denn die 24 Meter langen Gület, wie diese Schiffe genannt werden, kann man wochenweise chartern, inklusive drei Mann Besatzung: Kapitän, Koch und Matrose. Hochsportlich ist die Unternehmung nicht. Sonnen, Schwimmen, Paddeln, Lesen, Futtern, Feiern – und das in wechselnder Reihenfolge, so sehen sie aus, die Tage an Bord. Ab und zu ein kleiner Landgang ins nächste Dorf oder auf einen Hügel, um dem Abendlicht beim Schwinden zuzusehen. Drum herum jede Menge Kultur, denn alle 300 Meter (so scheint es) warten Tempelreste, antike Stätten oder anderweitig altes Gestein. Griechen, Römer, Perser und Osmanen hinterließen ein vielfältiges Erbe.

Die Gület-Reisen in dieser Region sind unter dem Namen »Blaue Reise« bekannt. »Erfunden« hat ihn der 1890 geborene türkische Schriftsteller Cevat Şakir, der im Jahr 1925 wegen eines regierungskritischen Zeitungsartikels vom Istanbuler Militärtribunal ins Exil nach Bodrum geschickt wurde. Doch die als Strafe gedachte Maßnahme entpuppte sich für Şakir als Belohnung. Er blieb auch nach Ende seines Arrests, zeigte befreundeten Künstlern auf zahlreichen Gület-Reisen die Schönheiten seiner »blauen« Heimat. Lange galt die »Blaue Reise« als Geheimtipp, bis in den 1980er-Jahren ein Gület-Boom einsetzte und bis heute nicht mehr endete.

Die Reise führt zu Buchten und an weiten Sandstränden entlang, an denen geschützte Caretta-Schildkröten brüten. Zu Fischerdörfern wie das verschlafene Symena und quirligen Städten wie Marmaris. Dazwischen Pinienwälder, Orangenplantagen und Zitronenhaine. Am sieben Kilometer langen Istuzu-Traumstrand wirft der Kapitän den Anker. Dahinter versteckt sich das Schilf-Delta des Dalyan-Flusses mit seinen bekannten Fel-

Schönes Exil

In Bodrum sind noch die Überreste des Grabmals des Königs von Karien, Mausolos, zu sehen. Daher stammt auch der Name Mausoleum. Quicklebendig dagegen das Bordleben auf dem Gület. Nach ereignisreichen Landausflügen ist an Bord geselliges Relaxen angesagt.

sengräbern. Östlich des Orts Fethiye liegt die türkisfarbene Lagune von Ölüdeniz, das wohl meistfotografierte Motiv des Landes. Einsam ist man dort zwar nicht, doch die Realität übertrifft alle Hochglanzpostkarten.

Ein typischer Tag an Bord? Wenn morgens die ersten Sonnenstrahlen durchs Bullauge blinzeln, gilt es, eine Entscheidung zu treffen: noch vor dem Frühstück ins frischkühle Blaugrün springen oder erst danach? Immerhin spart so ein Platscher ins salzige Nass die Morgendusche und macht bedeutend mehr Spaß. Wo hat man das schon, direkt vom Bett aus ins Meer zu fallen? Na also. Rein in die Badehose und locker über die Reling schwingen. Wenn die Wellen zusammenschlagen, ist man wirklich angekommen im Blau der »Blauen Reise«, näher kann man den schillernden Fluten nicht rücken. Ein paar Schwimmzüge hinaus in die Bucht oder zum menschenleeren Strand – da ist es wieder, das Kleopatra-Gefühl: Angesichts dieser Szenerie sind auch Könige ganz sicher, den besten Urlaub der Welt erwischt zu haben. Bis der Magen knurrt.

Saftige Melonen und Tomaten, frischer Schafskäse, Joghurt, Oliven und Sesambrot machen uns zu Fans des türkischen Frühstücks. Dazu ein Mokka oder Çay, aromatischer Schwarzer Tee, während der Kapitän die Anker lichtet und sein Schiff mit dem Halbmond auf der klatschmohnrot wehenden Flagge vorbei an kleinen, unbewohnten Inseln steuert. Bis zum nächsten Bade- oder Kulturstopp. Mittags und abends wird frisch gekocht. Dann gibt es eine Vielfalt von Vorspeisen, Meze genannt, und Fisch- oder Fleischspieße, draußen am Esstisch unterm Schattendeck, der Koch zieht alle Register der Mittelmeerküche, die zu den weltbesten gehört. Wenn die Sonne schräger steht, gibt's nochmal Çay, diesmal mit Keksen, und zur Blauen Stunde freuen sich alle über frisch gemixte Cocktails. Danach wird gegrillt oder man besucht eines der kleinen Hafenlokale zur Rakı-Tafel mit Fasıl-Musik. Am Ende eines solchen Tages ist man einfach nur noch eins: glücklich.

Gület
Zielgebiet: Türkische Mittelmeerküste
Buchung: www.blauereise.eu,
www.bluecruise.org,
www.guletyacht.de

Ruhig im Fluss

| | Mythos Mekong

Die »Mutter aller Wasser« gibt sich mal träge, mal ungestüm. Eine Reise mit der im Boutique-Stil gebauten Mekong Sun gibt den Blick auf ein faszinierendes Stück Indochina frei – und bleibt trotz aller asiatischer Gelassenheit vom ersten bis zum letzten Tag ein packendes Abenteuer.

Text: Peter Kunz

Für die Nacht hat der Kapitän eine kleine Sandbank in der Flussbiegung ausgespäht; eingekeilt zwischen steilen, mit Urwald bewachsenen Felsen. Selbst hier in Nord-Laos ist die unbändige Kraft noch spürbar, die dem Mekong Hunderte Kilometer weiter oben vom Gefälle des Himalaya mit auf den Weg gegeben wurde. Dort, wo der Fluss sich aus vielen oft kaum zugänglichen Rinnsalen zusammensetzt. Die eigentliche Quelle des Mekong, des sicherlich legendärsten unter Asiens Strömen, blieb deshalb lange ein Rätsel.

Feiner, weißer Sand rinnt durch die Hand. Das vom Wasser mitgerissene, einst grobe Geröll ist zu Staub geschliffen wieder aufgetaucht und hat unseren romantischen Ankerplatz geformt. Die Füße wandeln darauf wie über ein weiches Kissen. Milliarden Sandkörner nutzen die Windung des Flusses für eine Rast oder wurden an dieser Stelle aus der Kurve geschleudert. Der Mekong ist ein Frachtbetrieb für guten Boden. Seine Schwemmerde sichert Bauern die Lebensgrundlage und hält das Delta in Vietnam fruchtbar. Die Sandbänke unterwegs, die Umladestationen, wechseln fast täglich ihre Form.

In Millionen von Jahren hat die Strömung Felsklippen zu Klingen gewetzt. Bei Hochwasser verstecken sie sich im tropisch brauntrüben Nass und können Rümpfe zerschneiden. Bei Niedrigstand ragen sie wie messerscharfe Zacken überall auf und stellen sich Booten in den Weg. Respekt einflößende, schwarz glänzende Wächter über den Mekong und seinen eigenen Fluss von Zeit. Wer sagt eigentlich, Steine würden nicht leben? Die Laoten zumindest sind der festen Überzeugung, dass

Auf dem Mekong fühlt man sich wie ein Pionier aus der Zeit, als Indochina französische Kolonie war.

Ein Mann, ein Fluss

»Lernidee«-Inhaber Hans Engberding über Fluss-Faszination, Sehnsuchtsziele und Akademiker ohne Allüren

Wie kommt es, dass Sie Ihr Herz an den Mekong verloren haben?

Hans Engberding: Eigentlich war ich an Flüssen nicht sonderlich interessiert. Bis zu dem Besuch bei einem chinesischen Geschäftspartner, der mich zu einer Stelle am Mekong brachte, die gerade für den Schiffsverkehr freigesprengt worden war. Ich hatte noch nie so einen wilden Fluss gesehen und war absolut fasziniert: von seiner enormen Fließgeschwindigkeit, vom extremen Gefälle auf seinem langen Weg in Richtung Süden, von den Stromschnellen, den Wasserfällen und den rasanten Kurven, mit denen er unüberwindliche Hindernisse umschlingt. Im Vergleich dazu sind Amazonas, Nil oder Donau behäbig.

Was hat Sie bewogen, selbst Schiffe zu bauen und was war bei diesem Projekt Ihre größte Herausforderung?

Nachdem es auf dem oberen Mekong keinen Schiffsverkehr gab, reizte es mich ungeheuer, das Reisen auf diesen unbekannten Wegen möglich zu machen. Natürlich hatte ich keinerlei Erfahrung, wofür ich manches Lehrgeld bezahlen musste. Das erste Schiff war ganz einfach zu groß und vollkommen untauglich. Wegen des lautstarken Motors nannte man es „Panzerkreuzer Hans". Beim zweiten Anlauf, der heutigen Mekong Sun, vertraute ich vietnamesischen Schiffsbauern, die mithilfe der Jahreszeiten arbeiten: Der im April auf einer Sandbank in Luang Prabang konstruierte Rumpf trieb bei steigendem Wasserstand 20 Kilometer weiter nach Süden, wo Fachleute im August den Innenausbau ergänzten. Eine der größten Herausforderungen war die Suche nach einer Versicherung. Keiner wollte dem Fluss trauen. Erst der neunte Versuch war erfolgreich.

Was empfehlen Sie als »Einsteigerreise«?

Eine Reise von der Weltkulturerbe-Stadt Luang Prabang bis zum Goldenen Dreieck. Hier gibt es am Ufer des Mekong noch viel zu entdecken. Viel Authentisches, Natürliches, Unverfälschtes.

Betrachten Sie die Staudamm-Projekte der Chinesen mit Sorge?

Als Geologe sehe ich die Dinge nüchtern. Staudämme können auch dabei helfen, den Wasserstand – je nach Bedarf und Jahreszeit – besser zu regulieren.

Wie muss man sich den typischen »Lernidee«-Gast vorstellen?

Als Akademiker ohne Allüren, als Kulturreisender, der eine gute Organisation zu schätzen weiß. Es sind viele Menschen darunter, die normalerweise Wert auf Fünfsterne-Facilities legen, doch zugunsten einzigartiger Abenteuer bereit sind, auf den gewohnten Luxus zu verzichten. Zum Beispiel auf den Zugreisen an Bord des legendären Rovos Rail in Südafrika. »Lernidee« chartert den Zug mehrmals im Jahr komplett, um den Gästen keinen Krawattenzwang aufzuerlegen. Was ihnen offensichtlich Spaß macht, ist, nach individuellem Fahrplan in staubigen Dörfern Halt zu machen und den Bewohnern einen Brunnen zu schenken.

Wie viel Zeit verbringen Sie mit Scouting und welche sind Ihre Sehnsuchtsziele?

100 Tage des Jahres begleite ich meine Gäste auf diversen Reisen, 100 Tage bin ich auf der Suche nach neuen Herausforderungen, die restliche Zeit verbringe ich in Berlin. Meine neuen Zielgebiete sind Nordsibirien, Myanmar und wenig bereiste Teile des Amazonas. In allen Fällen geht es um ungewöhnliche Schiffsreisen. Züge sind oft kostspieliger beziehungsweise als Streckennetze absolut rückläufig.

Was haben Sie auf Reisen immer dabei?

Mindestens drei Bücher für unterschiedliche Stimmungen: ein historisches, ein anekdotisches, ein Sachbuch. Immer passend zum Reiseziel. Viel mehr passt nicht ins Gepäck – ich reise mit einem Lufthansa-Bordkoffer. Kein Problem, seit man selbst in Laos Schuhe in Größe 46 kaufen kann. Darüber hinaus reise ich gerne in Begleitung von Freunden. Man kann Erlebtes teilen und fühlt sich auch sicherer, wenn man große Geldbeträge mit sich führt.

alle Dinge beseelt sind.
Wir sind erst 36 Stunden unterwegs. Aber Uhren haben bereits ihren Sinn verloren, und eine Landkarte ist eher nutzlos für jeden, der die Straße verlässt und sich der »Mutter aller Wasser« ausliefert. So anspruchsvoll lässt sich der ursprüngliche Name »Mae Nam Khong« übersetzen. Die Wörter sind durch langen Gebrauch ebenfalls fein gerieben worden, zur Kurzform Mekong.

Orientierung ist das A und O jeder Reise, verlässliche Wegmarken sind die beste Sicherheitspolice. Aber woran kann man sich auf einem fast 5000 Kilometer langen Strom halten? In großen Abschnitten gebärdet sich der Mekong ruhig, träge und beinahe schon langweilig, passt sich in der Ebene der fehlenden geografischen Herausforderung an. Zur anderen Hälfte, auf den Gebirgsstrecken, kommt er allerdings so wild und trügerisch daher wie die unzivilisierteste Ururgroßmutter aller Flüsse. Der Mekong zwischen Tibet und dem Goldenen Dreieck, auf seinem Weg durch China und Laos, an Thailand vorbei – und

Spannender als Kino: Wenn das Schiff am Ufer anlegt, kann man das muntere Treiben auf dem Fluss beobachten.

später noch an den Stromschnellen in Kambodscha – kann fauchen und schäumen wie ein Flussdinosaurier. Hat man Glück, stehen Nachkommen der Mammuts am Ufer und trompeten dazu. Wilde Elefanten, die hier tatsächlich noch die Wälder durchstreifen.

Die Geräusche der Dunkelheit

Unsere Sandbank als Quartier für eine Nacht lädt zum Landgang ein. Aber wir werden doch Gefangene des Flusses bleiben. Kein Pfad führt vom Ufer in das dichte Grün dahinter. Es ist noch nicht einmal ein Ufer erkennbar. Stattdessen erheben sich Äste und Blätter zu einer Steilwand und scheinen vor dem Fels zu schweben. Die flachen Strahlen der späten Nachmittagssonne formen über der kleinen, angeschwemmten Halbinsel das Gitter eines goldenen Käfigs. Bald fällt der Liegeplatz in den Schatten, und Vögel und Insekten bereiten sich auf die Nacht vor. Die Tonart des Dschungels wechselt. Die Geräusche der Dunkelheit ziehen herauf, während der Bergrücken gegenüber noch einmal in verschwenderischem Gold aufleuchtet.

Von Bord der Mekong Sun aus gesehen, mit einer Flasche »Beer Lao« in der Hand, ist all das großes Kino, genossen aus einer exklusiven, mit Planken versehenen Loge. Als hätte die Schöpfung Scheinwerfer aufgestellt. Und als wäre das Kabinenschiff Mekong Sun die Arche Noah, ihre Besatzung und ihre Passagiere die einzigen Menschen in der unberührt erscheinenden Landschaft.

Die Gangway wird ausgeworfen, die Köche wechseln von der Kombüse zum Grill unter freiem Himmel. Man beginnt, hellwach zu träumen. Wie wäre es, wenn man das Schiff an dieser Stelle den Berg hoch durch den Urwald zöge, hinüber in eine vielleicht noch unbekannte Welt? Ein »Fitzcarraldo« auf dem Mekong. So hatte ich mir das vor Jahren gedacht, als ich zum ersten Mal hier unterwegs war und mich die Kulisse schon atemlos ließ. Ein Dampfer müsste her, mit dem man den wildromantischen Teil des Flusses entdecken könnte. Damals war das noch eine Fantasie. Man schlief stattdessen auf dem Boden der einheimischen Langschiffe, die auch jetzt noch für den Transport von Schweinen, Mopeds, Bier und Rucksacktouristen eingesetzt werden. Es gab noch keine Mekong Sun.

Und jetzt? Die Mekong Sun braucht keine Werbung, sie fährt außer Konkurrenz. Ein Holzschiff, ein wenig klobig, mit Liebe zum Detail ausstaffiert. Ein Abenteurerboot mit einem milden Hauch von Luxus. So eine Kombination ist sonst nicht zu finden für Flussreisende zwischen den Schluchten der chinesischen Provinz Yunnan und der weiten Fläche im südlichen Laos, wo der Mekong sich ausbreiten kann. Natürlich gibt es immer

1

2

mehr gediegene Unterkünfte an Land. Immer öfter auch welche mit vier oder sogar fünf Sternen, seit der Mekong als Reiseziel salonfähig wird. Aber das ganz große Erlebniskino wird nur auf diesem Schiff geboten. Vorne, in der Kabine vor Kopf, gleich unterhalb des Steuerhauses. Es ist die einzige mit einem Doppelbett. Und mit einer breiten Panoramascheibe. Niemand verstellt einem die Sicht, während im Liegen Asien vorbeizieht.

Der Laote aus der DDR

Man muss ein bisschen verrückt sein oder außerordentlich begeistert, um ein Projekt wie die Mekong Sun durchzuziehen. So sieht es jedenfalls Oth, der Schiffsmanager. Der Laote Oth spricht hervorragend Deutsch, hat in einem früheren Leben in der DDR Telekommunikation studiert und als Gewährsmann für den deutschen Investor den Schiffsbau begleitet. Auf der landschaftlich schönsten Passage, hieß es lange, sei der Mekong für Boote ab einer gewissen Größe nicht mehr schiffbar. Oth und seine Leute traten an, das Gegenteil zu beweisen. Ihre Jungferntour auf dem ersten tauglichen Kabinenboot, nach vielen Fehlversuchen, glich, so erzählt er, einer Achterbahnfahrt. Südlich von Jinghong in China wurde das Schiff viel zu schnell, raste durch die Stromschnellen und schlug beinahe gegen eine Felsformation. Kinokulisse hin oder her: Der Mekong ist echt, ungezähmt und wild. Im oberen Drittel beherrschen Wirbel und mit den Jahreszeiten wechselnde Untiefen das Fahrwasser. Mekong-Kapitäne dürfen sich keine Unaufmerksamkeit leisten. Auf der Fahrt vom Goldenen Dreieck, von der thailändisch-laotischen Grenze nach Süden, zeigt uns Oth Stellen, an denen in den vergangenen Jahren Langboote auf Grund liefen oder zerschellten.

Kapitän Khampan schaut ruhig und konzentriert auf den Horizont, eine Teetasse vor sich. 30 Jahre navigatorische Erfahrung ohne gefährliche Vorkommnisse sprechen für ihn. Auf der Brücke, die immer mit zwei Mann besetzt ist, regiert die für Laos so typische Ge-

1 Diese Jungs gehören der Volksgruppe der Khmu Mou Khmer an, einer ethnischen Minderheit in Laos. Ihre Fröhlichkeit ist ansteckend, ihre Herzlichkeit echt.

2 Stimmungsvolle Atmosphäre auf dem Nachtmarkt von Luang Prabang. Lampions sind beliebte Souvenirs und passen ordentlich gefaltet gut ins Reisegepäck.

3 Barbecue-Dinner mit Lagerfeuer-Romantik am Mekong-Ufer bei Tha Noun. Die Crew der Mekong Sun versteht es, die Gäste immer wieder aufs Neue zu überraschen.

Baci-Zeremonie: Die Schnüre und Knoten symbolisieren den Zusammenhalt von Seele, Familie und Universum.

lassenheit. Es ist das Temperament des ganzen Landes: Was heute nicht kommt, kommt morgen. Im Gegensatz zum Mekong ist das Leben tatsächlich ein langer, ruhiger Fluss.

Vom kleinen Altar im Steuerhaus wacht der Buddha über die Geschicke der Menschen auf dem Strom. Assistiert von der Kraft des Schamanenzaubers aus den Familien von Kamphan und Oth: Zwei mit Energie aus anderen Welten aufgeladene Amulette baumeln über dem schönen altmodischen Steuerrad. Und um den laotischen Sicherheitsstandard zu komplettieren, besänftigt Oth bei der Vorbeifahrt an heiligen Felsen die Dämonen, indem er kleine Bananen als Opfer ins Wasser wirft und die nötige Beschwörungsformel dazu murmelt. In der Volksrepublik Laos glaubt man ein wenig noch an Marx – und ganz inbrünstig an Buddha sowie das Schattenreich der guten und der bösen Geister. Die heilige Dreifaltigkeit, mal anders. Die Mekong Sun legt an den Höhlen von Pak Ou an. Extra für uns. Gewöhnlich macht sie fest am Ufer gegenüber, dann kommen kleine Kähne angefahren und schiffen die Passagiere hinüber zur Besichtigung der eindrucksvollen Höhlen, die der Buddhaverehrung gewidmet und am besten vom Fluss erreichbar sind. Heute ist das Programm speziell. In der oberen Kaverne, die sich im Inneren zu Kathedralenformat ausweitet, wird eine Baci-Zeremonie vorbereitet.

32 Seelen pro Mensch

Der sichtbare Teil des Baci (ausgesprochen: baasi) sind kleine Schnüre um das Handgelenk, angelegt von Freunden, Verwandten oder – in unserem Fall – von wohlwollenden Dorfbewohnern und Mitgliedern der Großfamilie unseres Kapitäns. Die Schnüre symbolisieren Verbundenheit. Das, was Familien, das Universum und vor allem die Seelen zusammenhält. Denn nach dem Glauben der Laoten wohnen in jedem Menschen 32 Seelen, jede für andere Teile des Selbst und unterschiedliche Gemütszustände mitverantwortlich. Ein ganzer Mensch kann nur jemand sein, dessen Seelenmannschaft an ihn gebunden bleibt, ohne auf Abwege oder Wanderungen zu gehen. Daher die Baci-Schnüre und die Knoten, mit denen sie befestigt werden. Die Kordeln halten das Ich beieinander. Kaum jemand würde in Laos auf Reisen an einen anderen Ort gehen oder auf die Reise in einen neuen Lebensabschnitt, ohne sich mit einer Baci-Zeremonie darauf vorzubereiten. Zur Hochzeit gibt es das Baci, vor einer notwendigen, schwierigen Operation – oder bevor jemand auszieht, die Welt zu erobern. Uns Flusspassagieren wünschen die Einheimischen viel Glück, Gesundheit und alles Gute für den Rest der Reise.

Als wir die vielen Treppen von der Höhle zum Schiff wieder hinabsteigen, tragen wir zwei Dutzend Schnüre um jedes Handgelenk. Sie

Buddhas am Fluss

Bei Luang Prabang, an der Mündung des Nam Ou in den Mekong, liegen die Kalksteinhöhlen von Pak Ou. Von der Mekong Sun wird man mit Kähnen zum Höhleneingang gerudert. Unzählige buddhistische Statuen in allen Größen und Macharten sind hier aufgereiht. Sie wurden von Gläubigen gestiftet.

dürfen nicht entfernt werden, sie dürfen sich nur irgendwann von selbst ablösen. Sie gehen mit unter die Dusche, schlafen im selben Bett, kämpfen lange nach der Rückreise vom Mekong mit der Hemdmanschette um Platz unter der Anzugjacke.

Nur keine Hektik

Im Gegensatz zum Fluss mit seinem ungestümen Temperament ist der Kapitän die Ruhe in Person. Hektische Betriebsamkeit ist der fernöstlichen Seele fremd. Besonnen und dennoch konzentriert geht der Steuermann seiner Arbeit nach, die Passagiere fühlen sich unter seiner Obhut vom ersten Moment an sicher.

Ökumene à la Mekong

Wir sind schließlich mehr als beschwipst, als wir mit unserer Baci-Gästeschar und unter Begleitung der Dorfkapelle auf die Mekong Sun zurücktanzen. Denn in Laos wird hervorragendes Bier gebraut und ein teuflischer Schnaps gebrannt, auf den bei keinem Ritual verzichtet werden kann. Daher ist die Baci-Weihe gewöhnlich in zwei Teile geteilt: Teil eins ist eine buddhistische Segnung durch die Mönche, die, deren Askese entsprechend, ohne Fleisch oder Alkohol auskommen muss. Unmittelbar darauf folgt die Einweisung durch den lokalen Schamanen, wo dann beides angemessen geopfert und genossen wird. So wird am Mekong Ökumene zelebriert, um zu verhindern, dass einer von allen guten Geistern verlassen wird.

Als sich die Mekong Sun wieder in Bewegung setzt, brausen fünf Mönche auf dem Fluss an uns vorbei. Aufrecht hintereinander sitzend in einem Longtail-Rennboot, einem dieser pfeilschnellen, mit PS-starken Automotoren ausgestatteten Flusstaxis, die sich schon von ferne durch einen Höllenlärm bemerkbar machen. Die Longtails, die nicht überall auf dem Fluss erlaubt sind, kutschieren Einheimische, Touristen, Kinder, Hunde und Kleinvieh zum Markt. Der Mekong ist eine äußerst belebte Wasserstraße, selbst da, wo er nach der klassischen Vorstellung von Bootsverkehr kaum schiffbar wäre. Der Pilot des Mönchstransports trägt einen Integralhelm und lenkt sein fragiles Projektil mithilfe einer langen Stange, die mit der nach hinten ausgelegten Schiffsschraube verbunden ist. Wenn ein Longtailboot verunglückt, wird das Wasser beim Aufprall zu Stahlbeton.

Die Mekong Sun dagegen liebt es gemächlicher. Und bringt mit ihrer Heckwelle nicht gleich jeden Einbaum in Bedrängnis oder gar zum Kentern. Vor unserer Sandbank kräuselt sich das Wasser. Irgendetwas stemmt sich flussaufwärts gegen den Strom. Vielleicht zieht dort lautlos der Mekong-Riesenwels seine Bahn, ein Urvieh von Fisch, der drei Meter lang und bis zu 300 Kilo schwer werden kann. Manchmal wird einer von ihnen gefangen.

Röst-Zikaden zum Frühstück

Auf der Freilichtbühne geht inzwischen der Vollmond auf. Ich liege auf dem Sand, den Blick nach oben, Arme und Beine entspannt ausgestreckt. Am nächsten Morgen wird mich Kapitän Kamphan zu einem Ehrenfrühstück einladen, zu gerösteten Zikaden, die die fröhliche Crew bei jedem Stopp einsammelt. Alle Prachtexemplare von fünf bis sieben Zentimeter Länge sind dem Schiffsführer vorbehalten. Pures Eiweiß, Nussgeschmack – und unter normalen Umständen sicher nicht Teil meines Speiseplans. Aber Kreuzfahrer waren immer schon unterwegs, um Neuland zu erobern. Oder? Ich lasse das gute Frühstück der Mekong Sun also am nächsten Morgen für einen Teller knuspriger Zikaden stehen.

Fünf Schiffe für das besondere Flusserlebnis

Seit nunmehr 30 Jahren organisiert der Berliner Spezialveranstalter »Lernidee Erlebnisreisen« ausgefallene Entdeckerreisen in alle Welt. Der Mekong ist einer der spektakulärsten und faszinierendsten Flüsse der Welt. Auf 4800 km bildet er die Lebensader Südostasiens und fließt dabei durch die Naturräume und Kulturkreise von sechs Ländern: China, Myanmar, Laos, Thailand, Kambodscha und Vietnam. »Lernidee Erlebnisreisen« widmet dem Mekong einen ganzen Katalog »Flusskreuzfahrten auf dem Mekong«. Im Einsatz sind fünf kleine, im Kolonialstil gebaute Boutique-Schiffe.

Die Schiffe

Mekong Sun
Baujahr: 2006
Kapazität: 14 klimatisierte Kabinen auf zwei Decks, mit privater Dusche und Toilette
Maximale Gästezahl: 28

Jayavarman
Baujahr: 2009
Kapazität: 27 klimatisierte Kabinen auf zwei Decks, alle in Außenlage und mit eigenem Balkon, Dusche/WC. Die Jayavarman ist das erste Boutique-Schiff der Region
Maximale Gästezahl: 65

Mekong Pandaw
Baujahr: 2003
Kapazität: 22 klimatisierte Kabinen auf zwei Decks, alle sind Außenkabinen und haben französische Fenster
Maximale Gästezahl: 44

Prestige II
Baujahr: 2014
Kapazität: 32 klimatisierte Außenkabinen auf zwei Decks mit jeweils zwei großen Panoramafenstern, ständige Begleitung durch eine Deutsch sprechende Reiseleitung
Maximale Gästezahl: 64

Toum Tiou II
Kapazität: 14 klimatisierte Kabinen auf zwei Decks mit Veranda und Dusche/WC und sehr familiärer Atmosphäre
Maximale Gästezahl: 28

Die schönsten Reisen

Lotosblüte: 8-tägige Flusskreuzfahrt auf dem Mekong von Vietnam nach Kambodscha. Höhepunkte: Tempelanlagen von Angkor Wat, schwimmende Dörfer auf dem Tonle Sap-See, Kolonialflair und Khmer-Architektur in Phnom Penh

Orchidee: 15-tägige Erlebnisreise zwischen Thailand und Laos inklusive einer Flusskreuzfahrt von Vientiane bis zum Goldenen Dreieck. Höhepunkte: Flusskreuzfahrt durch eine ursprüngliche Flusslandschaft, Besuche abgelegener Dörfer entlang des Mekong, die Königsstadt Luang Prabang

Unesco-Welterbetour: 18-tägige Erlebnisreise nach Laos, Kambodscha und Vietnam inklusive einer 7-tägigen Flusskreuzfahrt auf dem wilden, oberen Mekong-Abschnitt in Nord-Laos. Höhepunkte: Angkor Wat in Kambodscha, Halong-Bucht in Vietnam, Luang-Prabang in Laos

Asiens Ströme, Asiens Zauber: 19-tägige Erlebnisreise durch Laos, Kambodscha und Myanmar mit Mekong-Kreuzfahrt durch Nord-Laos ins Goldene Dreieck. Höhepunkte: Angkor Wat, die Tempelanlagen von Bagan in Myanmar, Luang Prabang, Kuang Si-Wasserfälle

Info & Buchung

Lernidee Erlebnisreisen, Kurfürstenstraße 112, 10787 Berlin, Tel. 030/7860000, www.lernidee.de

Die Mekong Sun macht an einer Sandbank fest. Die buddhistischen Mönche sind Fremden gegenüber sehr aufgeschlossen.

Strom des Lebens

Der Nil ist die Lebensader Ägyptens, die Mehrheit der Bevölkerung wohnt am Ufer des großen breiten Flusses. Die zahlreichen Nilkreuzfahrtschiffe und die traditionellen ägyptischen Segelschiffe, die Felucken, sorgen für regen Verkehr auf dem Wasser.

12 Die blinde Passagierin

Bereits als Kind hat Anette Paul ihr Augenlicht verloren. Doch fremde Länder haben sie schon immer begeistert. Wie fühlt sich so eine Nilkreuzfahrt an, wenn es nichts zu sehen gibt?

Beginnen möchte ich mit einigen Bemerkungen, die gar nichts mit unserer Nilkreuzfahrt zu tun haben: Stundenlanges Autofahren ist für mich das Langweiligste, was man sich vorstellen kann. Andere schauen aus dem Fenster. Ich nicht. Ich bin blind. Dabei reise ich sehr gern, wobei ich eigentlich durchorganisierte Reisen vermeide. Eine der eindrücklichsten Reisen meines Lebens waren die Wochen, die mein Mann und ich vor 25 Jahren auf Haiti verbrachten. Wir hausten damals in einer sehr armen Gegend und kamen sehr eng mit den Menschen in Kontakt. Mein Mann hatte dort Freunde. Das ist genau mein Stil und die Haitireise wirkt bis heute sehr positiv in mir nach.

Das Thema Kreuzfahrt stand bei uns schon seit Längerem immer mal wieder zur Diskussion. Mein Mann hatte sich so etwas immer gewünscht. Ich konnte leider nur abwinken, weil ich beim leisesten Schaukeln seekrank werde. Außerdem war mir nicht klar, wie ich mich auf einem der großen modernen Hochseeschiffe zurechtfinden würde. Aber mein Mann ließ nicht locker, suchte nach einer für uns beide passenden Lösung. Als er schließlich Ägypten und eine Kreuzfahrt auf dem Nil vorschlug, war ich ganz angetan. Die fremde Kultur Ägyptens lockte mich, auf eine Fahrt auf dem Rhein oder auf der Donau hätte ich wohl verzichtet. Auch wenn dies die erste Kreuzfahrt meines Lebens war, ich musste nicht groß überzeugt werden, weil ich gespannt und neugierig war. Und um es gleich vorweg zu sagen: Ich habe es auch nicht bereut.

Ich bin 51 Jahre alt und arbeite seit 22 Jahren als Sozialpädagogin in der Beratungsstelle des Blinden- und Sehbehindertenverbandes in Bremen. Ich bin verheiratet und habe drei Söhne. Die älteren sind 27 und 25 Jahre alt, der jüngste war zu dem Zeitpunkt, als wir den Nil bereisten, 16 Jahre alt. Ihn nahmen wir mit. Zu meinen Freizeit-Vorlieben: Ich gehe gern und oft schwimmen und fahre auch gern Fahrrad – auf dem Tandem hinter meinem Mann. Da ich schon als Kleinkind erblindete, habe ich keine Vorstellungen von Farben oder von Hell und Dunkel. Unser Schiff war die Nile Smart, ein eher kleines Schiff mit fünf Decks und 63 Kabinen. 74 Crewmitglieder sorgten für uns. Einschiffung und Ausschiffung war in Luxor, mit den Zwischenstationen Kom Ombo, Edfu und Esna.

Als wir in Luxor ankamen, hatten wir schon vier Tage Kairo hinter uns. Eine wüste, laute Stadt! Ich kann mich noch gut an den Basar erinnern, an seine Geräusche und Gerüche und die vielen Dinge, die man dort anfassen konnte. Berühren und anfassen ist für mich ganz wichtig, zum Tal der Könige kann ich daher wenig sagen: Man geht auf einer Art

Tipps für blinde Reisende auf Kreuzfahrten

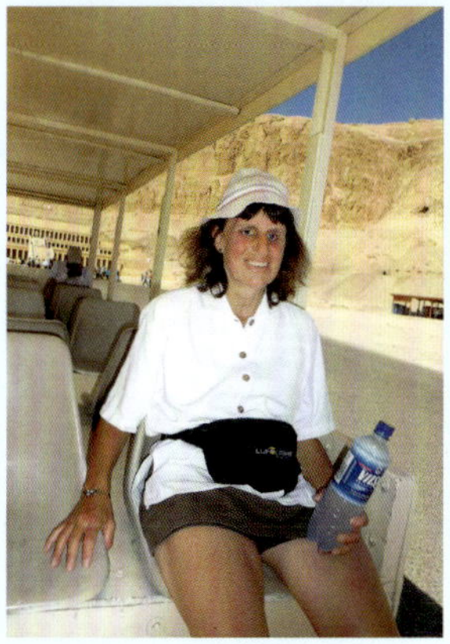

Wichtig ist, sich gleich zu Beginn das Schiff zu erarbeiten. So viele Wege wie möglich abgehen und einprägen, sich so eine Orientierung verschaffen.
Wichtig ist auch, sich im Vorfeld schon bei der Buchung genau erklären zu lassen, welche Kabine man bucht und wo diese liegt, ob die Fenster zu öffnen sind etc. Man soll sich nicht abspeisen lassen, sondern genau formulieren, was man will.
Wichtig ist, den Reiseleiter auf die besondere Situation aufmerksam zu machen und ihn zu bitten, Rücksicht zu nehmen, indem er viel verbal beschreibt und es ermöglicht, die Umwelt haptisch zu erfassen. Viele Reiseleiter gehen gern darauf ein – man darf sich einfach nicht verstecken.

Steg in einen Raum, biegt nach links in einen weiteren Raum. Es gibt nichts zum Anfassen außer den Wänden, und die sind kaum erreichbar und dazu noch tabu. Die Wandmalereien sollen wunderbar sein – leider kann ich mit dieser Information wenig anfangen.

Nach der Einschiffung ging es darum, mir die Kabine zu erarbeiten. Wie in jedem neuen Hotelzimmer bin ich als Erstes an den Wänden entlang und habe die Kabine ertastet. Danach wusste ich, wo was hingehörte und konnte mit dem Kofferauspacken beginnen. Das Kofferauspacken erledige ich auf Reisen immer selbst, wobei ich mich auf meine Sachen beschränke. Jeder ist bei uns für seinen Kram zuständig.

Vor dem ersten Abendessen wird man vom Oberkellner platziert. Wir drei gerieten an einen Tisch mit zwei Schweizerinnen und zwei Berlinerinnen, von denen die eine gewohnheitsmäßig an allem herumnörgelte und die zweite derart beeinflusste, dass sie irgendwann mitspielte. Da ich mich ja nicht im Raum umschauen kann, bin ich doch sehr auf das angewiesen, was ich höre. Zwei nörgelnde ältere Berlinerinnen, das war nicht so angenehm. Zu ihrer Ehre sei gesagt: Als die eine Geburtstag hatte und von der Besatzung mit einem Ständchen und einer Torte bedacht wurde, teilte sie die großzügig mit uns. Unsere Mahlzeiten wurden alle auf einem Büfett serviert. Da brauchte ich meinen Mann, der mir beschrieb, was dort auf Platten und in Schüsseln lag. Ich traf dann meine Wahl und er legte mir auf. Ein Büfett ist eine dieser Barrieren, über die man eigentlich nur schwer hinwegkommt. Man braucht Hilfe. Wenn man Menschen ansprechen kann, wird man immer Hilfe finden, auch wenn man alleine reist. Ich jedoch bin sehr zurückhaltend und habe Schwierigkeiten, auf fremde Menschen zuzugehen. Ich könnte natürlich auch am Tisch sitzen bleiben und mich von fern bedienen lassen, aber das mag ich auch nicht. Ich will schon dabei sein, hören, was es gibt, und meine Wahl treffen.

Das Leben an Bord habe ich genossen, den Drink an der Bar, das Sitzen am Pool auf dem Sonnendeck. Es herrschte eine leichte,

1

2

beschwingte Atmosphäre, die nur von jenen Deutschen gestört wurde, die klischeegerecht ihre Liegestühle mit Handtüchern besetzten. Ich kann versichern: Die albernen Geschichten sind leider alle wahr. Wenn man das einmal geschluckt hat, kann man den Rest genießen. Das gilt ja für Sehende wie Blinde gleichermaßen.

Wenn Sie mich fragen, bei welchen Altertumern wir waren, so kann ich sagen: Wir haben keines ausgelassen. Doch wenn Sie Einzelheiten wissen wollten, müsste ich passen. Karnak und Abu Simbel, der Doppeltempel von Kom Ombo und der Horustempel mögen für Sehende ihre ganz charakteristischen Features haben – für mich verlieren sie in der Häufung ihre Besonderheit. Höhe ist eine Dimension, deren Sinnlichkeit für mich am Ende meines ausgestreckten Armes endet. Alles darüber ist im Grunde nicht vorhanden – das gilt für ägyptische Tempel ebenso wie für New Yorker Wolkenkratzer. Was hingegen tief eingedrungen ist und bleiben wird: ein Kamelritt bei Luxor, bei dem es durch abgelegene Dorfstraßen ging, die Gassen waren eng, das konnte ich hören, die Leute schwatzten vor ihren Häusern – da herrschte eine freie Atmosphäre, ich konnte das echte Leben spüren. Dann gab es diese Kutschfahrt, raus aus der brodelnden Innenstadt, ich konnte das Fleisch riechen, das die Metzger ausgehängt hatten, den Rauch und die Gewürze. Selbst die Händler, die uns nachliefen und auf uns einredeten, haben mir mehr gegeben als irgendeine bedeutende Grabkammer, die ich nicht hörte, nicht roch und nicht berühren durfte. Die Händler dagegen waren sehr präsent, sehr nah. Und dann der Nil – irgendwie hörte ich ihn kein einziges Mal plätschern, schäumen oder rauschen, aber ich spürte die Weite des Tals, den Wind um die Nase, die freie, frische Luft, das Esels- und Menschengeschrei vom fernen Ufer, die Rufe der Muezzins. Der Nil hat mir einiges von Ägypten verraten; nicht alles, aber genug, um eine Weile davon zu zehren.

Nile Smart
Zielgebiet: Ägypten
Buchung: Phoenix Reisen, Tel. 02 28/92 60-0, www.phoenixreisen.com

1 Fremde Düfte, Aromen und Laute – auf den Märkten erschließt sich auch für Nicht-Sehende die ganze Exotik Ägyptens.

2 Familie Paul vor dem berühmten Felsentempel von Pharao Ramses II. in Abu Simbel, ein prähistorischer Höhepunkt am Nil.

3 Eine Kutschfahrt oder einen Kamelritt erlebt Anette Paul intensiver und prägender als so manche altertümliche Sensation.

4 Höhe ist für Anette Paul eine Dimension, die bis zum Ende ihres ausgestreckten Arms reicht. Details kann sie sich ertasten.

13 Portugals schönste Weinstraße

Auf dem Rio Douro geht es ins Herz des Portwein-Anbaugebiets.

Friedlich liegt die Douro Cruiser im rotgoldenen Schein der Morgensonne am Kai von Porto. Früher landeten hier Holzboote mit Portwein-Fässern aus den Weinanbaugebieten des oberen Dourotals an, nach einer waghalsigen Fahrt auf dem wilden Fluss.

Der Rio Douro, wörtlich: der Goldfluss, ist mittlerweile gezähmt. Begleitet vom Glockenschlag der Kathedrale, die hoch über Porto thront, gleitet die Douro Cruiser mit 130 Passagieren an Bord aus dem Hafen. Sie ist ein modernes, dennoch behagliches Flussschiff mit dunklen Hölzern und warmen Farben. Es geht flussaufwärts, vorbei an kleinen Ortschaften bis zur ersten Schleuse, in der das Schiff 14 Meter angehoben wird. Zahlreiche Staustufen gilt es auf dem Weg zum Umkehrpunkt Barca d'Alva an der Grenze zu Spanien zu überwinden. Bis dort ist der Fluss schiffbar. Terrassenförmig angelegte Weinberge säumen große Teile der Strecke. Das Weinanbaugebiet, eines der ältesten der Welt, gehört zum Weltkulturerbe der Unesco. Nur die hier angebauten Rebsorten dürfen den Namen Portwein tragen. Beim Ausflug zur »Quinta do Seixo« des renommierten Portwein-Produzenten Sandeman erfahren die Passagiere alles über die aufwendige Herstellung dieses weltberühmten Süßweins – der natürlich käuflich erworben werden kann, aber auch an Bord serviert wird.

Douro Queen
Zielgebiet: Nordportugal
Buchung: Douro Azul über www.e-hoi.de oder www.nicko-cruises.de

14 Rolling on the River

Die Mark-Twain-Nostalgie lebt weiter: Die American Queen ist auf den Mississippi und den Ohio River zurückgekehrt.

Keine Geringere als die Witwe des King of Rock'n'Roll, Priscilla Presley, übernahm in Memphis die Neutaufe der Queen of the Mississippi. Der 1995 gebaute Schaufelraddampfer musste im Jahr 2008 nach Besitzerwechsel der Reederei und wirtschaftlichen Turbulenzen den Dienst einstellen. Seitdem das kleinere Schwesterschiff, die Delta Queen, als Hotelschiff in Chattanooga vor Anker liegt, sah es zunächst ganz danach aus, dass das Ende der nostalgischen Raddampfer-Epoche in den USA ein- für allemal besiegelt sei. Im Frühjahr 2012 aber hat die neu gegründete Great American Steamboat Company die American Queen auf den Mississippi und den Ohio River zurückgebracht.
Ganz im Stil der alten Mississippi-Raddampfer wirklich unter Dampf wird das Schiff von einem riesigen Schaufelrad am Heck angetrieben. Die Reederei bietet Fahrten zwischen acht und 23 Übernachtungen an. Neben Memphis und New Orleans zählen St. Louis, Nashville, Chattanooga und Louisville zu den Zielen.

American Queen
Zielgebiet: USA, Mississippi und Ohio River
Buchung: American Queen Steamboat Company, über AAR-Reisen, Tel. 05404/96080, http://aar-reisen.de und www.americanqueensteamboatcompany.com

15 Das Leuchten über dem Fluss

Meist betörend, manchmal beklemmend – aber immer faszinierend: Was wäre eine Reise auf der Rhône und Saône ohne die Magie des Lichts? Vermutlich eine ganz normale Flusskreuzfahrt.

Text: Wolfgang Spielhagen

Es ist vier Uhr. Als der Wecker klingelt, ist die dunkelste Stunde der Nacht schon vorbei. Doch auch der neue Tag scheint noch weit weg. Ich habe an Bord der Amadeus Symphony sechs Tage gehen sehen. Nun – irgendwo auf der Rhône, nordwärts zwischen Arles und Viviers – will ich die Ankunft des siebten Tages erleben.

Der Morgen versteckt sich noch still und kalt hinter der Nacht. Nur das Rauschen des Fahrtwinds, das Zischen des Wassers am Rumpf und das sanfte Brummen der beiden Caterpillar-Aggregate sind zu hören. Aus dem schwarzen Gebüsch dringt der Lärm der Mönchsgrasmücken, hier und da singt eine Nachtigall. Ein erster rostbrauner Streifen im Osten wird breiter. Bereits um Viertel nach fünf hat sich der schwarze Uferbewuchs in verschiedene Grautöne gegliedert.

Schaudern in der Schleuse

Dann fährt das Schiff in die Ecluse Bollène ein, die größte Schleuse der Rhône. 22 Meter hoch ragen die schwarzen Wände der Schleusenkammer. In der Dämmerung ist der Eindruck gewaltig, fast bedrohlich. Behutsam schiebt sich das 11,40 Meter breite Schiff in die 11,50 Meter breite Schleusenkammer. Oben am Rand des schwarzen Lochs glühen rote und grüne Ampellichter in die Finsternis, darüber ein schmales Viereck von kaltem, fernem Blaugrau, aus dem schon der neue Tag hervorglimmt. Dann hebt sich das Schiff. Zehn Minuten später und 22 Meter höher weitet sich der Himmel. Die Welt hat wieder Form angenommen, westwärts zieht die Nacht. Kurz vor sechs Uhr schießt die Sonne erste Strahlen über die Rhône. »Morgenröte und Auferstehung sind Synonyme«,

Sur le pont … Die St.-Bénézet-Brücke ist das berühmte Wahrzeichen der mittelalterlichen Papststadt Avignon.

Gletscher-Fluss

Die Rhône ist der wasserreichste Fluss Frankreichs. Sie entspringt im Schweizer Kanton Wallis am Gotthard-Massiv. Ab Lyon macht sie sich schnurstracks auf den Weg nach Süden bis Saintes-Maries-de-la-Mer, wo sie ein Delta bildet und sich schließlich im Meer verliert.

hat Victor Hugo geschrieben. »Das Wiedererscheinen des Lichtes ist der Fortdauer des Ich gleichzusetzen.« Zeit zum Aufatmen. Keine neun Stunden ist es her, dass die Sonne ihre Strahlen über Arles einholte wie Angelschnüre. Übrig blieb die Dämmerung, ein heißer Abend und jenes wohlige Gefühl, das sich einstellt, wenn man gerade von heiteren Kellnern durch ein wohlausgewogenes Menü geführt worden ist: Lachsrolle mit pikanter Käsefüllung, Potage Crème du Barry, Lammkeule mit Oliven und Polenta, Kürbis-Parfait, Käse. »Wie ist es möglich, ein Land zu regieren, das 370 verschiedene Käsesorten produziert?« kokettierte einst Charles de Gaulle mit der ethnischen, kulturellen und sprachlichen Vielfalt seines Landes.

Van Goghs Kurzbesuch

Wir standen an Deck, als die Amadeus Symphony um 22 Uhr ablegte. Ein Paar aus dem Salzkammergut, ein Paar aus Luzern und eines aus der Rhein-Main-Gegend beim Smalltalk. Auf einem weißen Brückenpfeiler ohne Brücke fütterte eine Möwe im Gegenlicht ihre Jungen. Von Arles waren vom Quai aus nur ein paar alte Mauern mit zugemauerten gotischen Spitzbögen zu sehen, davor die Laternen der Uferpromenade. Im Café de la Nuit an der Place du Forum werden wie jeden Abend die Touristen ihre Getränke nehmen und Postkarten schreiben, auf denen das von Vincent van Gogh ölgemalte Café abgebildet ist. An Deck plauderten wir natürlich über van Gogh, mit dem sich Arles schmückt, auch wenn er nur kurze Zeit hier lebte. Dann begannen die Mücken zu beißen und wir setzten das Gespräch bei einem Drink in der Lounge fort. Als Attila, der hagere Ungar am Keyboard, Satchmos »Lullaby« gurgelte, folgten wir dem Wink mit dem Zaunpfahl und zogen uns in unsere Kabinen zurück. Ich wollte ja ohnehin um vier Uhr schon wieder raus.

Begonnen hatte meine Reise in Lyon am Quai Claude Bernard, wo ich die schnittige Amadeus Symphony zum ersten Mal sah. Sie sollte mich in sieben Tagen von Lyon zuerst nach Norden, die Saône hinauf über Mâcon bis Chalon-sur-Saône und dann nach Süden bis nach Avignon und Arles bringen. Flusskreuzfahrt nennt sich so eine Reise, obwohl da nichts gekreuzt oder gequert wird wie auf hoher See. »Fluss« steht für die ruhige Gangart des Unternehmens und für alles, was einem keineswegs zustoßen wird: Stürme, Riffe, Seenot und lange Wege zur nächsten Klinik – man weiß ja nie …

Im Rhythmus der Rhône

Für eine Woche den größten Teil der Eigenverantwortung gegen Vollpension an der Rezeption eintauschen, in Richtung Kleinkind regredieren, neugierig, freudig bejahend und brav – sich dafür verwöhnen lassen, erfüllte Wünsche, noch ehe man weiß, dass man sie hat – ich hatte das sichere Gefühl, genau solch ein Wohlfühlprogramm dringend zu benötigen, und zwar genau jetzt. Und außerdem sollte es ja auch noch einiges zu erleben und zu lernen geben: Landausflüge, Stadt-

Von Lyon nach Lyon

Tag 1: Anreise und Einschiffung in Lyon. Die nach Paris und Marseille drittgrößte Stadt Frankreichs liegt am Zusammenfluss von Rhône und Saône. Abends Abfahrt in nördlicher Richtung nach Mâcon.

Tag 2: Am frühen Morgen Ankunft in Mâcon an der Saône. Weinexkursion »Mâcon und der Beaujolais«. Besichtigung der Abtei von Cluny. Abends Weiterfahrt auf der Saône nach Chalon-sur-Saône.

Tag 3: Am frühen Morgen Ankunft in Chalon-sur-Saône. Beaune und das Burgund. Château Cormatin. Abends Weiterfahrt nach Süden zurück nach Lyon.

Tag 4: Am frühen Morgen Ankunft in Lyon. Stadtrundfahrt. Um 16 Uhr Weiterfahrt auf der Rhône nach Avignon.

Tag 5: 10 Uhr Ankunft in Avignon. Stadtrundgang Avignon mit Papstpalast. Pont du Gard und Uzes.

Tag 6: Avignon. Um 14 Uhr Weiterfahrt nach Arles. Exkursion in den Naturpark Camargue. Um 22 Uhr Weiterfahrt zurück Richtung Lyon.

Tag 7: Morgens Ankunft in Viviers. Die Schlucht der Ardèche. Weiterfahrt Richtung Lyon.

Tag 8: Am frühen Morgen Ankunft in Lyon. Nach dem Frühstück Ausschiffung.

spaziergänge, Rundfahrten. Und alles schön übersichtlich entlang dieser beiden Flüsse aufgereiht, die sich in Lyon vereinigen – die Saône aus den Vogesen, die Rhône aus den Schweizer Alpen kommend.

Lyon – Hügel des Lichts

Das Katalogmaterial stimmte, die Reiseroute war ansprechend. Das ging schon auf dem Flughafen von Lyon los, wo Santiago Calatravas geniale TGV-Station einem Vogel mit ausgebreiteten Schwingen gleicht: Stahl, Glas, Beton, fast 40 Meter hoch, lichtdurchflutet, einen Moment vor dem Abheben. In der Lyoner Innenstadt dann natürlich die von Jean Nouvelle kühn umgebaute Oper mit dem gläsernen Tonnendach, das nachts, wenn in ganz Lyon die Fassadenscheinwerfer die Schmuckstücke der Stadt aus der Dunkelheit heben, rot aufleuchtet. Überhaupt, Lyon: Schon der alte lateinische Name, Lugdunum, ist schön – bedeutet er doch »Hügel des Lichts«. Licht – warum eigentlich nicht? Wäre doch ein schönes Thema für die kleine Reise. Zumal ja die Gebrüder Lumière 1895 in Lyon ihre ersten bewegten Lichtbilder vorführten. Und 135 Kilometer nordwärts die Saône hinauf wurde 1765 Joseph Nicéphore Niepce geboren, der 1827 mit einem schlichten Holzkasten, in dem sich einem Loch gegenüber eine mit Teer beschichtete Zinkplatte befand, das erste Lichtbild der Weltgeschichte aufnahm. Wenn das Schiff in Chalon sur Saône am Quai des Messageries anlegt, sind es nur wenige Schritte über die Uferstraße zum Fotomuseum, in dem der berühmte Holzkasten steht. Daneben übrigens die kleine graue Hasselblad 500 EL (Electric Lunar Surface) von 1968. Eine identische Kamera liegt auf dem Mond, seit sie 1969 von der Apollo-11-Mission dort zurückgelassen worden ist.

Lichtkünstler sind aber nicht nur die Architekten, Filmemacher und Fotografen, auch die Winzer, die rund um Macon ihre gedrungenen Weinstöcke auf Kalkstein setzen und daraus leichte Weißweine wie den Macon-Village oder den Pouilly-Fuisse keltern, schauen genau auf den Einfallswinkel der Sonnenstrahlen, und auf der anderen Talseite, wo auf Granitböden die Gamaytraube gedeiht und die berühmten Beaujolais-Weine hervorbringt, tun sie es genauso.

Ich lerne das auf meinem ersten Landausflug am Morgen des 1. Juni. Am Nachmittag, als wir mit dem Bus in Richtung der Abtei von Cluny den Höhenzug überqueren, der das Maconnaise-Tal nach Westen abschließt, bekommen wir ein weiteres Mal die Lichtwirkung vorgeführt. Auf dem Osthang feinster Beaujo-

1

2

lais, nach dem Pass auf der anderen Seite weite Wiesen mit weißen Charolaisrindern, rotem Mohn und dunkelgrünen Waldflecken – jedenfalls kein Wein mehr. Hängt mit dem Licht zusammen, meint Cécile, unser Guide. Ich habe meine Zweifel, glaube ihr am Ende aber doch – es passt so schön.

Auch Cluny hat mit Licht zu tun, wenn auch eher mit dunklem Aberglauben, Erleuchtung und Verblendung. Als im Jahr 910 der Herzog von Aquitanien eine Abtei finanzierte und unter seinen Schutz stellte, tat er das aus Furcht vor der damals allgemein erwarteten Wiederkunft Christi im Jahr 1000, ein Akt der Absicherung gegenüber dem Weltuntergang. Cluny wurde in den folgenden Jahrhunderten zum Zentrum des größten Mönchsordens des Abendlandes. Und auch die Abteikirche wuchs in rund 200 Jahren zum größten Gotteshaus der Christenheit. Da hatte die Verblendung schon eingesetzt. Sie steigerte sich noch, als man in den Nachwehen der großen Revolution 1798 damit begann, die riesige gotische Kirche als verhasstes Symbol der alten Zeit zu sprengen und als Steinbruch zu verwenden. Die Stadt Cluny, die über Jahrhunderte gut vom Pilgergeschäft gelebt hatte, war mit einem Schlag ihrer Existenzgrundlage beraubt. Als man 23 Jahre später das Zerstörungswerk stoppte, stand nur noch ein Teil des Querschiffes, immer noch gewaltig zwar, aber eben nur ein Achtel des ursprünglichen Baus, was bis heute zu besichtigen ist.

Mitten in der Stadt

Nach all dem Irrsinn der Revolution und den Wirren der Zeiten ist es schön, heimzukommen. »Heim«, das ist die Amadeus Symphony, und die ist immer dort, wo man sie braucht – meist mitten in der Stadt, nach dem Ausflug nach Cluny zum Beispiel in Mâcon am Quai

1 ... wenn das Gute liegt so nah: Die Landschaften entlang des Rhône- und Saône-Ufers sind stets in greifbarer Nähe und lassen sie wirken wie eine endlos lange Fototapete.

2 Auch wenn die Verpflegung an Bord keine Wünsche offen lässt, so erliegt man bei den Landgängen doch immer wieder gerne so manchen appetitlichen Verführungen.

3 Ein Ausflug durch das südliche Burgund führt zum Château de Cormatin, einem Barockschloss mit Heckenlabyrinth und einem der schönsten Gärten Frankreichs.

Global Player

In der Kommandobrücke, dem Reich des Kapitäns, herrscht eine heitere und dennoch konzentrierte Atmosphäre. Die Mitarbeiter schätzen die kurzen Wege und besprechen manches eilige Anliegen direkt mit dem Boss auf der Brücke. Nicht nur die Gästeschar ist sehr international. Auch die Crew stammt aus einem knappen Dutzend Nationen.

Lamartine. Bis zum Dinner ist es noch Zeit, also rein in die Kabine auf dem Mozartdeck, das französische Fenster aufgeschoben, die Ausflugsausrüstung aufs Bett geworfen, mich gleich hinterher, und ein wenig auf die Dusche freuen. Die hat einen kräftigen Strahl, und warmes Wasser ist immer im Hahn. Draußen schwimmen zwei Schwäne vorüber, auf einer Boje am anderen Ufer hat sich sehr fotogen ein Graureiher postiert.

Oldtimer-Parade

Schöner Zufall: Beim Besuch des Château de Cormatin findet gerade ein Oldtimertreffen statt. Das Barockschloss aus dem 17. Jahrhundert ist die Hauptattraktion an der südburgundischen Schlössertraße und steht beim Tagesausflug ab Chalon-sur-Saône auf dem Programm.

Kellner, Zimmermädchen, Köche, Matrosen, Rezeptionisten, Purser, Kreuzfahrtleiter – etwa 40 Leute kümmern sich darum, dass ich sicher und angenehm über die Rhône schippern kann. Sie kommen aus einem knappen Dutzend Nationen, von Litauen über Polen bis Bulgarien dominiert Osteuropa, der Hotelmanager stammt aus Apulien und wohnt in Venedig, Küchenchef ist ein Deutscher, der auf Mallorca lebt, und der Kapitän ist ein echter Franzose und wohnt in Mâcon. Die Passagierliste kann an Internationalität mit der Besatzung durchaus mithalten. Auf der Rhône hat sich ein buntes Häuflein aus den USA, aus Israel, den Niederlanden, aus England, Österreich, der Schweiz und Deutschland zusammengefunden. Kinder sind keine an Bord, und auch die Unterfünfzigjährigen lassen sich an einer Hand abzählen. Rüstige Rentner, auf 73 Kabinen verteilt, mit Spaß an der französischen Küche und am französischen Wein, bilden die große Mehrheit, allesamt sympathische Paare, die ruhig ihrer Wege gehen. Doch zurück zum Licht und der im Rhônetal naheliegenden Frage, ob es ein spezielles Mistral-Licht gibt. Als wir am Abend des 4. Juni von Lyon nach Avignon aufbrechen, rauscht aus grauen Wolken der Regen und wirft Millionen Wasserringe auf den Fluss.

Meister Mistral

Am nächsten Morgen im Süden ist der Himmel blau und weit und hell, dazu fegt ein kalter böiger Wind von Norden, wie er das hier an 100 Tagen im Jahr tut: der Mistral, der »Meister«, wie sie ihn nennen. Immer wenn über Nordfrankreich ein Tief nach Osten abzieht, bläst es auf seiner Rückseite kalte Luft in die Düse des Rhônetals. Und es scheint so, als wehe mit dem Wind auch nördliches, frisches Licht in den dampfenden Süden. Im Gassengeflecht der alten Stadt hat der Mistral keine Chance. Natürlich muss man den festungsgleichen Papstpalast gesehen haben. Drinnen wird man auf eine meisterhafte große Kreuztragungsgruppe im Halbrelief stoßen – feinste Frührenaissance, doch leider eine Gipskopie. Die gute Nachricht: Zum sandsteinernen Original in der gotischen Kirche Saint Didier sind es nur ein paar Hundert Meter. Der Weg lohnt sich.

Der magischste Platz Avignons aber ist zugleich einer der angenehmsten, jedenfalls dann, wenn ein leichter Mistral den Spätnachmittagshimmel blank geputzt hat und gut gelaunt in den Blättern der alten Platanen rauscht. Unter diesen ein kleiner, steingefasster Teich mit Enten drauf und Tauben drum herum. Kleine Fontänen sprudeln und glitzern, eine schöne Nackte aus Bronze tanzt auf einer kleinen Insel. Es wird Limonade angeboten, Kaffee, Drinks und Eis.

Zwei für die Show

Ihr Platz ist in der Mozart-Lounge, vorne rechts am Flügel. Ihre Zeit ist der Abend. Wenn die Passagiere nach dem Fünf-Sterne-Menü in der Lounge ihre Drinks bestellen, sitzen sie schon da: die schwarzäugige Melinda mit der variantenreichen Stimme auf einem Barhocker, Attila mit scharf geschnittenem Gesicht, Halbglatze und Pferdeschwanz hinter der Tastatur. Der gebürtige Budapester hat das klassische Konservatorium im ungarischen Miskolc und das Jazz-Konservatorium in Budapest absolviert. Er klimpert gekonnt Barmusik-Klassiker, kennt sich im Pop-Segment aus, jagt durch heiße Puszta-Läufe und seinen Béla Bartók hat er auch drauf. Melinda kommt aus Bársonyos, einem Dorf in Nordwestungarn. Irgendwann merkte sie, dass sie singen kann, dann merkten es andere. Seit zehn Jahren singt sie in Bands, tritt bei Festivals auf und jetzt dürfen ihr die Passagiere der Amadeus Symphony zuhören. Und wenn es später wird, drehen sich die mutigsten Paare auf der kleinen Tanzfläche.

Was daran magisch sein soll? Das Ganze findet auf dem Gipfelplateau eines Felsens statt, nur wenige Meter nördlich des Papstpalastes und der Kathedrale Notre Dames des Doms, die auf der Flanke des Felsens steht. Hier oben aber, auf dem Rocher des Doms, siedelten sie schon vor 6000 Jahren in der Jungsteinzeit, viel später kamen die Kelten, dann die Römer. Und immer war es der Felsen, der die Menschen über all die Jahrtausende anzog. Im 4. Jahrhundert bauten sie hier die erste Basilika, die alten christlichen Baumeister sattelten ihre Tempel auf die alten Kraftplätze auf. Sie wussten genau, was sie an der Expertise ihrer Vorgänger hatten. Sitzen, lauschen, schauen und die Zeit spüren, am besten allein – dann kommt sie heraus und weht vorbei.

Am nächsten Tag geht es von Avignon mit dem Bus in das Rhône-Delta. Hier wird die Zeit nicht nur spürbar, hier kann man sie sehen. Weiter als hier kann kein Himmel sein und heller kein Licht. Der Strom hat kurz vor dem Meer seine Arme ausgebreitet, dazwischen die Camargue: Sumpfland, Schilfland, Salzland, Zeitland. Glänzende Reisfelder im Norden, weiter zum Meer hin Pins Parasol, Schirmkiefern, Mastixbüsche, wilde Pistazien, Stecheichengebüsch, gelb blüht der Ginster. Schwarze Camarguestiere, weiße Camarguepferde, rosa Flamingos gibt es vom Bus aus. Für die übrigen Vogelarten müsste man nicht nur aussteigen, man bräuchte Gummistiefel, viel Autan, ein Boot und die Erlaubnis der Nationalparkaufsicht. Und warum ist das alles sichtbare, weltgewordene Zeit? Ganz einfach, weil es dieses Land vor 7000 Jahren noch nicht gab. Seitdem schwemmte die Rhône alpines Gestein und alles, was unterwegs in ihr Flussbett fiel, ins Meer und schob die Küstenlinie etwa 40 000 Meter ins Mittelmeer hinaus. Eine eigene Kultur entstand, mit eigenen Ritualen, Traditionen und Kulten. Im Dorf Saintes-Maries-de-la-Mer, dem Lourdes der Roma, kann das Ganze auf einen Blick erfassen, wer ein paar Euro bezahlt, um auf das Dach der Wallfahrtskirche zu gelangen. Wer jetzt noch frech genug ist, von der umlaufenden Galerie auf den Dachfirst zu kraxeln, hat die ganzen 7000 Jahre vor sich, und hinter sich das blaue Meer.

Wenn der Wind Wellen weht

Beim Gala-Diner am letzten Abend lässt auch der härteste Camper die Caprihose im Schrank und schlüpft ins Jackett. Gleich ist es im Restaurant noch ein wenig netter. In die Speisefolge werden das Parfait und die Eisbombe eingeschoben, alles, was die heimische Waage zum Quietschen bringt, wird aufgefahren. Wer schlau ist, hat schon vorher gepackt. Vielleicht noch ein letzter Drink an der Bar, aber das Beste kommt noch: nachts im Bett zu liegen und durch das offene französische Fenster den Fluss im Vollmondgeglitzer anstaunen, die schwarzen Ufer, die über uns hinweg schwebenden Brücken zu sehen, gelegentlich ein spätes, fernes Scheinwerferpaar. Der Nachtwind weht Wellen in die Stores. Den Fernseher hatte ich auf dieser Reise genau zwei Minuten an, um zu sehen, ob er funktionierte. Er tat es.

Schwimmendes Hotel im großen Fluss

Steckbrief MS Amadeus Symphony
Reederei: Lüftner Cruises
Baujahr: 2003
Dimensionen: 1566 BRT, Länge: 110 Meter, Breite: 11,40 Meter
Passagierdecks: 4
Passagiere: max. 146
Mannschaft: ca. 40
Einsatzgebiet: Rhône und Saône

Kabinen & Suiten
73, davon 4 Suiten (alle außen). Alle Kabinen verfügen über ein großes Doppelbett bzw. zwei Einzelbetten, Bad, Telefon, TV-Gerät mit einer Auswahl an Bord- und Satellitenprogrammen, Haartrockner und eine individuell regulierbare Klimaanlage.
Die Suiten (22 qm) und Kabinen (15 qm) auf dem Mozartdeck besitzen französische Balkone. Die Kabinen auf dem Straußdeck (15 qm) haben bewegliche Panoramafenster, die Kabinen auf dem Haydndeck (15 qm) fixierte Fenster.

Restaurants & Bars
Panorama-Restaurant, Panorama-Bar und Amadeus-Club mit Internetcafé. Frühstücksbüfett, Lunch à la carte im Restaurant oder als Büfett in der Panorama-Lounge, Diner à la carte. Wein und Bier zu den Mahlzeiten inklusive. Auf die Komposition und Herstellung der Menüs wird große Sorgfalt verwendet. Ausgezeichnete Küche! Große Getränkeauswahl an der Bar. Lido-Bar auf dem Sonnendeck.

Sport & Wellness
Massage-Angebot, Frühsport-Angebot, Fitnessraum, Fun-Pool, Groß-Schach, Liegestühle und Walking Track auf dem Sonnendeck, Friseur, Bordshop.

Unterhaltung & Ausflüge
Vorträge zum nächsten Tagesprogramm, abendliche musikalische Unterhaltung mit dem bordeigenen Duo mit Tanzmöglichkeit, Crew-Show, Quizabende und Tombola. Außerdem Stadtspaziergänge und Busausflüge zu kulturellen und landschaftlichen Höhepunkten.

Bordsprache & Dresscode
Deutsch dominiert, es wird jedoch auch Englisch und Französisch gesprochen. Das tägliche Bordprogramm sowie Infoblätter zu den Landausflügen werden in deutscher Sprache aufgelegt. Der Dresscode rangiert zwischen »leger« und »sportlich-elegant«. Auch beim Gala-Diner genügt bei Herren ein Jackett. Tagsüber ist bequeme Freizeitbekleidung optimal.

Fazit
Für Best Ager mit Vorliebe für gutes Essen und ein ruhiges Programm zwischen Weinverkostung (Mâcon, Beaujolais), Städten (Lyon, Cluny, Avignon), kulturellen Höhepunkten und Natur (Camargue, Ardeche) ist das Schiff eine gute Wahl.

Info & Buchung
Dr. W. Lüftner Reisen, Menardi Center, Amraser See Str. 56, A-6020 Innsbruck, Tel. 0043/512/365781, www.lueftner-cruises.com oder im Reisebüro

Auch wenn das große Show-Feuerwerk fehlt, kann man sich an Bord der Amadeus Symphony die Zeit kurzweilig vertreiben – ob mit Groß-Schach, Tombola oder heiteren Quizrunden.

16 Beginn einer Leidenschaft

Donau-Kreuzfahrt klingt nicht wirklich sexy. Zehn gute Gründe, es mal auszuprobieren.

1. Das Gute liegt so nah: Start- und Zielhafen der MS Maxima ist Passau in Niederbayern, der auch vom hohen Norden mit Bahn oder Auto schnell zu erreichen ist.

2. Maximaler Komfort: Die Schränke in den Kabinen sind geräumig, die Bäder wahre Raumwunder. Auch wenn man nicht viel Zeit in der Kabine verbringt, so freut man sich über die freundlich und schick gestylte Unterkunft, auf dem Mittel- und Oberdeck jeweils mit französischem Balkon. Alle Unterkünfte verfügen über SAT-TV mit Radio, Haartrockner, Minibar, Safe und Telefon.

3. Bunt gemixte Familie: Schwimmendes Altenheim? Von wegen. Da reist der Sportstudent mit seiner Oma, die Mutter mit der Tochter, beste Freundinnen und Singles. Auch einige Teenager sind an Bord, die sich bereits am ersten Tag finden und bis zur Heimreise unzertrennlich bleiben.

4. Herzlichkeit ist auf der MS Maxima Trumpf: »Für Sie wieder einen Aperol Spritz?« fragt die Dame, die am Sonnendeck die Getränke serviert. Und auch der Herr von der Rezeption kennt bald jeden der 180 Passagiere beim Namen. Die Freundlichkeit und Aufmerksamkeit der Crew fällt sofort angenehm auf.

5. Die Verständigung klappt: Bordsprache ist Deutsch. Und da viele der Crew-Mitglieder aus den Gegenden stammen, durch die die Reise führt, versorgen sie die Passagiere gerne mit Shopping- oder Ausgehtipps in Bratislava, Budapest oder Linz.

6. Städtetour mal klassisch, mal hip: Für den Erstbesuch so spannender Metropolen wie Budapest oder Wien eignet sich ein Sightseeing-Rundumschlag im Bus oder eine Themen-Tour, etwa zu den berühmten Bädern in Budapest. Und während die Oma das »Strauss trifft Mozart«-Konzert besucht, saust der Enkel mit dem Segway-Elektroroller durch die City, andere besuchen einen Weinkeller in Grinzing.

7. Genießen ohne Schlangestehen am Büfett: Die mehrgängigen Menüs werden abends am Tisch serviert, den man gleich am Tag der Einschiffung für die Dauer der gesamten Kreuzfahrt reservieren kann. Die Auswahl bedient jeden Geschmack: Fleisch oder vegetarisch, Pute oder Fisch. Für kulinarisches Lokalkolorit ist gesorgt – in Budapest gibt's Gulasch und gefüllte Paprikaschoten, während in Wien Freunde von Wiener Schnitzel und Kaiserschmarrn auf ihre Kosten kommen.

8. Kein Stress mit dem Dress: Tagsüber an Bord und während der Landausflüge ist eine sportlich legere Kleidung üblich. Zum Abendessen ist eher eine gepflegte Garderobe erwünscht. Beim Kapitäns- oder Abschiedsdinner darf es gerne auch etwas festlicher sein.

9. Spaß ohne Dauerbespaßung: Wer braucht eine fetzige Animation, wenn an den Ufern ständig die Szenerie wechselt und sich immer wieder prächtige Landschaften, Burgen und Kirchen ins Blickfeld schieben und Reiher durch die Lüfte segeln? Dennoch gibt es auch Themenabende oder Quizveranstaltungen. Außerdem lockt ein großzügiger Wellnessbereich mit Sauna, Whirlpool und Fitnessgeräten

10. Unterhaltung bis nach Mitternacht: Wer da glaubt, der typische Flusskreuzfahrer würde nach dem Abendessen ins Bett gehen, der

irrt gewaltig. Vor allem an jenem Abend, als die Passagiere während des Dinners Wunsch-Musikhits ankreuzen konnten, ist die Lounge bis auf den letzten Platz besetzt. Und kurz darauf geht's bei »Sexbomb« und »Mamma Mia« auf dem Dancefloor rund.

MS Maxima
Zielgebiet: Donau
Buchung: Nicko Cruises, Tel. 0711/ 24898044, www.nicko-cruises.de

17 Bello an Bord

Bei dieser Flusskreuzfahrt sind Hunde nicht nur geduldet, sondern willkommen.

Hunde sind auf Kreuzfahrtschiffen in der Regel nicht erlaubt. Auf einigen wenigen Schiffen ist die Mitnahme der vierbeinigen Lieblinge geduldet – wobei Bewegungsfreiheit und Reisegenuss für das Tier stark eingeschränkt sind. Doch es gibt sie, Flusskreuzfahrten, bei denen der Hund der König ist. Veranstalter 1Avista bietet drei- und siebentägige Kreuzfahrten mit dem Flussschiff Normandie (50 Kabinen) auf Hollands Flüssen und Kanälen sowie auf dem Rhein an. Der Aufenthalt für den Hund ist in allen Gästebereichen an Bord gestattet. Ob im Salon, Restaurant, an der Rezeption oder an Deck – der vierbeinige Liebling ist immer dabei. Das gewohnte Futter ist mitzubringen, für ein Leckerli an der Rezeption ist jedoch stets gesorgt. Tagsüber legt das Schiff mehrmals zu Gassi-Stopps an. Außerdem gibt es eine kleine Hundewiese am Sonnendeck. Pro Kabine ist ein Hund erlaubt. Natürlich wird erwartet, dass Bello stubenrein ist und durch gutes Sozialverhalten glänzt. Gefährlich eingestufte Hunderassen wie Pitbull & Co. werden nicht befördert. Übrigens: Auch Passagiere ohne Hund sind willkommen. Doch ob die sich pudelwohl fühlen?

Normandie
Zielgebiet: Holland, Rhein
Buchung: 1Avista Reisen, Tel. 0221/ 99800800, www.1avista.de

18 Stadt-Land-Fluss

Auf seiner letzten Etappe zum Meer zeigt der Rhein in der Stille seine Größe.

Wenn die Passagiere in Köln an Bord der A-Rosa Viva gehen, hat der Rhein bereits eine weite Reise aus den Schweizer Bergen hinter sich. Auf den letzten 550 Kilometern von Köln durch die Niederlande bis ins weit verzweigte Delta an der Nordseeküste, landschaftlich sehr reizvoll, wird das Land flacher, der Himmel weiter, der Strom breiter.
Wer noch nie eine Schiffsreise unternommen hat – die Tour auf dem Rhein an Bord der modernen A-Rosa-Schiffe ist ideal für Einsteiger. Sie führt durch stille, idyllische niederländische Regionen und vorbei an quirligen Metropolen wie Amsterdam und Rotterdam mit einem Abstecher ins IJsselmeer. An Bord der A-Rosa-Schiffe kümmert sich eine rund 50-köpfige Crew um das Wohl der maximal 202 Passagiere. Die meisten der 99 Kabinen sind mit Balkon ausgestattet. Der Flusskreuzer hat ein Büfett-Restaurant und ist mit Weinen, unter anderem der besten Rheinlagen, gut bestückt. Es gibt ein Spa mit Whirpool im Freien. Angeboten werden Massagen und Beautyanwendungen.

A-Rosa Viva
Zielgebiet: Rhein
Buchung: A-Rosa Kreuzfahrten, Tel. 0381/ 202 60 20, www.a-rosa.de

Schöner geht's nicht

19 Eine Liebe fürs Leben

Die Sea Cloud gilt als schönstes Segelschiff der Welt. Das ist nicht der einzige Grund, weshalb Menschen der »Grande Dame der Meere« verfallen sind.

Text: Reinhard Bünger

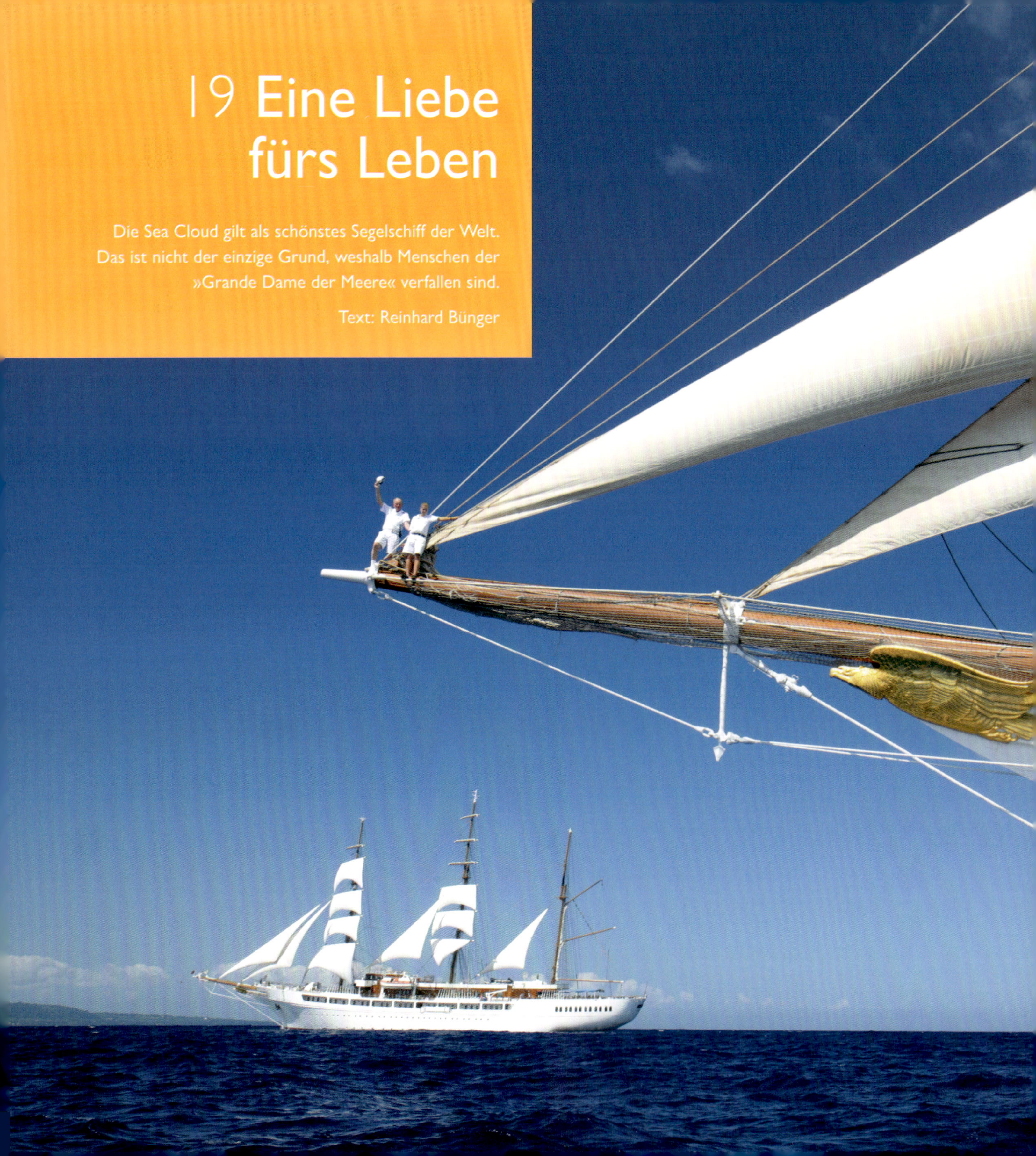

Exakt 28 Grad, 57 Minuten nördlicher Breite, 24 Grad, 11 Sekunden westlicher Länge: Für Bernhard ist dies die ideale Position, um über seine Lage nachzudenken. Die ersten fünf Reisetage liegen hinter ihm. Die Konturen des Festlands sind längst verschwommen, der Alltag ist am Horizont verweht. Es beginnt ein neuer Morgen. Vor dem inneren Auge kommen nun – mitten im Kanarischen Becken, 450 Seemeilen westlich von Las Palmas – neue Umrisse in Sicht. Die Sonne brennt die Nebelstreifen nieder.

»Eigentlich könnte ich mich für zwölf Monate in eine Kajüte auf der Sea Cloud einmieten und von hier aus arbeiten«, sagt Bernhard. Reisen, arbeiten und trotzdem jederzeit die Ruhe weg haben – das wäre doch was! Doch dann hält Bernhard inne. »Das Internet an Bord müsste natürlich schneller sein.« Mitten im Atlantik ist die Windjammer-Lady allein auf Satellitenfunk angewiesen. Und so wird wohl nichts aus Bernhards Traum. Er steht an der Reling und nippt an einem Becher Kaffee vom Frühaufsteher-Büfett, das täglich ab 6.30 Uhr angeboten wird. Die Gesichtszüge des 53-Jährigen sind zum ersten Mal seit dem Ablegen in Portimão an der Algarve ganz entspannt. Er lächelt verschmitzt in sich hinein. Langsam weicht der Dampf des Berufslebens bei dem inzwischen selbstständigen Mitarbeiter eines Computerunternehmens. Er hat die Reise gebucht, weil er einfach mal keine E-Mails und SMS mehr bekommen wollte.

Mit diesem Wunsch ist er nicht der Einzige an Bord. Doch nicht nur das freiwillige Offline-Dasein eint die Passagiere. »Es war ein Kindheitstraum von mir, einmal auf einem großen Segelschiff zu reisen«, schließt Bernhard seine

Das Entzücken kennt keine Grenzen, wenn die schönen Windjammer-Schwestern gemeinsam aufkreuzen.

Menschen an Bord

Sea-Cloud-Liebhaber sind keine typischen Kreuzfahrer. Es sind Leute mit maritimen Vorlieben, die Wind und Wellen anderen Wonnen vorziehen. Für viele liegt der besondere Zauber einfach darin, mal aus ihrem reizüberfluteten Alltag auszuscheren und über ihr Leben nachzudenken – oftmals mit erstaunlichen Ergebnissen.

Überlegungen zu den Hintergründen dieser Reise ab. Und wie er gerade dabei ist, das Hätte, Könnte, Sollte des täglichen Lebens durchzudeklinieren, taucht um 7.15 Uhr ein Delfin neben der Viermastbark auf, springt aus dem Wasser, taucht wieder ein, eskoriert die Sea Cloud noch eine Weile und schwimmt wieder seiner Wege. Bernhard kommt mit seiner Spiegelreflexkamera gar nicht so schnell hinter dem Flipper her.

»Das Schöne ist, dass man hier an Bord für gute zwei Wochen ein anderes Leben verwirklicht«, beschreibt Thomas aus Deutschland sein Reisemotiv. Wie Bernhard hat auch er seine Lebensgefährtin zu Hause gelassen und mit ihr im wahrsten Wortsinn eine zweiwöchige Sendepause vereinbart – was jedoch nicht zur Schlussfolgerung führen soll, dass keine Paare an Bord der Sea Cloud sind. Davon gibt es sogar sehr viele.

Als Bernhard klein war, Mitte der 60er-Jahre, befeuerten vorweihnachtliche Fernsehvierteiler im ZDF die jugendlichen Segelschiff-Fantasien. Da gab es zum Beispiel »Die Schatzinsel«. Oder »Robinson Crusoe«, der vor der südamerikanischen Küste zum hilflosen Spielball der Naturgewalten wird und sich nach dem Untergang des Dreimasters Esmeralda als einzig Überlebender an einem unbekannten Strand wiederfindet.

Tradition meets Technik

Schönere Konsequenzen – gemeint im doppelten Wortsinne – kann ein Schiffbruch wohl nicht haben. Und doch möchte wohl nicht einmal der leidenschaftlichste Nostalgiker mit Robinson tauschen. Wozu auch. Schließlich ist die Sea Cloud für manchen Reisenden hier so etwas wie eine Insel der Seligen, die in diesem Fall mitten im Atlantik schwimmt, glücklich abgeschnitten von der Außenwelt.

Die guten alten Zeiten der Segelschifffahrt haben sich seit dem etwas verändert. Auch ein 85 Jahre altes Traditionsschiff kommt heute nicht ohne moderne Technik aus. Gegen acht Uhr morgens schließt der Electronic Technical Officer (ETO) sein Büro, die »Funkerbude« unter dem Steuerhaus, auf und fährt als Erstes den Computer hoch. Einige Tage nach der Abreise beginnt er mit der Ausgabe von »Bezugsscheinen« – damit die Gäste Internetverbindungen herstellen können. Nach einigen Tagen Funkstille mit zu Hause läuft der Abverkauf der geheimen Passwörter für das Bord-Internet prächtig.

Vor allem Simon hat sich von seiner Frau Lyle gleich mehrere Coupons mitbringen lassen. Der Amerikaner gehört auf den Transatlantikfahrten der Sea Cloud zu den Stammgästen. Mit seinem blauen Troyer, einem klassischen Seemannsrolli, und der kecken Pudelmütze könnte er fast zur Besatzung gehören. Simon geht von Bord aus seinen Geschäften nach und sucht Verbindungen an Land, die nicht privater Natur sind. Er macht zwischendurch das, was Bernhard gern dauerhaft machen würde: »Einer muss ja schließlich das Geld für die nächste Überfahrt verdienen«, scherzt der Jurist. »Wenn jetzt auch noch die Handys wieder zu bimmeln anfangen«, beklagt sich

Handarbeit und viel Liebe zum Detail wird man auch im verstecktesten Winkel des Schiffs entdecken.

ein Passagier, »buche ich aber kein weiteres Mal eine Reise auf der Sea Cloud.« Doch es klingelt nichts.

Alle Mann im Seemannsgang

Jeden Morgen, Punkt acht Uhr, beginnt die Deckmannschaft ihr tägliches »Tauwerk« und setzt die Segel. Anschließend wird das Messing an Bord poliert oder der Lack der Holzaufbauten erneuert. Die Laune der Passagiere wird an den zunehmend sonnigen Vormittagen immer besser. Vorfreude auf die Passatwinde macht sich breit. Am sechsten Reisetag hat jeder seinen Platz an Bord gefunden. Alle sind ausgeschlafen und bewegen sich inzwischen mit dem Gang der Wellen über Deck – breitbeinig wie die Besatzung. Die Sea Cloud läuft rund acht bis zehn Knoten über Grund bei einem Seegang von fünf bis sechs: sehr gemütlich. Kapitän Wladimir Pushkarew rechnet sich mehrmals am Tag aus, wie viel Fahrt in der Nacht mit den Hilfsdieseln gemacht werden muss. Die durchschnittliche Tagesgeschwindigkeit soll bei 8,5 Knoten liegen, um die kommenden An- und Abfahrtszeiten in der Karibik zu halten. Damit liegt der motorisierte Rahsegler meistens voll im Plan.

Wer zwei Wochen – und wie einige Gäste noch länger – auf dem Viermaster gebucht hat, dem ist irgendwann Seegang lieber als Landgang. Es ist dies eines der letzten fühlbaren Abenteuer für Kreuzfahrer, eines ohne Stabilisatoren und Geschmacksverstärker. Bei den Gästen stellt sich auf der Atlantiküberquerung schnell ein Gefühl großer Zwanglosigkeit und vermeintlicher Freiheit ein. Jeder Passagier kann an Bord seiner Wege gehen, seinen Gedanken nachhängen, dösen, lesen, sich zum Sonnenuntergang einen Drink einschenken lassen – oder einfach mal unter freiem Himmel einschlafen wie in einem großen Kinderwagen. Warm eingepackt in eine der Decken, geht das auf der Kissenlandschaft der »Blauen Lagune« auf dem Achterdeck besonders gut. Hier hat Andreas seinen Lieblingsplatz gefunden, nicht nur tagsüber. Als langsam auch die Nächte wärmer werden, geht er nicht mehr in seiner Kabine, sondern hier schlafen: Die Wiegebewegung der Segelyacht ist im Heck am stärksten zu spüren. Vielleicht hat der Börsenmakler aus Deutschland auch ein wenig mehr Harmonie um sich herum nötig als andere an Bord? Dezember ist für ihn ein guter Monat, um einmal so richtig auszuspannen. Aus seiner Sicht ist das Jahr beruflich ganz gut gelaufen. »Nur privat geht es mir nicht so gut«, ergänzt er kurz und knapp. »Ich nehme mir nun öfter Auszeiten. Begonnen habe ich mit einer Arktisfahrt – wo man immer alles gemeinsam gemacht und jedem alles erzählt hat – da ist jeder ehrlich zu jedem.« Das entspannt ihn. Dann hat er die Sea Cloud für sich entdeckt. »Hier habe ich schnell gemerkt, dass ganz normale Menschen an Bord sind. Keine Wichtigtuer und arroganten Geldverdiener«, beschreibt Andreas das

Gefühl. Inzwischen, auf seiner vierten Fahrt, fühle er sich schon richtig zu Hause. Erst auf dem Rahsegler scheint sein getriebenes Alter Ego in den Hintergrund zu rutschen und er findet einen neuen Kurs zu sich selbst.

Nicht nur bei Andreas fällt der Stress vom Land nach wenigen Tagen endgültig ab. Auch die anderen werden zusehends entspannter und kommen auch anderen näher. Ein wahrlich exklusives Vergnügen, wieder einmal einen unverstellten Blick für den Mitmenschen zu bekommen. »Ist es nicht so, als ob wir mit Freunden auf einer Privatyacht fahren?«, wundert sich Heide, die an Bord einen Malkurs anbietet. »It's a relief«, bestätigt einer der Amerikaner an Bord. »This ship makes me feel at home.« Okay! Das Leben kann so einfach sein. Sieben Mal hat der »Silver Ager« aus Kalifornien mit der Igelfrisur die winterliche »Crossing« schon mitgemacht. Es klingt, als sei auch sein Leben an Land ein Leben im Haifischbecken gewesen.

O sole mio!

Die Zahl der überzeugten Wiederholungstäter bei den Transatlantikreisen ist überraschend hoch. Man kennt sich an Bord. Na ja, mehr oder weniger: »Wir haben uns doch auch schon einmal gesehen«, behauptet Marion erfreut, als sie ein ihr bekanntes Gesicht trifft. »Sie waren doch schon vor drei Jahren auf der Winterreise dabei.« Marion aus Süditalien ist in gehobener Stimmung. Sie ist es, die an diesem Abend für eine Überraschung gesorgt hat. Showeinlagen gibt es ja normalerweise nicht an Bord, ein Schwertfisch auf dem Büfett genügt in der Regel vollkommen. Doch nach der Vorstellung von nautischem Personal und der Servicecrew an Deck – sie werden von den Gästen wie Rockstars mit Freudenpfiffen und Beifall bedacht – singt Marion schließlich voller Glück ein stimmungsvolles »O sole mio«. Günter, der 86-jährige Siemens-Schiffsingenieur a. D. stimmt gleich mit ein. Beide bringen ihr Ständchen auf der Sea Cloud mit Bravour zu Ende. Es gerät in der stimmlichen Ausgestaltung schön schräg und dabei in der emotionalen Verbundenheit des Duos, das sich eben erst gefunden hat, so harmonisch, dass es manchen zu Tränen rührt.

1 Jeder Tag eine neue kulinarische Offenbarung – für das leibliche Wohl sorgen Spitzenköche. Sie zelebrieren Nouvelle Cuisine, landestypische Spezialitäten und das Beste aus dem Meer.

2 Der unwiderstehliche Charme, Prunk und Flair der 1930er-Jahre ist auf der Sea Cloud erhalten. Damit das auch so bleibt, ist sorgfältige Pflege mit viel Liebe zum glänzenden Detail nötig.

3 In der Kabine Nr. 1 der einstigen Eignerin, Marjorie Merriweather Post, wähnt man sich eher in Schloss Versailles als auf einem Schiff. Für die exzentrische Lady war das Beste gerade gut genug.

Hand-Arbeit

Auf der Sea Cloud beträgt das Verhältnis Crew zu Passagieren fast 1:1. Doch die 66-köpfige Mannschaft ist nicht ausschließlich mit Gäste-Betütern beschäftigt. Wenn die Segel gesetzt und eingeholt werden, müssen alle ran. Die Passsagiere sind meist vollzählig an Deck versammelt, wenn es heißt: »Alle Mann in die Wanten!«

Luxusfaktor Zeit

Spätestens am vierten oder fünften Reisetag sind die Gäste auf »ihrem« Schiff richtig angekommen. Mit den Gegebenheiten an Bord ist jeder zu diesem Zeitpunkt vertraut. Mit den Mitreisenden ist man es dann mittlerweile auch. Menschen, die 16 Tage lang auf Transatlantikpassage gehen, sind nicht darauf aus, rasch von A nach B zu gelangen. Für sie hat Zeit eine besondere Qualität. Sie schätzen zum Beispiel Situationen wie den abendlichen Absacker auf dem Lido-Deck. Dennoch ist niemand zu vernehmen, der mit einer Fahrt auf der Viermastbark protzen möchte – goldene Wasserhähne hin oder her. Die wurden ohnehin von der ersten Eignerin Marjorie Merriweather Post nur deshalb angeschafft, weil Messing mühsamer zu putzen ist. So heißt es. Es geht auf dieser Reise auch nicht vorrangig um ein rein touristisches Interesse. Das ließe sich auf anderen Törns weitaus besser befriedigen. Die Erinnerungsbilder, die hier entstehen, werden von der Seele eingefangen, nicht von Fotokameras oder Camcordern. »So etwas wie hier an Bord«, sinniert Programmierer Bernhard, »das stimmige Zusammenwachsen einer Gruppe, ist wirklich etwas Besonderes. Schließlich werden die Menschen zunehmend nur noch mit sich selbst beschäftigt sein, wenn die ganze Technisierung so weitergeht.«

Das Geborgensein in einer kompetenten Crew, die sich mit Herz um das Wohlergehen der Gäste kümmert, mag auch viele Alleinreisende zur Atlantikfahrt bewegen: die Sea Cloud als Arche Noah guter Gefühle. Auf normalen, trubeligen Kreuzfahrtschiffen werden sie womöglich deutlicher und manchmal unangenehm an ihr Singledasein erinnert. Sammler und Jäger – diese Spezies hat nicht angeheuert. »Eigenartigerweise fühlen sich Alleinreisende wie ich an Bord sofort wohl«, erzählt Petra. »Wenn ich darauf aus wäre, unbedingt jemanden kennenzulernen, dann würde ich ja vermutlich eine Fahrt mit einem großen Kreuzfahrtschiff buchen – und damit nach Ibiza fahren oder nach Barcelona.« Sie fühle sich an Bord des Großseglers, als sei sie mit einer Großfamilie unterwegs. »Das ist wie unter Freunden hier. Man darf sich fallen lassen.« Die Tierärztin, die gerade eine schwere Krankheit überwunden hat, versucht ihren Rhythmus wiederzufinden. Und dazu den richtigen Ort, mitten im Fahrtwind.

Plätzchen für Genießer

Einer der schönsten – von den meisten Passagieren unentdeckten – Plätze befindet sich über der Brücke. Zwischen Schornstein und Fockmast öffnet sich über dem Steuerhaus eine Fläche von rund zwanzig Quadratmetern mit einer fantastischen, fast ungestörten Rundumsicht auf das Schiff. Eine kurze Eisenleiter führt senkrecht hinauf. Doch der elegante Nostalgie-Viermaster bietet überall an Deck ausreichend Platz, nicht nur auf dem sogenannten Monkey Deck. Es findet sich im-

Endstation Sehnsucht

Die Karibik ist nicht nur das Endziel der Transatlantik-Route, sondern in den Wintermonaten auch das bevorzugte Segelrevier der Sea Cloud. Im April geht es wieder in Richtung Mittelmeer.

mer ein freier Liegestuhl – wahlweise allein stehend oder so gereiht, dass man sich mit dem Liegestuhlnachbarn unterhalten kann. Oder auch nicht.

Die alte Lady drückt aufs Tempo

Am neunten Tag erwischen die Passatwinde den Rahsegler voll. Neptuns Atem geht jetzt kräftig und gleichmäßig. Der Kapitän ist ganz aus dem (Steuer-)häuschen: Die Sea Cloud macht 9,3 Knoten. Das ist enorm schnell, das ist spitze! Das Schiff läuft Höchstgeschwindigkeit unter Vollzeug bei maximaler Entschleunigungsleistung. Nicht nur der Oldtimer, auch die Gäste kommen dabei richtig in Fahrt. »Captain, irgendwelche Schiffe in der Nähe?«, fragt Mary aus Michigan, als sie Wladimir Pushkarew wieder an einem der beiden Radargeräte stehen sieht. »Nein, nichts mehr zu sehen«, antwortet er scherzend. »Wir haben inzwischen alle überholt.« Tatsächlich war wohl morgens um vier Uhr in einer Entfernung von 28 Seemeilen ein Tanker auf dem Radar zu sehen gewesen – aber auch nur dort.

Keiner der Passagiere weiß, ob er im kommenden Jahr wieder die körperliche und finanzielle Kraft haben wird, noch einmal eine Atlantiküberquerung mit diesem Schiff zu meistern. Günter zum Beispiel ist 86 Jahre alt. »Die Sea Cloud riecht noch richtig nach Schiff«, schwärmt der rüstige Mann aus Kiel, der einst bei der Kriegsmarine diente. Bereits zweimal hatte er die jährliche Atlantiküberquerung für jeweils zehn Jahre im Voraus gebucht. Dabei bucht er immer eine der ehemaligen Offizierskajüten. Die sind zwar klein und mit Doppelstockbetten ausgestattet. Aber: Man kann darin bei offener Tür mit Blick aufs Meer einschlafen – und aufwachen. »Jetzt hat die Reederei wieder angerufen«, erzählt Günter schmunzelnd, »aber ich kann mich ja nicht noch einmal auf zehn Jahre festlegen und buche nur noch von Jahr zu Jahr.«

Zeit für zwei

Die Sea Cloud wird gerne für den besonderen Anlass gewählt: Sei es eine Hochzeitsreise, ein Ehejubiläum oder die Erneuerung des Eheversprechens – der bildschöne Windjammer ist der perfekte Rahmen für große Gefühle. Manchmal spielt die Sea Cloud sogar Liebesgöttin: 1992 verliebten sich eine Zweite Offizierin und ein Passagier während einer sturmgepeitschen Nacht in der Straße von Gibraltar ineinander. Das Ehepaar lebt heute mit seinen beiden Kindern in Frankreich.

Loblied auf die Freundschaft

Wir alle müssen irgendwann Abschied nehmen von diesem Traum in Weiß. Die Stimmung vor dem letzten Kapitänsdinner ist heiter gefasst. Die Speisefolge lässt nicht viel Zeit für Sentimentalitäten: gebackener Feta-Käse mit Trüffelhonig, französische Wildente auf Sherrykraut mit Apfel, Tamarillo-Sorbet, Hummerschwanz mit Spargelrisotto an Sauce Choron, Delice von Schokolade und Passionsfrucht, dazu Jahrgangsweine aus Spanien und dem Piemont. Und dieses Mal ist es nicht Marion aus Italien, die den Ton angibt, sondern Thomas aus Finnland. Kerzengrade steht er mitten im Salon, erhebt sein Glas und bringt einen irischen Toast auf Schiff und Kapitän aus. Ein Loblied auf die Gemeinschaft: »There are good ships and there are wood ships. The ships that sail the sea. But the best ships are friendships. And may they always be.« Dem ist wohl nichts hinzuzufügen.

Windjammer-Legende für Segel-Enthusiasten

Steckbrief Sea Cloud
Reederei: Sea Cloud Cruises/ Hansa Treuhand Schifffahrtsgruppe
Gebaut: 1931, renoviert 2011
Dimensionen: 2523 BRZ, Länge: 109,50 Meter, größte Breite: 14,94 Meter
Passagierdecks: 3
Passagiere: max. 64
Mannschaft: 60
Einsatzgebiet: Europa, Karibik, Transatlantik, Mittelamerika

Kabinen & Suiten
32 Außenkabinen (davon 10 Kabinen im Originalbereich mit Marmorbad, mit Dusche/ WC). Ausstattung: Bademantel, Föhn, Direktwahl-Telefon, individuell regulierbare Klimaanlage, persönlicher Safe

Restaurant & Bars
Restaurant (69 Plätze) mit freier Tischwahl, eine Sitzung. Alkoholfreie Getränke und Tischwein zu den Mahlzeiten inklusive. Der Reisepreis enthält eine Vollpension mit Kaffeebüfett am Nachmittag und einem Mitternachtssnack. Lidodeck mit Bar (alkoholische Getränke müssen bezahlt werden; moderate Preise: eine kleine Flasche Beck's kostete auf der Transatlantikreise zuletzt 3,50 Euro)

Unterhaltung & Ausflüge
Auf einem echten Windjammer stehen das Segeln und die Segelmanöver im Mittelpunkt. Bei ausgewählten Reisen sind zudem Lektoren, Wissenschaftler oder Künstler an Bord, die interessante Vorträge halten. Zur Kaffeezeit und am Abend spielt ein Bordpianist. Darüber hinaus steht eine kleine Bordbibliothek mit deutscher und englischsprachiger Literatur zur Verfügung. Als besonderes Extra sind auf allen Abfahrten in der Karibik die Landausflüge bereits im Reisepreis eingeschlossen.

Bordsprache & Dresscode
Die Bordsprachen sind Deutsch und Englisch. Dresscode gibt es keinen. Ob leger oder sommerlich-elegant, das bleibt den Gästen überlassen. Beim traditionellen Captain's Dinner sind dunkler Anzug und Cocktailkleid die beste Wahl.

Nach der Rundumerneuerung ist die alte Lady schöner denn je.

Fazit
Wer ein 5-Sterne-Schiff nicht automatisch mit TV-Flat-Screens, Nachtclubs, Spielcasino, Fitnessraum sowie diversen Feinschmecker-Restaurants verbindet, ist auf dem Nostalgiesegelschiff richtig. Die Sea Cloud ist im Größenvergleich mit Kreuzfahrtriesen ein Winzling und wird traditionell von Hand gesegelt. Die Gäste können den Matrosen zuschauen, wenn sie in die Wanten steigen und 3000 qm Segelfläche setzen. Fahrtgebiete sind so umsichtig gewählt, dass kein Passagier Angst vor Seekrankheit haben muss. Der Großsegler macht auch bei Flaute viel Spaß: Wenn möglich werden auf jeder Reise Boote zu Wasser gelassen, damit die Gäste vom Wasser aus Bilder vom Schiff aufnehmen können.

Info & Buchung
Sea Cloud Cruises GmbH, An der Alster 9, 20099 Hamburg, Tel. 040/30959250, www.seacloud.com und im Reisebüro

20 Die Perle der Südsee

Die Luxusyacht Paul Gauguin ist der Schlüssel zu verborgenen Schönheiten Polynesiens.

Kirsch- und Mahagonihölzer, Chrom und Marmor, elegantes Design und der betörende Duft der Tiare Tahiti, Polynesiens Nationalblume, verleihen der 165 Meter langen Yacht Paul Gauguin ihr Flair. Einheimische Künstler machen mit Musik- und Tanzdarbietungen den Südseezauber perfekt.

Von Tahiti startet die schlanke Yacht mit maximal 330 Passagieren zu ihrer elftägigen Kreuzfahrt durch die Inselwelt Französisch-Polynesiens. Sie ist für die flachen Küstengewässer dieser Region konzipiert und kann auch kleinere Häfen und Buchten anlaufen, die für größere Schiffe unerreichbar sind. Die ideale Reise auf den Spuren des Malers Paul Gauguin, der in der Südsee seinen Lebensabend verbrachte.

Paul Gauguin
Zielgebiet: Südsee, Mittelmeer
Buchung: Paul Gauguin Cruises, www.pgcruises.com oder im Reisebüro, z. B. TUI

▲

▶

21 La vie en rose

Auf der Seabourn Quest muss man die Hand nur zum Champagner-Ordern heben.

Ein Schelm, der Dekadentes dabei denkt. Auf der Seabourn Quest, dem jüngsten Zuwachs der luxuriösen Seabourn-Yachtflotte, werden die Gäste zum süßen Nichtstun regelrecht erzogen. Wünsche werden von den Augen abgelesen und erfüllt, bevor sie ausgesprochen werden müssen – wie sich das für ein Mitglied der »World's Leading Cruise Lines« gehört. Auf dem Schiff mit seinen 225 Suiten erleben die Passagiere das Flair und den Luxus, wie man ihn sonst nur auf Privatyachten erfährt. Auch an Land dürfen sie mit dem Ungewöhnlichsten rechnen – sei es eine Fahrt mit einem Heißluftballon über die bizarren Felsformationen von Kappadokien in der Türkei, ein Kochkurs im Palast La Posta Vecchia bei Rom oder eine romantische Pferdekutschentour mit Rosen und Champagner durch Paris.

Seabourn Quest
Zielgebiet: weltweit
Buchung: Seabourn Cruise Line, Tel. 0800/ 1872 1872, http://de.seabourn.com

22 In das Reich des Drachen

Exklusiver lässt sich Vietnam kaum erleben als an Bord der Azamara Quest.

Nebelschwaden umspielen die kleineren und größeren Kalkfelsen, als die Azamara Quest in den frühen Morgenstunden durch die Halong-Bucht gleitet. 2000 Steinriesen, einige davon Hunderte Meter hoch, verteilen sich über die Bucht, deren Name auf Vietnamesisch »Bucht des untertauchenden Drachen« bedeutet. Der Legende nach war ein Drache aus den Bergen zum Meer gelaufen, dabei zog er mit seinem Schwanz tiefe Furchen ins Land. Als er schließlich ins Meer tauchte, wurde das Gebiet überflutet. Mit Kajaks gehen die Gäste der Azamara Quest auf Entdeckertour durch das Insellabyrinth, angeführt vom Kapitän höchstpersönlich. Zurück an Bord genießen sie die Annehmlichkeiten einer eleganten Luxusyacht. Über 400 Crewmitglieder sorgen mit aufmerksamer Herzlichkeit für das Wohl der knapp 700 Passagiere. In den Suiten wird sogar Butlerservice angeboten. Die Halong-Bucht ist nur einer der Höhepunkte der 14-tägigen Vietnamreise von Singapur nach Hongkong.

Azamara Quest
Zielgebiet: weltweit
Buchung: Azamara Club Cruises, Tel. 08 00/ 724 03 47, www.azamaraclubcruises.de

23 Im Feuerring

Die luxuriöse Austral steuert auf dem Weg von Kamtschatka nach Japan aktive Vulkane an.

Es zischt, brodelt und dampft, imposante Rauchschwaden steigen auf, und Asche regnet vom Himmel. Die Natur zeigt sich hier, am Ende der Welt, mit ihrer ganzen wilden Kraft zur Erneuerung, während die Passagiere der Austral in Schlauchbooten das titanische Schauspiel eines aktiven Vulkans bestaunen. Die unter französischer Flagge fahrende Austral ist ein Luxus-Kreuzfahrtschiff, das über die Eisklasse 1C verfügt und damit eine Eisdicke bis zu 40 Zentimetern problemlos bewältigen kann. Speziell für Polargebiete ausgerüstet, genießen die Gäste also selbst in den Extremregionen unserer Erde einen hochklassigen Service. Dabei bietet die Superyacht mit ihren 132 äußerst eleganten Kabinen und Suiten eine vergleichsweise intime Atmosphäre.
Im Frühherbst befährt die Austral die nahezu unberührten Gewässer des Ochotskischen Meeres im Osten Sibiriens. Die Reise führt sie von Petropavlovsk, der Hauptstadt der Halbinsel Kamtschatka, nach Kanazawa auf Japans nördlichster Insel Hokkaidō. Dazwischen erstreckt sich der rund 1200 Kilometer lange Archipel der Kurilen – aus dem Pazifik herausragende Vulkangipfel. Die 56 Inseln bilden wie eine Brücke die geografische Verbindung zwischen Russland und Japan. Dieser »Feuerring des Pazifiks« wartet mit einer erhabenen Landschaft auf: wilde Flüsse, sprudelnde Wasserfälle, schwarze Sandstrände, Kraterseen und Ehrfurcht gebietende Vulkane. Das Team erfahrener Naturführer an Bord führt die Gäste bei Ausfahrten und Anlandungen zu Seeottern, Schweinswalen, Seehunden, Walrossen, Braunbären, Rentieren und zahlreichen Vögeln – ein einmaliges Naturerlebnis!

L'Austral
Zielgebiet: weltweit
Buchung: Ponant Yacht Cruises & Expeditions, Tel. 040/808 09 31 43, http://de.ponant.com

24 Kleine Seefahrer groß im Kommen

Wer glaubt, Luxuskreuzfahrten seien nur etwas für gut situierte ältere Paare, wird auf der Europa seinen Augen nicht trauen: Bei der Reise nach Spitzbergen und Grönland erleben drei Generationen ein unvergessliches Reiseabenteuer.

Text: Oliver P. Mueller

Die sieben Jahre alte Lisa ist zwischen Neugier und Ehrfurcht hin- und hergerissen. Der in schicke Uniform gekleidete Bär, der ihr an der Pier die pelzige Hand entgegenstreckt, scheint ungefährlich zu sein. Käpt'n Knopf, in dem ein Kinderbetreuer steckt, ist das neue Maskottchen der Europa und übernimmt im Hafen von Travemünde die Begrüßung der kleinen Passagiere. Lisas Bruder Jonas ist die Sache nicht ganz geheuer und er zupft vorsichtshalber an der Uniformjacke von Käpt'n Knopf. Während sich die Kinder mit ihm anfreunden und die Crew alle Eincheck-Formalitäten erledigt, dürfen sich die Erwachsenen mit einem Glas Champagner auf die bevorstehende Reise einstimmen. Noch ein Foto, dann geht es an Bord des Flaggschiffs der Hamburger Reederei. Mit maximal 408 Passagieren ist sie eher Yacht als Megaliner – doch heute ist sie das größte Schiff im Hafen des Ostseebads.

Der »richtige« Kapitän und der Hoteldirektor heißen die neuen Gäste an Bord per Handschlag willkommen, bevor sie zu ihren Suiten begleitet werden. Dort warten schon Erdbeeren mit Puderzucker und gleich noch mal der Champagner. Während die Erwachsenen über das geräumige Bad und den begehbaren Kleiderschrank staunen, zieht es die Kinder voller Ungeduld auf Entdeckungstour an Bord. Erste Anlaufstelle ist der Kinderclub auf dem Sport Deck. Hier haben sich bereits mehrere Gleichaltrige mit ihren Eltern eingefunden. Erste Kontakte werden geknüpft. Die Kinderbetreuer erläutern den Eltern das Programm für die nächsten Tage. Spätestens als Käpt'n Knopf wieder auftaucht und die Kleinen zum Schiffsrundgang einlädt, ist Mama und Papa klar: Jetzt sind wir überflüssig.

Käpt'n Knopf ist das neue Maskottchen von Hapag-Lloyd-Kreuzfahrten auf allen Familienreisen.

Einen langen Seetag braucht die Europa für ihre erste Etappe bis Lerwick auf den Shetlandinseln. Es ist der Beginn einer besonderen Kreuzfahrt, die ein Programm für drei Generationen parat hält. Für viele der ohne Kinder reisenden Stammgäste ist der Mix von Jung und Alt eine erfrischende Bereicherung des Bordlebens – auch wenn die Wartezeit vor dem Stand mit den gerade gebackenen Waffeln länger ist als sonst üblich. Beim Abendessen gibt es derlei Kollisionen nicht: Während die Erwachsenen die Menüs im Europa Restaurant, die mediterranen Köstlichkeiten des Venezia oder die Sterneküche im Restaurant Dieter Müller genießen, sind die Kleinen am Kindertisch auf dem Lido-Deck unter sich. Und während an den ersten Abenden noch manch schüchterner Junior lieber bei Mama und Papa tafelt, sind im Laufe der Reise immer weniger Kinder an den Tischen des Restaurants auszumachen. Früher oder später weicht die Scheu, dann werden Freundschaften geschlossen, und das bunte Angebot mit Abenteuer und Action, das die Kinderbetreuer austüfteln, erleben die Kleinen gemeinsam. Mal ist es ein Besuch auf der Brücke beim Kapitän, mal ein Ausflug in die Schiffsküche und immer wieder spannende Landgänge.

Die Welt der wilden Wikinger

Jeden Abend beim Gang in die Kabine steigt die Spannung: Was mag wohl der nächste Tag bringen? Das ausgedruckte Programm liegt schon bereit, und ein Highlight ist gleich entdeckt: ein Ausflug nach Lerwick in das Wikinger-Museum, wo sich die Kinder als »Wickie« verkleiden und die Welt der wilden Nordmänner spielerisch erkunden können.

Offensichtlich fällt manchen Eltern die Trennung schwerer als den Kindern. Das wird am nächsten Tag auf den Färöer-Inseln deutlich, als Kapitän und Kreuzfahrtdirektor die motorisierten Schlauchboote, sogenannte Zodiacs, für die kleinen Gäste klarmachen. Von der Veranda aus winken und rufen Mama und Papa, was das Zeug hält. Doch ihre Sprösslinge sind so in ihrem Element, dass sie ihre Eltern gar nicht mehr bemerken. Mit lautem »Mäh« begrüßt eine Schafherde die kleinen Entdecker auf einer Farm am Rande von Tórshavn. Jonas hat schnell sein Lieblingsschaf ausgemacht und spontan Schafbauer zum neuen Berufswunsch erkoren. Job-Ideen wechseln allerdings schnell. Zurück auf dem Schiff in der »Sansibar«, der schwimmenden Dependance der beliebten Sylter Strandhütte, fliegen beim Cocktail-Kurs die Eiswürfel

1 XXL-Dimensionen: Grönland und Spitzbergen gehören sicher zu den interessantesten Destinationen der Erde. Vor allem die Kinder sind von den endlos weiten Eis- und Gletscherwelten überwältigt.

2 Von den kargen Lebensbedingungen im hohen Norden ist an Bord der Europa nichts zu spüren. Kulinarisch wird jeden Tag ein Feuerwerk gezündet. Hummer steht bei den Gourmets immer hoch im Kurs.

Kurs auf Grönland

Selbst im Sommer treiben Eisschollen durch die Diskobucht. Die Europa ankert vor Ilulissat, Grönlands drittgrößter Stadt mit knapp 5000 Einwohnern. Markantestes Gebäude ist die Zionskirche. Auch Kanzlerin Angela Merkel war vor einigen Jahren auf Informationsbesuch hier.

36
DIESEL

durch den Raum, und schon steht der neue Traumberuf fest: Barkeeper. Es wird gebastelt, am Computer gespielt, sogar ein Fechtkurs ist im Angebot. Auf den Westmänner-Inseln und auf Island kommen dann noch Gletscher- und Vulkanforscher dazu. Vulkane und Geysire prägen hier die Landschaft spektakulär. Sogar ein sommerliches Bad im Freien ist im hohen Norden drin: 38 Grad warm ist das Wasser der Blauen Lagune. Durch Lavafelder und vorbei an Islands tiefstem See gehen Eltern und Kids zusammen auf Inseltour. Überall zischt und brodelt es, Dampfsäulen steigen aus dem Boden.

Keine Titanic-Szenarios

Von Island nimmt die Europa Kurs auf Grönland, und es dauert nicht lange, bis die ersten Eisfelder in Sicht kommen. Wir wissen um die langjährige Erfahrung von Kapitän Damaschke auf Expeditionsschiffen. Titanic-Szenarios sind also nicht zu befürchten. Als jedoch Nebel aufzieht, tastet sich die Europa nur noch langsam voran und Grönland muss links liegen bleiben. Das entscheidet der Kapitän auf jeder Reise neu. Stattdessen laufen wir Jan Mayen an, eine zu großen Teilen vergletscherte Vulkaninsel, auf der meist nur einige Wissenschaftler und Techniker leben. Walfänger machten hier einst Station, begruben ihre Toten oder ließen die Überreste der gejagten Meeresgiganten zurück. Mit den Zodiacs geht es zum Landgang, der eine Überraschung für die Passagiere bereithält: Unweit vom Strand hat die Crew eine Kaffeetafel gedeckt und zaubert gekonnt einen Hauch Europa-Noblesse auf dieses gottverlassene Eiland.

Mit Zodiacs zum Landgang. Mal sind die Kinder mit ihren Eltern auf Entdeckertour, mal bleiben sie unter sich.

Die Seetage sind der Entspannung gewidmet. Beispielsweise im Spa bei einer Massage. Oder man träumt im Liegestuhl vor sich hin. Eis am Horizont kündigt die Nähe von Spitzbergen an. Spitzbergen ist eine Inselgruppe, die sich am südlichen Rand des arktischen Ozeans zwischen 76. und 81. Grad nördlicher Breite erstreckt. Hier treffen Grönlandsee, Barents- und Norwegische See aufeinander. Gletscher und permanente Schneefelder bedecken hier 60 Prozent der Landesfläche. In dieser wilden Region wachsen keine Bäume mehr, die karge Vegetation besteht aus Zwergstrauchheide und kleinsten Wildblumen. Ab und an ziehen Eisbären vorbei. Unsere erste Anlaufstelle ist die Siedlung Ny-Ålesund, die nur wenige Gehminuten vom Pier entfernt liegt und eine Attraktion bereithält: das nördlichste Postamt der Welt. Kein Kreuzfahrtpassagier lässt sich die Gelegenheit entgehen, eine Postkarte an die Lieben daheim zu schicken. Sicherheitshalber begleiten bewaffnete Guides die Gäste. Doch heute haben die weißen Riesen wohl etwas anderes vor und lassen sich nicht blicken.

Die Wucht von weißen Riesen der anderen Art erleben wir bei der Weiterfahrt durch die bizarre Fjord- und

Gipfel für Genießer

Jedes einzelne Gericht ist ein kleines Kunstwerk. »Gâteau und Praline von der Gänseleber« schmelzen auf der Zunge. Beim »Duo von Jakobsmuschel und Garnele« kitzelt das Chili-Kokosfumet den Gaumen. Meisterkoch Dieter Müller (u. li.) ist in seinem Element. Sein Restaurant im Schloss Lerbach wurde mit drei Michelin-Sternen dekoriert, sogar eine Rose wurde nach ihm benannt. 2010 hat er auf der Europa sein eigenes Spitzenrestaurant eröffnet. Als Patron ist er 70 Tage im Jahr persönlich mit an Bord. Hier genießt er nicht nur die Arbeit auf den Weltmeeren, sondern auch den regen Austausch mit dem Küchenchef und Wohlfahrt-Schüler Stefan Wilke, der die übrigen drei Restaurants an Bord der Europa verantwortet.

Nachhilfe beim Kapitän

Auf welchem Kurs befindet sich das Schiff gerade? Auf welcher Route geht es weiter? Kein Geringerer als Europa-Kapitän Hagen Damaschke erklärt den jungen Passagieren, worauf es in seinem Job ankommt. Kein Wunder, wenn am Ende der Reise Kapitän, bzw. Kapitänin in der Liste der Berufswünsche ganz oben steht.

Gletscherwelt Spitzbergens, die Erwachsene und Kinder gleichermaßen in ihren Bann zieht: Im Lillehöökfjord geht es mit den Zodiacs ganz nah an die Gletscherkante. Der Motor wird ausgeschaltet, es ist mucksmäuschenstill – bis es plötzlich zu knirschen beginnt und ein riesiges Stück Eis ins Meer kracht. Der Gletscher kalbt, wie es korrekt heißt, die Bootsinsassen verfolgen gebannt dieses Naturschauspiel, bei dem die Boote ins Schaukeln gekommen und die vielen blau schimmernden Eisschollen in Bewegung geraten sind.

Barbecue im Lloyd-Hotel

Im Møllerfjord steuern die Schlauchboote die gleichnamige Bucht an. Hier ist ein Stück Kreuzfahrt-Tradition zu finden: das »Lloyd-Hotel«. Es wurde 1926 von den Matrosen der Lloyd-Dampfer als Schutzhütte für Arktis-Reisende errichtet. Jeder Besucher trägt sich ins Gästebuch ein, während die Crew der Europa eine weitere logistische Meisterleistung vollbringt. Innerhalb kürzester Zeit werden Küchen-Ausrüstung und Proviant zum »Lloyd-Hotel« getendert. Das Strand-Barbecue gilt unter Stammgästen als legendär. Steak, Bratwurst und heiße Suppe stehen bald für die Passagiere bereit. Das Bier gibt es an der nördlichsten Bar der Welt ganz rustikal vom Fass.

Nach diesem Exkurs steuert die Europa wieder Richtung Süden auf ein weltberühmtes Highlight zu: das Nordkap. Es gehört zu Magerøy, der nördlichsten bewohnten Insel Norwegens. Die Weltkugel auf der Nordkapplattform, 307 Meter über dem Meer, gehört zu den begehrtesten Fotomotiven. Dabei ist das Nordkap entgegen einer weitverbreiteten Auffassung gar nicht wirklich der nördlichste Punkt Europas. Doch seit dem Anschluss an das Straßennetz über die Europastraße 69 im Jahr 1956 ist es der nördlichste Punkt Europas, der auf Straßen vom europäischen Festland erreicht werden kann. Vor allem im Sommer, wenn die Sonne hier am 71. Breitengrad zweieinhalb Monate lang nicht untergeht, ist der Andrang der Touristen groß.

Rentiere und Schlittenhunde

Die Kids beschäftigen sich nicht lange mit geografischen Fakten, für sie steht ein Besuch bei Niels und seinen Rentieren an. Die Frage, ob die Rentiere mit ihren mächtigen Geweihen tatsächlich vor den Schlitten des Weihnachtsmanns gespannt werden, kann nicht mit letzter Sicherheit geklärt werden und sorgt auch im Bus auf der Rückfahrt zum Schiff noch für lebhafte Diskussionen. In der nordnorwegischen Stadt Tromsø steht noch die Fahrt zum Storsteinen-Plateau auf dem Plan, von wo aus sich ein traumhafter Blick auf die Stadt und den Hafen öffnet. Für die Kinder ist der Ausflug zur Insel Kvaløya viel spannender: Dort unterhält die Familie Albrigtsen eine Schlittenhundefarm mit über 200 Alaska-Huskys, von denen einige an internationalen Rennen mit bis 1000 Kilometer Länge teilnehmen. Während sich der Nachwuchs nachmittags wieder an Bord im seinem Club vergnügt, sind die Erwachsenen zum Konzert in die berühmte Eismeerkathedrale eingeladen – der perfekte Rahmen für die Werke von Edvard Grieg und Ludwig van Beethoven. Das Konzert ist der krönende Abschluss der Künstler und Musiker eines ARD-Wettbewerbs, welche die Gäste schon während der ganzen Reise begeistert haben.

Abschied von Käpt'n Knopf

Das Ende der Reise naht. 20 Tage hat sie gedauert. Am letzten Abend singen die Passagiere mit der Mannschaft inbrünstig Seemannslieder, die Seekarte wird für einen guten Zweck versteigert. Für Lisa und Jonas heißt es Abschied nehmen von den lieb gewonnen Kidsclub-Betreuern – und von Käpt'n Knopf. Eine Mini-Version des beliebten Bären dürfen sie mitnehmen. Sie wird helfen, die Erinnerung an die Europa wachzuhalten, nachdem sie im Hafen von Travemünde einen letzten Blick auf das Schiff geworfen haben.

Baby an Bord

Eltern kennen das: Je kleiner das Kind, desto größer das Gepäck. Die Europa bietet den Gästen mit Nachwuchs wertvolle Hilfe bei der Logistik. Bereits vor der Reise kann jede Familie kostenlos ihr persönliches Baby-Welcome-Paket zusammenstellen: So werden einfach per Formular beispielsweise Windeln in passender Größe und Anzahl sowie Babynahrung in den gewünschten Sorten und wahlweise in Bio-Qualität bestellt. Auch die Ausstattung der Suiten erfolgt wunschgemäß, z. B. mit Babyphone, Maxi-Cosi, Babyreisebett, Kinderhochstuhl oder Babybadewanne.

Die Miss World auf den Meeren

Steckbrief Europa
Reederei: Hapag Lloyd-Kreuzfahrten
Gebaut: 1999
Dimensionen: 28890 BRZ
Länge: 198,6 Meter
Breite: 24 Meter
Passagierdecks: 7
Passagiere: max. 408
Mannschaft: 280
Einsatzgebiet: weltweit, jedes Jahr eine neue Weltreise-Route

Suiten
204 Außensuiten, 36 ohne, 150 Suiten mit Veranda (alle Suiten 27 qm), 4 SPA Suiten mit Veranda (27 qm), 10 Penthouse Deluxe Suiten (45 qm), 2 Penthouse Grand Suiten (85 qm) und 2 behindertengerechte Außensuiten mit privater Veranda (27 qm). Alle Kabinen verfügen über separaten Wohn- und Schlafbereich, begehbaren Kleiderschrank, Föhn und regulierbare Klimaanlage, Badewanne, Dusche, Telefon, TV-System mit Satellitenprogrammen und Filmen, Internet/WLAN, Minibar (Softdrinks/Bier kostenlos) und täglich frisches Obst. 24 Stunden Kabinenservice auf allen Decks und Butlerservice auf dem Penthouse-Deck.

Publikumsliebling: Wo auch immer die schöne Europa auftaucht, steht sie sofort im Mittelpunkt.

Restaurants & Bars
Hauptrestaurant »Europa«, eine Sitzung mit fester Tischplatzordnung, »Lido Cafe« mit Außengrill, wechselnden Themenbüfetts und Gastköchen. Das Restaurant »Venezia« bietet zum Mittag- oder Abendessen feine italienische Küche, im Restaurant »Dieter Müller« verwöhnt ein Sternekoch als Patron seine Gäste. Nachmittags gibt es Waffeln am Pool, abends Late-Night Snack in der »Sansibar«. Insgesamt sieben Bars und Lounges mit internationaler Getränke-Auswahl.

Sport & Wellness
17 m langer Pool mit Innen-/Außenbereich, Whirlpool, Fitnesscenter mit Panoramablick, Personal Trainer, Gymnastik- und Entspannungskurse, Stimulationstraining, Sauna, Dampfbad, Spa mit Massagen, Beauty- und und Thalasso-Anwendungen und Friseur. Joggingparcours, Indoor-Golfanlage mit Golfsimulator, Golfanalyse und PGA Golf-Professional.

Unterhaltung & Ausflüge
Varieté und Musicalshows, Klassikevents, Gastauftritte namhafter Künstler und Lektoren. Jazz und Kleinkunst. 3–6 Ausflüge pro Hafen. Preise: ab ca. 50 €. Buchung individueller Arrangements über Reiseconcierge.

Bordsprache & Dresscode
Deutschsprachig. Die jeweilige Kleidungsempfehlung für den Abend findet man im täglichen Bordprogramm: sportlich-elegant (Herren mit Jackett), abendlich-elegant (Herren mit Jackett und Krawatte) oder festlich (Gala). Tagsüber ist sportlich-legere Freizeitbekleidung üblich.

Familienreisen
Hapag-Lloyd-Kreuzfahrten bietet Familienreisen an Bord der Europa und Europa 2 an. Auf der Europa gibt es seit 2013 neue Familienkonditionen: Kinder bis einschließlich elf Jahre reisen bei Unterbringung in der Suite der Eltern kostenlos. Kinder von zwölf bis einschließlich 15 Jahre zahlen bei Unterbringung in der Suite der Eltern 60 € pro Nacht. Auf den Familienreisen werden spezielle Kinder- und Familienausflüge angeboten (kostenpflichtig). Das Betreuungsprogramm an Bord sowie alle Mahlzeiten sind inklusive.

Fazit
Die Europa vereint Luxus mit dem Erlebnis einer klassischen Kreuzfahrt. Das Unterhaltungsprogramm ist hochkarätig, die Küche erfüllt höchste Ansprüche, dem Personal gelingt der Balanceakt zwischen Unaufdringlichkeit und Herzlichkeit.

Info & Buchung
Hapag-Lloyd Kreuzfahrten, Tel. 040/30703070, www.hl-cruises.de oder im Reisebüro

25 Himmelbett an Bord

Widerstand zwecklos: Auf der SeaDream werden Gäste nach Strich und Faden verwöhnt.

Es ist sicher von einem gewissen Vorteil, wenn man im Umgang mit Hauspersonal Übung hat. Denn auf den beiden SeaDream-Yachten sorgt eine 94-köpfige Mannschaft mit überwältigender Konsequenz dafür, dass es den maximal 112 Gästen, überwiegend Paaren, an nichts fehlt.
Die Crew-Mitglieder kennen jeden Gast beim Namen. Auf den Superyachten SeaDream I und II, die zu den besten Schiffen der Welt gehören, wird ein umwerfend luxuriöses Verwöhnprogramm aufgefahren. In der Suite liegt schon der Pyjama mit dem Namen des Gastes bereit. Wer möchte, kann die Nacht in einem balinesischen Bett unter freiem Himmel verbringen. Die Passagiere fügen sich ihrem Schicksal widerstandslos, seufzen wohlig und genießen ohne Reue, wenn sie wieder einmal Kaviar nachgetragen und Champagner kredenzt bekommen.

SeaDream I und II
Zielgebiete: Mittelmeer, Karibik
Buchung: SeaDream Yacht Club
über M'Ocean, Tel. 067 33/92 97 98,
www.seadream.de, www.mocean.de

26 Simply the Best

Kann denn Nichtstun Sünde sein? Nicht an Bord eines Silversea-Kreuzfahrtschiffs.

»Ich habe einen einfachen Geschmack. Ich bin immer mit dem Besten zufrieden« – das berühmte Oscar-Wilde-Zitat darf auch als Credo der Silversea-Kreuzfahrtschiffe gelten. Die Suiten sind mindestens 22 Quadratmeter groß, mit Liebe zu edlen Details und allem Komfort ausgestattet – mit Bett und Bettwäsche nach Wahl, personalisiertem Briefpapier, exklusiven Pflegeprodukten und stets nach Wunsch gefüllter Minibar. Die Mitarbeiter wurden in den besten Hotelfachschulen ausgebildet. Das kulinarische Niveau ist das eines Sterne-Restaurants. Alle Mahlzeiten, Getränke und Trinkgelder sind inklusive. Wer Privatsphäre genießen möchte, kann sich das Dinner auf der eigenen Veranda servieren lassen – solche und viele Wünsche mehr werden erfüllt. Auf den sechs Schiffen der SilverSea Cruises (plus ein Expeditionsschiff) erfüllen sich maximal 300 bis 550 Gäste den Traum von der ultimativen Luxuskreuzfahrt. Eine gut bestückte Bibliothek, ein Fitnessstudio oder ein Spa-Bereich mit Whirlpool sind die Alternativen zum süßen Nichtstun.

Silversea Cruises
Zielgebiete: USA, Südamerika, Fernost, Persischer Golf, Mittelmeer, Kanaren
Buchung: Tel. 067 33/92 97 98,
www.silversea.com

27 Sechs Sterne und ein Starkoch

Das Beste ist gerade gut genug – mit der Crystal Serenity.

Wolfgang Puck ist Amerikas prominentester Koch. Der gebürtige Österreicher, in dessen Restaurant in Beverly Hills die Hollywood-Stars ihre Oscar-Partys feiern, wurde für seine Spitzenküche auf der Crystal Serenity vom Gault Millau ausgezeichnet. Darüber hinaus wurde das Deluxe-Schiff der Crystal Reederei mit Auszeichnungen wie »Best Large-Ship Cruiseline« dekoriert und von US-Zeitschriften mit der Höchstwertung von sechs Sternen bedacht.

Kein Wunder, denn Kreuzfahrtleitung und Crew gelingt es bewundernswert, den persönlichen Charme einer Luxusyacht mit den Annehmlichkeiten eines großen Oceanliners für 1070 Passagiere im Gleichgewicht zu balancieren. Auch das Informations- und Bildungsangebot ist beispielhaft: In europäischen Häfen kommen einheimische Experten an Bord, die den Passagieren ihr Wissen zu Architektur, Kunst, Politik und Geschichte vermitteln. Exklusiv ist auch das Shopping-Angebot, unter anderem gibt es an Bord eine Dior-Boutique. Publikum und Flair sind sehr amerikanisch und sprechen jene Kreuzfahrter an, denen es auf deutschen Luxuskreuzern zu »teutonisch« ist. Ein begeisterter Kritiker fasste den Stil der Crystal Serenity so zusammen: »Moderne Klassik, Hollywood-Glamour und Fifth-Avenue-Eleganz«.

Crystal Serenity
Zielgebiet: Osteuropa, Mittelmeer, Karibik
Buchung: Crystal Cruises, www.crystalcruises.com, Aviation & Tourism Int., Tel. 060 23/91 71 50, www.atiworld.de und Vista Travel, Tel. 0 40/30 97 98 40, www.vistatravel.de

28 Königlicher Ritterschlag

Prominentester Fan der Hebridean Princess: die Queen.

Wenn das keine Karriere ist: 25 Jahre lang war die Hebridean Princess unter dem Namen Columba als Autofähre in Schottlands Inselwelt unterwegs, bevor sie im Jahr 1989 zu einen Luxus-Kreuzfahrtschiff für 50 Passagiere umgebaut und auf den Namen Hebridean Princess umgetauft wurde. Die angebotenen Reiserouten führen die schottischen, irischen und englischen Küsten entlang. Dank ihrer geringen Größe gelangt die wendige Hebridean Princess auch in Buchten und Lochs (Seen), die für größere Kreuzfahrtschiffe unerreichbar sind.

Seine Prominenz verdankt das Edelschiff dem Umstand, dass die englische Königin Elizabeth II. das Schiff im Juli 2006 rund um ihren 80. Geburtstag neun Tage lang für einen königlichen Familien-Urlaub gechartert hatte. Vom Aufenthalt auf der Hebridean Princess war die Queen offenbar »very amused«, denn im Juli 2010 kam sie erneut für zwei Wochen auf das Schiff. Die Fans der Princess schätzen die britische Landhaus-Atmosphäre an Bord, knisterndes Kaminfeuer inklusive, und die zurückhaltende Vornehmheit, die durch keine Shows oder Events gestört wird.

Hebridean Princess
Zielgebiete: Schottland, England, Irland
Buchung: Hebridean Island Cruises,
Tel. 00 44/17 56/70 47 00,
www.hebridean.co.uk oder im Reisebüro

29 Segelromantik und Savoir-vivre

Die Ponant ist eine Schönheit, die selbst neben Milliardärsyachten hervorsticht.

Am späten Nachmittag hisst die Crew die Segel, dann verlässt die schlanke Le Ponant unter den bewundernden Blicken der Hafenbesucher das quirlige Nizza. Der Dreimaster ist eine elegante Schönheit. Maximal 64 Passagiere, die von 32 Crewmitgliedern umsorgt werden, dürfen sich bei der Reise nach Korsika, Elba und an der ligurischen Küste entlang wie auf einer Privatyacht fühlen. Der Küchenchef verwöhnt seine Gäste mit Kreationen aus der französischen Küche. Überhaupt geht es an Bord der Ponant sehr »französisch« zu. Wer eine frankophile Ader hat und Französisch spricht, kann sich ganz dem Savoir-vivre auf diesem Schiff hingeben. In Portofino, dem zu Hollywood-Ehren gekommenen, meistfotografierten Fischerdorf der Welt, ankert das Schiff vor der Hafenbucht. Der Hafen ist mit beeindruckenden Milliardärsyachten »zugeparkt«, die nicht minder auffällig sind. Die sehnsuchtsvollen Blicke jedoch gelten nur der schönen Ponant.

Le Ponant
Zielgebiete: Mittelmeer, Transatlantik, Karibik
Buchung: Ponant Yacht Cruises & Expeditions,
Tel. 040/808 09 31 43, http://de.ponant.com
oder im Reisebüro

30 Stippvisite auf St. Helena

Von Kontinent zu Kontinent auf einem Luxuskreuzer: Kaum eine Insel ist abgelegener als Napoleons letztes Exil.

Mitten in der Einsamkeit des Atlantiks, knapp 2000 Kilometer von Afrika und über 3000 Kilometer von Südamerika entfernt, taucht vor der Seven Seas Mariner plötzlich eine Steilküste auf: St. Helena, ein winziges britisches Übersee-Territorium. Der Inselbesuch ist für die Passagiere des 700-Passagiere-Luxusliners eine ungewöhnliche, aber unaufgeregte Abwechslung auf der Seereise von Kontinent zu Kontinent. Die Zeit in der kleinen Hauptstadt Jamestown scheint stillzustehen. Am spektakulärsten ist ein Klettertrip über 699 Stufen auf der »Jacob's Ladder«. Wer's weniger sportlich mag, steht vielleicht lieber nach den seltenen exotischen Briefmarken an.

Doch kaum jemand wird eine Inselrundfahrt versäumen. Die spröden Klippen der Küste weichen rasch den smaragdfarbenen Hügeln und üppig bewachsenen Tälern im Landesinneren. Auf einem der Hügel liegt »Longwood House«, das letzte Exil von Napoleon. Im Ankleidezimmer liegen noch immer Hut und Mantel des Korsen. Immer wieder ein freudiges Ereignis ist die Rückkehr auf die edle Seven Seas Mariner – übrigens das erste Schiff, das ausschließlich Suiten mit privater Veranda ins Angebot genommen hat.

Seven Seas Mariner
Zielgebiete: Atlantik, Mittelmeer, Nordeuropa, West- und Ostküste USA
Buchung: Regent Seven Seas Cruises, http://de.rssc.com,
Vista Travel, Tel. 040/30979840
oder im Reisebüro

Glamour zu Wasser

31 Die schwimmende Lifestyle-Ikone

Picknick im Park, Kunstgenuss vom Feinsten und Küchenzauber auf höchstem Niveau – die Celebrity Silhouette bietet ein ganz neues Kreuzfahrt-Erlebnis für ein anspruchsvolles Publikum. Die Frage »Darf's ein bisschen mehr sein?« ist leicht zu beantworten.

Text: Dagmar Zurek

Die Abendsonne wirft ein warmes Licht auf unser Schiff, als wir den Liegeplatz Port Basilio verlassen. Lärmende Seeschwalben begleiten uns und die beiden Schlepper, die die Celebrity Silhouette hinaus auf den Kanal ziehen. Barkassen und kleine Motorboote kreuzen in flotter Fahrt unseren Kurs. Sie haben Vorfahrt vor dem Meeresgiganten, dessen Passagiere, viele auch aus der Neuen Welt, auf den Decks stehen und noch einmal die Kirchen, Brücken und Piazzi der Alten Welt bewundern. Doch rasch weicht die Ehrerbietung der Vorfreude auf die kommende Reiseroute – von Venedig nach Ravenna, zu Häfen in Slowenien, Kroatien, Malta und Sizilien und schließlich über Neapel nach Civitavecchia bei Rom.

Tango zum Wein

Als wir am Markusplatz vorübergleiten, verabschiedet uns die »Serenissima« mit Glockengeläut. Es ist 18 Uhr. Langsam rührt sich auch der Hunger. Zeit für die japanische Sushi-Theke auf Deck 14 im Ocean View Café. Die Büfetts, die von italienischer Pasta über kräftige Steaks und mexikanische Tapas bis hin zu indischen Currys jeden kulinarischen Wunsch abdecken, sind nun ebenfalls geöffnet. Das Unterhaltungsprogramm verspricht für diesen Abend »Tango for three«. Kein Tanzkurs, sondern ein Kammermusik-Ensemble mit Geige, Cello und Akkordeon spielt auf zur Weinprobe im Restaurant Cellar Masters. Die sehnsuchtsvollen Piazolla-Tangos und Mozart-Serenaden werden die Passagiere auch die nächsten Tage noch begleiten.

Wir sind gespannt auf unseren ersten Hafen: Ravenna. Dort dürfen wir auf Dantes Spuren wandeln und byzantinische Mosaiken, auch

Schöner cruisen: Dank der beachtlichen Größe finden Gäste überall auf dem Schiff Rückzugsmöglichkeiten.

das prächtige, fast 1600 Jahre alte Mausoleum der Kaiserin Galla Placidia, bewundern. »Schade, dass man im Innern nicht mit Blitzlicht fotografieren durfte«, maulen einige Japaner, als unser Premiumliner abends bei strahlendem Sonnenschein die Marina von Ravenna wieder verlässt; die stolzen Segelschiffe dort sehen winzig aus. Ciao, bella Italia! In zwölf Tagen sind wir wieder da.

Regen im slowenischen Koper anderntags. An der Pier stehen Shuttle-Busse bereit und wenig später schlendern wir Passagiere durch die Altstadt des kleinen geschichtsträchtigen Hafenortes. Wir bewundern den Prätorenpalast, den Glockenturm und freuen uns über die kleinen Läden, in denen »30 % popust« gewährt wird. 30 % Rabatt auf alles! Aber es ist ja erst der Anfang der Reise, auf der wir durch die Schnäppchenpreise der Bordshops sicher noch in Kaufrausch verfallen werden. Eine kleine Bimmelbahn bringt uns zurück zum Schiff, das über Nacht bis Split weiterfahren wird.

Lamm mit Minze – very british

In den Gässchen von Kroatiens zweitgrößter Stadt duftet es nach Jasminblüten. Die Innenstadt überragt der mächtige Diokletianspalast. Er wurde 1979 zum Unesco-Weltkulturerbe erklärt. Wir sitzen in den Cafés wie auf Logenplätzen und bewundern von Weitem mit verhohlenem Stolz unser schönes Schiff. Später besingt ein A-cappella-Chor an Bord für uns den »sunny afternoon« und unsere englischen Mit-Passagiere sind hocherfreut darüber, dass sie abends am Büfett Lamm mit Minze vorfinden.

Stopp in Ravenna: Wer auf eigene Faust loszieht, kann in Ruhe den Shopping-Verlockungen frönen.

In Kotor gehen wir das nächste Mal vor Anker. Morgennebel schwebt zwischen den Bergen Montenegros. Von unserer Veranda aus sehen die kleinen Häuser des Städtchens mit ihren roten Dächern wie Puppenstuben aus. Wer nicht warten will, bis seine Nummer fürs »Austendern« dran ist – anders ist das von Bord gehen mit Tenderbooten bei 2000 Landgangswilligen gar nicht zu bewältigen –, nutzt die Zeit und geht noch mal ins Spa, tut etwas fürs Gehirn mit »wake up your brain« oder für Bauch, Beine, Po mit »legs, burns, turns«. Einige lassen sich auch Kotors Sehenswürdigkeiten ganz entgehen und widmen sich ausschließlich der Fitness. Abends beim Gala-Dinner darf man sich dank der »burns« dem Schlemmervergnügen ohne schlechtes Gewissen hingeben. Die Menü- und Weinauswahl ist Tag für Tag überwältigend und steht der Qualität von Top-Spezialitätenrestaurants in nichts nach.

Show-Küche

Wer sagt, dass man zum Essen einen Teller braucht? Passagiere können sich von den Bordköchen zeigen lassen, wie man kleine Leckerbissen so raffiniert zubereitet und anrichtet, dass jedem das Wasser im Mund zusammenläuft. Beliebt ist auch der Kochwettbewerb: Hier treten zwei der Chefköche gegeneinander an, assistiert von zwei Gästen.

Nächster Halt: Bari, die Hauptstadt Apuliens. Morgens um sieben ist die Luft noch erfrischend. Doch bald wird es schwüler. Wir bummeln durch stille Gässchen, Wäsche hängt zwischen den Häusern, vor kleinen Läden wird das Angebot auf Schiefertafeln kundgemacht. In den breiten Straßen reihen sich die Luxusshops. Doch wirklich Lust zum Einkaufen kommt nicht auf. Zurück auf der Celebrity Silhouette gönnen wir uns Abwechslung bei der alltäglichen Drei-Uhr-Demonstration in der Grand Lounge auf Deck 3. Heute zeigt uns der Sushi-Chef seine Künste von nah. »Folie auf die Bambusmatte legen, dann klebt der Reis nicht«, lautet sein heißer Tipp. Abends nach dem Auslaufen aus Bari sind im Silhouette Theatre noch andere Künste zu bewundern: Englischer Geiger mit irischem Namen musiziert auf amerikanischem Schiff in italienischen Gewässern! Gute Nummer.

Häppchen-weise

Was gibt es Schöneres, als wenn sich der kleine Hunger zwischendurch meldet und sofort ein Steward mit exotischen Köstlichkeiten zur Stelle ist? Auf der Celebrity Silhouette lauern die Verführungen praktisch rund um die Uhr. Oft isst das Auge mit, zum Beispiel beim Sushi-Büfett im Ocean View Cafe auf Deck 14.

Vor dem französischen Spezialitätenrestaurant Murano steht Celebrity's singender Steward aus Augsburg. Er begrüßt Damen mit Handkuss und einer Tenor-Arie. Heute ist der Triumphmarsch »Holde Aida« dran. Das entzückt nicht nur Ruth, die Geschäftsfrau aus München. Es ist ihre vierte Reise auf einem Celebrity-Schiff; inzwischen ist sie Mitglied des Captain's-Club, dem Treueprogramm von Celebrity Cruises, und genießt so manche Privilegien, wie beispielsweise den Backstage-Rundgang. Die stets passend gekleidete Ruth schätzt sehr, dass es für alles einen Dresscode gibt. Sport-Outfit ist beim nachmittäglichen »Zumba« auf Deck 14 angesagt, einem Fitnesskurs zu Latino-Hits. Abgeschlossen wird der sportliche Spaß immer von einer zünftigen Sirtaki-Runde. Vielleicht hat das mit der Nationalität des Kapitäns zu tun. Nicholas Pagonis ist wie die gesamte Brücken-Crew griechischer Herkunft. Am einzigen Seetag der Reise hält er einen Vortrag über das »Geheimnis der Navigation«. Der Kapitän beweist Humor, als er schmunzelnd das »allergrößte« Geheimnis der Navigation gleichsam mit seinen Hosenbeinen lüftet: Um niemals zu vergessen, wo Steuerbord oder Backbord liege, trage er rechts eine grüne, links eine rote Socke. So ist das also!

Maltas Inselhauptstadt Valetta hat seit 1980 einen Platz auf der Liste des Unesco-Weltkulturerbes.

Kunstgenuss statt Landgang

Noch 200 Seemeilen sind es bis zu unserem nächsten Hafen, Valletta. Luft und Wasser sind 22 °C warm. Viele der Passagiere liegen am Pool, andere trifft man in der sich über drei Stockwerke erstreckenden, Licht durchfluteten Bibliothek beim Schmökern. Mancher nutzt den Tag dieser Kreuzfahrt, um auf eine Kunst-Reise an Bord zu gehen. Die In-

Kunst überall – im Restaurant, Spa und Casino

Liebhaber moderner Malerei werden begeistert sein. Auf der Celebrity Silhouette reisen auch berühmte Werke zeitgenössischer Kunst mit. Damien Hirsts pünktchenübersätes Werk »Secobarbital« ebenso wie die fernöstliche Landschaft des Popkünstlers Roy Lichtenstein im Spa oder die geniale Fotokunst eines David Levinthal – immer wieder überrascht die Kunst den Passagier. Selbst im Casino: Dort steht Anne Brunets Plastik »Jardin d'Eden« – eine Hommage an Aphrodite, die über das Glück der Casinobesucher wachen soll. Ausgerüstet mit einem iPad (kostenlos an der Rezeption) können die Gäste von Kunstwerk zu Kunstwerk pilgern.

stallation von James Aldridge auf Deck 5 ist ein gemaltes Paradies, so realistisch, dass man meint, die Vögel zwitschern zu hören und die gezeichneten Wicken und Winden zu riechen.

Wollen wir lieber zum Excel-Computerkurs oder zum Malta-Vortrag? Oder japanische Kalligraphie erlernen? Beim Malta-Vortrag von Bordlektorin Joanne im Celebrity Central-Raum fragt ein ungeduldiger Gast: »Wollen Sie eigentlich nur übers Einkaufen reden? Mich interessiert doch viel mehr, was uns Malta an Kultur bietet!« Ihn sehen wir anderntags in Valletta in den »Upper Gardens«. Die 100 Stufen dorthin und das Ein- und Aussteigen in den Bus haben ihn nicht abgeschreckt. Zufrieden fotografiert er die Kanonen und das überwältigende Panorama.

Weiter geht's nach Sizilien. Inzwischen haben an dem Pier von Messina noch zwei weitere Giganten der Meere festgemacht. Doch keine Spur von Überfüllung beim Landgang! Anne, eine Lehrerin aus New York, kommt begeistert zurück. Sie hat bei der Hitze den Ätna erklommen und strahlt glücklich. Später beim Käse-Dessert geht die rote Sonne unter – nicht exakt bei Capri im Meer. Das besingt im Café al Bacia nur der Bord-Gitarrist Mickey.

Die Hafenausfahrt ist immer ein besonderes Erlebnis. Wir stehen ganz oben auf Deck 15 im Lawn-Club. Ein Stück Natur auf hoher See, wo ein englischer Rasen zu einer gepflegten Runde Krocket oder Boccia einlädt. Ein munteres Publikum trifft sich hier allabendlich, um dem Himmel beim Auslaufen aus dem jeweiligen Hafen ganz nah zu sein, um Grashalme unter bloßen Füßen zu spüren. Da sitzt dann der Holländer neben der Kanadierin, die Brasilianerin neben dem japanischen Hochzeitspärchen vor einem Glas Sauvignon blanc oder einem Planter's Punch.

Heute Abend liegt man auf Decken auf dem Rasen und picknickt Käse zum Wein – ganz wie im Park von Glyndebourne oder im Central Park in New York, hört dazu Live-Jazz. Eine herrliche Atmosphäre, fröhlich und entspannt. Einige haben sich dafür einen Alkoven abseits des Geschehens gemietet, nicht gerade günstig, aber iPad und WLAN sind dann inklusive. Vielleicht möchte ja jemand im Internet surfen, um den einmaligen Ausblick mit den Daheimgebliebenen zu teilen.

Abschiedsschmerz in Rom

Der letzte Abend der Kreuzfahrt gehört dem Konzert der Bordband. »Stand by me«, singt der Cruise-Director. »Würden wir gerne, aber das geht ja nicht«, seufzt eine der Damen, die wie alle Passagiere morgen früh in Civitavecchia unser schwimmendes Zuhause auf Zeit verlassen wird. Wir gehen noch einmal nach oben zum fast leeren Lawn-Club, kuscheln uns in die üppigen Rattancouches und lassen den Blick hinaus aufs Wasser schweifen. Das im Nachtwind verhallende leise Geschrei der Seevögel erinnert uns an den Beginn unserer Reise und daran, dass jedes Ende auch den Aufbruch zu neuen Entdeckungen in sich trägt.

Rasenspiele auf hoher See

Was macht denn der Rasenmäher auf Deck 15? Richtig, das, was jeder Rasenmäher macht. Echten Rasen, auf dem Krocket oder Boule gespielt werden kann – auch das gibt es auf der Celebrity Silhouette. Das jüngste Celebrity-Schiff lädt außerdem zum Barfußlaufen auf taufeuchter Wiese, zum Picknick oder Barbecue mit offenem Feuer. Gäste genießen die lockere Open-Air-Atmosphäre, oft auch mit großartigen Jazzinterpreten.

Der Rhythmus stimmt

Ob Salsa, Hip-Hop oder Jive – professionelle Tanzlehrer zeigen, wie's geht. Seit TV-Shows wie »Let's Dance« ist die Nachfrage nach Tanzkursen auch an Bord von Kreuzfahrtschiffen riesig. Gelegenheit zum Feintunen gibt es abends im Nightclub.

Das Schiff für die schönen Dinge des Lebens

Steckbrief
Celebrity Silhouette
Reederei: Celebrity Cruises
Gebaut: 2011
Dimensionen:
122 000 BRZ, Länge: 315 Meter,
Breite: 37 Meter
Passagierdecks: 13
Passagiere: max. 2850 (bei Doppelbelegung)
Mannschaft: 1230
Einsatzgebiet: Europa, Karibik, Transatlantik

Kabinen & Suiten
1443, davon 85 % Balkon-Kabinen. 24-Stunden-Roomservice (kostenfrei). In allen Kabinen und Suiten findet man Bademäntel, hochwertige Badpflegeprodukte und eine kostenpflichtige Minibar. Mit einem Flatscreen TV kann man Landausflüge buchen, Roomservice bestellen und DVDs anschauen. Es gibt einen Arbeitsplatz mit Laptop-Anschluss, Haartrockner und eine Klimaanlage. Die behindertengerechten Kabinen verfügen über ebenerdige Duschen.
Auf den Schiffen der Solstice-Klasse gibt es die Aqua Class: Bewohner dieser Balkonkabinen speziell für Wellness-Liebhaber haben freien Zugang zum Restaurant Blu, zum Ruheraum des Aqua Spa sowie zum Persian Garden. Täglich: Hors d'Œuvres sowie Säfte. Spa-Programm und Wellness-Kurse für Aqua-Class-Gäste. Premium-Pflegeprodukte in den Bädern.

Restaurants & Bars
Man findet an Bord 15 Bars, 12 Restaurants und Cafés. Im Hauptrestaurant zwei Essenszeiten mit fester Tischordnung sowie »Select Dining«: freie Zeit- und Tischwahl. Kostenpflichtige Spezialitätenrestaurants. Pro Bestellung zusätzlich z. B. 35 $ p. P. im italienischen Restaurant Tuscan Grill, bzw. 45 $ p. P. im Qsine, kreative Küche. Kaffee, Tee und einige Softgetränke sind frei im Büfettrestaurant Ocean View Café. Verschiedene Getränkepakete sind buchbar.

Sport & Wellness
Das Schiff verfügt neben Jogging-Parcours und Spielfeld für Basketball über einen Rasen für Boccia- und Krocketspiele.
3 Pools; überdachter Solarium-Bereich nur für Erwachsene zugänglich. Ein Besuch des Persian Garden mit Thalasso-Becken ist kostenpflichtig. Im Spa sind hochwertige Elemis-Produkte erhältlich. Angebote mit Akupunktur, freie und kostenpflichtige Fitnesskurse. Zugang zum Fitnesscenter ist kostenlos.

Schöne Perspektiven für ruhige Momente: 85 Prozent der Kabinen haben einen Balkon.

Unterhaltung & Ausflüge
Vorträge über Destinationen, Internet-Kurse, Shows, Bigband- oder Klassikkonzerte. Eine der größten Kunstsammlungen auf einem Schiff, Bordshops, Casino. 6–8 Ausflüge pro Hafen, darunter jeweils eine Exkursion für Rollstuhlfahrer. Preise: ab 35 $.

Bordsprache & Dresscode
Englisch ist Bordsprache, eine Hostess ist für Deutsch sprechende Gäste zuständig. Dresscode-Empfehlungen zum Beispiel bei einer 12-tägigen Reise: 4 Gala-Abende: formal (festlich). Generell: nach 18 Uhr informal (sportlich-elegant). Tagsüber legere Freizeitbekleidung (casual).

Fazit
Wer sich mit schönen Dingen umgeben möchte, ein elegantes Ambiente mag, sich für bildende Kunst interessiert und zusätzliche Ausgaben nicht scheut, wird sich auf diesem Schiff sehr wohlfühlen. Internationale Gäste, hochklassiges Showprogramm.

Info & Buchung
Celebrity Cruises,
Tel. 0800/7240346,
www.celebritycruises.de
oder im Reisebüro

32 Das Schiff ist das Ziel

Die Allure of the Seas war bis Mai 2016 das größte Kreuzfahrtschiff der Welt. Herzlich willkommen auf einer schwimmenden Stadt!

Bei der dreistündigen »All Access Tour« hinter die Kulissen der Allure of the Seas, für 150 Dollar zu buchen, will das Staunen kein Ende nehmen. In der Bordküche dürfen sich die Passagiere am Anblick von 5000 Hummern delektieren. Mitarbeiter legen letzte Hand bei der Garnierung an, bevor die edlen Krustentiere in die Kühlung wandern und rechtzeitig vor dem Dinner in die Omnibus-großen Öfen geschoben werden. Bis zu 6300 Passagiere müssen täglich auf höchstem Niveau verpflegt werden, dazu rund 2100 Crewmitglieder.

Nach der Besichtigung der XXL-Wäscherei, der Hightech-Maschinenzentrale und der blitzsauberen Mülltrennungs- und -entsorgungsabteilung geht's hoch ins Allerheiligste, auf die Brücke des Kapitäns. Die Kommandozentrale der Allure of the Seas macht den Eindruck einer Lifestyle-Lounge. Überall Kunst an den Wänden. Blickfang ist aber ein feuerrotes Motorrad, mit dem der Schiffsführer seiner Landgänge erweitert, wenn er nicht zum Golfspielen geht.

Mit der 360 Meter langen Allure of the Seas, dem fünf Zentimeter kürzeren Schwesterschiff Oasis of the Seas und dem 2016 in Dienst gestellten 362-Meter-Schiff Harmony of the Seas ist die Welt der Kreuzfahrt in eine neue Dimension eingetreten. Das liegt natürlich an den Ausmaßen, aber auch an der Bauweise. Die Kabinen befinden sich in zwei Komplexen an den Längsseiten des Schiffs, was die ungewöhnliche Breite von 65 Metern erklärt, und sind zum Meer hin oder zu einem der beiden nach oben offenen Innenhöfe ausgerichtet.

Im vorderen Teil der Allure of the Seas liegt der Central Park, der sich mit rund 12 000 natürlichen Pflanzen und Bäumen, Restaurants, Straßencafés und Kunstgalerie als wunderschönes Flanierzentrum präsentiert. In einer schwebenden Cocktail-Bar gleiten die Passagiere drei Decks nach unten zur Royal Promenade mit ihren Restaurants und Shops. Der zweite Innenhof, der Boardwalk, gleicht einem Jahrmarkt mit originellen Läden, Food-Ständen, Eisdiele, Straßenkünstlern in Aktion und einem Nostalgie-Karussell. Zum Heck des Schiffs hin schließt sich das Open-Air Aqua-Theater an, das zwei Kletterwände einrahmen. Ausgestattet mit Pool und Sprungtürmen ist es Bühne für Turmsprung- und Trapez-Akrobaten sowie Wassernixen, die mit Licht- und Soundeffekten sowie Fontänen spektakulär in Szene gesetzt werden. Für die Unterhaltung an Bord sind Hollywood, Broadway und Las Vegas gerade gut genug: Im Theater läuft das Broadway-Musical »Mamma Mia«, dazu gibt es fantasievolle Tanz- und Trapez-Musik-Shows, und die Eisshow ist mit Weltklasse-Eiskunstläufern besetzt.

Jeden Sonntag sticht der weiße Riese zur einwöchigen Kreuzfahrt in See, von Fort Lauderdale/Florida abwechselnd in die westliche und die östliche Karibik. Die Royal Caribbean Cruise Reederei hat eigens ein Terminal mit 88 Check-in-Schaltern und Security-Bereich gebaut, sodass beim ersten Bordgang schon alle Formalitäten erledigt sind. Die meisten

Passagiere haben Restaurants, Shows und Landausflüge schon vorab reserviert, sodass es an der Rezeption selten zu Schlangen kommt. 21 Restaurants (und 19 Bars) garantieren eine kaum vorstellbare kulinarische Vielfalt, allerdings sind das Sterne-verdächtige »150 Central Park« oder der Edel-Italiener »Giovanni's« immer schnell ausgebucht. Ein gelungener Gag ist die schwebende Cocktail-Bar, in der die Passagiere zwischen drei Decks spazieren fahren.

Erstklassige internationale Künstler haben ihre Visitenkarten hinterlassen, darunter der brasilianische Szene-Liebling Romero Britto mit eigener Galerie. Die Werke zieren jeden Winkel und jeden Treppenaufgang des Schiffs und bieten Anreiz genug, anstatt einen der 24 Aufzüge sportlich die Stufen zu benutzen. Für Fitness und Bewegungsspaß finden die Passagiere natürlich noch reizvollere Spielwiesen: Das Sport & Pooldeck gehört zu den sieben Lifestyle-Arealen und verdient ein extra Whow! Neben den erwähnten Kletterwänden gibt es zwei Surfsimulatoren, einen 9-Loch-Minigolfplatz, einen Sportplatz für Fußball und Basketball sowie eine 700 Meter lange Joggingbahn. Für Adrenalinkicks sorgt die 25 Meter lange Zipline. Mit ihr kann man in schwindelnder Höhe über den Boardwalk sausen. Daneben wirken die Pingpong-Tische fast wie ein sportnostalgisches Rührstück. Die vier Poolbereiche sind so geschickt angeordnet, dass man Kleinkind-Geplantsche und lärmenden Wasserspielen gut entkommen kann. Und dann gibt es Erlebnisse, die nicht im action-beladenen Tagesprogramm aufgelistet sind – jene etwa, wenn man spätnachmittags mit einem Cocktail an der Reling steht, die würzige Meerluft inhaliert und auf den flirrenden Feuerball starrt, der hinterm Horizont abtaucht und dem Himmel seine Orange-Rot-Violett-Show überlässt.

Allure of the Seas
Zielgebiet: westliche und östliche Karibik
Buchung: Royal Caribbean International
Tel. 08 00/724 03 45, www.royalcaribbean.de
oder im Reisebüro

Der Meisterkoch vom Maxischiff

350 Mitarbeiter sind in der Küche der »Allure of the Seas« beschäftigt. Sie alle tanzen nach der Pfeife von Ivo Jahn aus Hessen.

Wie kamen Sie zu diesem Top-Job?
Ivo Jahn: Nach ersten Erfahrungen in der »Traube Tonbach« im Schwarzwald und den Stationen Irland und Neuseeland war die Sehnsucht nach der großen weiten Welt geweckt. Auf der »Legend of the Seas« wurde ich erstmals Küchenchef. Seither war ich bei allen Neubauten der Reederei von Beginn an dabei, ich trainiere auch die Küchencrews.

Wie fühlt es sich an, Küchenchef des weltgrößten Kreuzfahrtschiffs zu sein?
Ich gebe zu, es fühlt sich großartig an. Und damit ergeht es mir wie wohl allen unseren 2 100 Crew-Mitgliedern, vom Kapitän bis zum Helfer im Maschinenraum. Dieser Superlativ macht uns stolz und spornt uns jeden Tag aufs Neue an.

Was sind die besonderen Herausforderungen?
Es ist die Kunst, ein riesiges Orchester zum Klingen zu bringen, dessen Mitglieder aus 'zig Nationen und Kulturen kommen, verschiedene Sprachen sprechen. Ohne ein paar gute deutsche Tugenden geht gar nichts: Pünktlichkeit, Disziplin, Zuverlässigkeit und Sauberkeit.

Wann wird's richtig stressig?
Zum Beispiel wenn das Schiff in Nassau auf den Bahamas einläuft. Wir sind nur sechs Stunden im Hafen, da wollen alle früh frühstücken und spät zu Mittag essen. Dann müssen mehrere Tausend Essen in kürzester Zeit raus. Da hilft nur: Ruhe bewahren.

Bringt Sie denn gar nichts auf die Palme?
Oh doch! Wenn einer unnötig etwas in den Abfall wirft, nur weil er zu bequem ist, es in den Kühlschrank zurückzutragen.

33 Verliebt in Mary

Wo immer die Queen Mary 2 aufkreuzt, sorgt sie für Ehrfurcht und Euphorie.

Die Hamburger können ein Lied davon singen: Wenn sich der Besuch der Queen Mary 2 ankündigt, setzt ein Besucherstrom ein. Zu Tausenden kommen sie zum Hafen oder ans Elbufer, um der Königin der Meere bei ihrer Ankunft zuzujubeln. Keine Frage, sie ist überall die Schönste und Stolzeste. Ihre erhabene Größe und elegante Silhouette machen den Luxusliner, 2004 von Queen Elizabeth II. getauft, zu einem Ereignis und wecken Sehnsüchte: Eine Transatlantiküberquerung mit der QM2 lässt den Traum vom Luxus-Kreuzfahrterlebnis in traditioneller Art wahr werden. Stil und unaufdringliche Eleganz bestimmen das Bordleben. Zum Dinner tragen die Gäste Smoking und Abendroben, gespeist wird in zwei Sitzungen. Von den Lockerungen auf vielen Schiffen will man hier nichts wissen. Zu den Besonderheiten gehören die größte Bibliothek, der größte Weinkeller, der größte Ballsaal und das größte Planetarium auf See.

Queen Mary 2
Zielgebiete: Transatlantik, weltweit
Buchung: Cunard Line, Tel. 040/ 41 53 35 55, www.cunard.de und im Reisebüro

34 Akrobat schön!

Die Norwegian Epic bittet Artisten aufs Trapez und führt ein glamouröses Musical auf.

Auf der Norwegian Epic können rund 4000 Passagiere auf kulinarische Weltreise gehen. Bei 14 Restaurants lässt man einen Diätplan am besten daheim. Französische, japanische oder lieber italienische Küche? Alles da! An zwei Abenden wird im Spiegelzelt zum Dinner eine Feuerwerksshow mit Weltklasse-Akrobatik und Comedy geboten. Zirkusluft auf hoher See, das ist einmalig. An anderen Abenden darf sich das Publikum über das Musical »Priscilla Queen of the Desert« freuen. Weitere Überraschungen auf dem Ozeanriesen sind Wave-Kabinen mit geschwungenen Wänden und eine auf – 8 °C gekühlte, aus blankem Eis bestehende Bar. Am Eingang wird ein dicker Wintermantel gereicht. Kinder ziehen den Aqua Park mit den 61 Meter langen Röhrenrutschen dem zu Eis gefrorenen Nass eindeutig vor. Was Alleinreisende freut. Für bestimmte Kabinen wird kein Einzelzimmerzuschlag verlangt.

Norwegian Epic
Zielgebiet: Karibik und Mittelmeer
Buchung: Norwegian Cruise Line, www.ncl.de oder im Reisebüro

35 Gib Gas, ich will Spaß

Mit der Carnival Magic haben Carnival Cruise Lines ihr 100. Kreuzfahrtschiff vom Stapel gelassen. Das Motto damals wie heute: Fun, Fun, Fun.

Mit der »Erfindung« der Fun-Kreuzfahrten ist es der 1972 gegründeten Reederei gelungen, die Kreuzfahrt zu entstauben und zu verjüngen. Auf den hauptsächlich in der Karibik eingesetzten Spaßschiffen gibt's keine Kleidervorschriften, keine festen Essenzeiten, keine Etikette – stattdessen Spiel, Sport, Spaß und Shows. Mittlerweile gehören zehn Reedereien zum riesigen Carnival-Clan, darunter auch Aida Cruises. Die Carnival Magic – das 100. Schiff der Reederei – setzt die Tradition der erfolgreichen Fun-Schiffe konsequent fort. Sie hat Platz für 4600 Passagiere, ist mit großzügigen Pool-Landschaften, Whirlpools mit Meerblick, einem Wasserrutschen-Park und einem Kino an Deck ausgestattet. Markenzeichen der Carnival Cruise Lines Schiffe ist der auffällige Schornstein, der wie die Fluke eines Wals aussieht. Essen gibt es rund um die Uhr – gegen Aufpreis Sushi und Steaks und Stone Crabs im Supper Club. Eine weitere Besonderheit erwartet die Gäste im Red Frog Pub, wo eigens für die Carnival Magic Kreuzfahrten gebrautes Thirsty Red Frog-Bier gezapft wird.

Carnival Magic
Zielgebiet: Karibik, Florida, Texas
Buchung: Carnival Cruise Lines,
Tel. 089/51 70 31 30, www.carnivalcruiseline.de oder im Reisebüro

▲

36 Das schönste Geschenk

Mit der Royal Clipper segelte die Abiturientin Flora hinein in die Windjammer-Seligkeit.

Die traumhaften Katalogbilder von weißen Segeln, Palmen und goldenen Stränden hatten sich schon lange in ihrem Kopf festgekrallt. Als Floras Mutter anbot, ihr zum Abitur eine Reise nach Wahl zu schenken, musste sie nicht lange überlegen: Eine Karibik-Kreuzfahrt auf der Royal Clipper sollte es sein, dem größten Vollmastsegler der Welt. Es war Liebe auf den ersten Blick, als Flora und ihre Mutter in Barbados an Bord des Traumschiffs gingen. Binnen weniger Tage waren die immerhin rund 200 Passagiere zu einer großen, internationalen Segel-Familie zusammengewachsen. Der persönliche Kontakt zur Crew, zum Kapitän, die Nähe zu Wind und Wellen, dazu der Luxus, das war einzigartig für die junge Frau. Von den Inseln begeisterten sie die Tobago Cays und St. Lucia am meisten. Vielleicht hätte sie nicht jeden Landausflug mitmachen sollen, um mehr vom Schiff zu haben. Vielleicht wäre dann am Ende aber die Sehnsucht nach mehr Royal Clipper noch größer.

Royal Clipper
Zielgebiet: Karibik
Buchung: Star Clippers, Tel. 08 00/78 27 25 47, www.star-clippers.de oder im Reisebüro

37 Der High-tech-Hingucker

Großsegler oder Mega-Yacht? Die Wind Surf ist beides und der Blickfang in jedem Hafen.

Das Verlassen des Tino-Rossi-Hafens von Ajaccio lässt an Theatralik nichts zu wünschen übrig: Die Segel sind gesetzt, aus den Lautsprechern schallt Vangelis' »Conquest of Paradise«. Auch ohne solche Einlagen ist die Wind Surf in jedem Hafen der Hingucker. Ist sie doch – neben der baugleichen Club Med II – der weltgrößte Hightech-Kreuzfahrtsegler. Fünf Masten ragen 68 Meter über dem Wasser. Wenn die Segel gesetzt sind, 2500 Quadratmeter insgesamt, kennt die Begeisterung der Zuschauer keine Grenzen – ebenso wenig wie der Stolz der viel beneideten Passagiere. Die Atmosphäre an Bord ist entspannt und und kosmopolitisch. Es gibt nur Außenkabinen für die rund 300 Passagiere, gespeist wird ohne feste Tischordnung entweder im Hauptrestaurant, in zwei Spezialitäten-Restaurants oder im Freien. Für Badespaß sorgt neben dem Pool eine Wassersport-Plattform.

Wind Surf
Zielgebiet: Mittelmeer, Nordeuropa, Karibik
Buchung: Windstar Cruises, www.windstarcruises.com oder im Reisebüro

38 Romantik-Alarm!

Die Ruby Princess bleibt dem Erbe der »Love Boat«-TV-Serie treu.

Auf der Piazza bringt ein Tenor mit gefühlvollen Serenaden die Zuhörer zum Schmelzen. Paare lassen sich unter freiem Himmel eine Massage verabreichen oder genießen im Open-Air-Kino, bei Bedarf unter eine warme Decke gekuschelt, eine romantische Komödie. Die Liebe lebt weiter auf den Kreuzfahrtschiffen der Princess-Reederei. Sie ist durch die in den 1970er- und 1980er-Jahren produzierte TV-Serie »Love Boat« berühmt geworden, die einen regelrechten Run auf Kreuzfahrten auslöste. Später wurde die Serie von den Machern des »Traumschiffs« für das deutsche Fernsehpublikum erfolgreich adaptiert. Die Ruby Princess hat eine Länge von 289 Metern und kann bis zu 3144 Passagiere aufnehmen. Die amerikanischen Gäste sind deutlich in der Überzahl, das Bordleben ist amerikanisch-leger. Wenn es wegen eines älteren grauhaarigen Herrn mal zu einem Massenauflauf kommen sollte, handelt es sich bei dem Passagier mit höchster Wahrscheinlichkeit um Gavin MacLeod, dem Seriendarsteller von TV-Captain Stubing. Er ist häufig Gast auf den Princess-Schiffen. Zwar ist die Princess Ruby fünfmal so groß wie das einstige »Love Boat« – doch das Flair von einst ist unverkennbar.

Ruby Princess
Zielgebiete: Mittelmeer, Karibik
Buchung: Princess Cruises, Tel. 089/51 70 34 50, www.princesscruises.de oder im Reisebüro

39 Im Namen der Göttlichen

Das MSC-Schiff Divina trägt die Handschrift von Italiens Film-Ikone Sophia Loren.

Das nennt man eine glückliche Beziehung: Seit vielen Jahren ist Italiens Film-Ikone Sophia Loren die Stamm-Taufpatin aller neuen Schiffe der MSC Reederei, so auch des zwölften Mitglieds der Flotte, der Divina. Das Schiff trägt nicht nur den »göttlichen« Beinamen des Hollywoodstars, sondern auch dessen persönliche Handschrift: Die Royal Suite ist nach Sophia Lorens Anregungen designt – ausgestattet in kräftigem Rot, mit von ihr ausgesuchten Wildleder-Lampen und rotem Teppich, Bildern der Diva und dem Replikat ihrer Umkleidekabine. Die maximal 4000 Passagiere erleben auf der MSC Divina den Glamour einer klassischen Seereise, kombiniert mit modernem Komfort sowie üppigem Wellness-, Sport- und Entertainment-Angebot. Einmalig ist das »Schiff-im-Schiff«-Konzept. Es bezeichnet den MSC Yacht Club, dessen Suiten abgetrennt vom Rest des Schiffs liegen und der mit Luxus wie Butler-Service, einem Spezialitätenrestaurant sowie einem eigenen Sonnendeck mit Pool und Bar aufwartet. Schöne Details, z. B. die italienische Piazza, das Theater in Broadway-Größe, die Swarovski-Treppe oder der Infinity Pool, wo Meer und Horizont zu verschmelzen scheinen.

MSC Divina
Zielgebiete: Mittelmeer, Nordafrika
Buchung: MSC Kreuzfahrten, Tel. 089/203 04 38 01, www.msc-kreuzfahrten.de

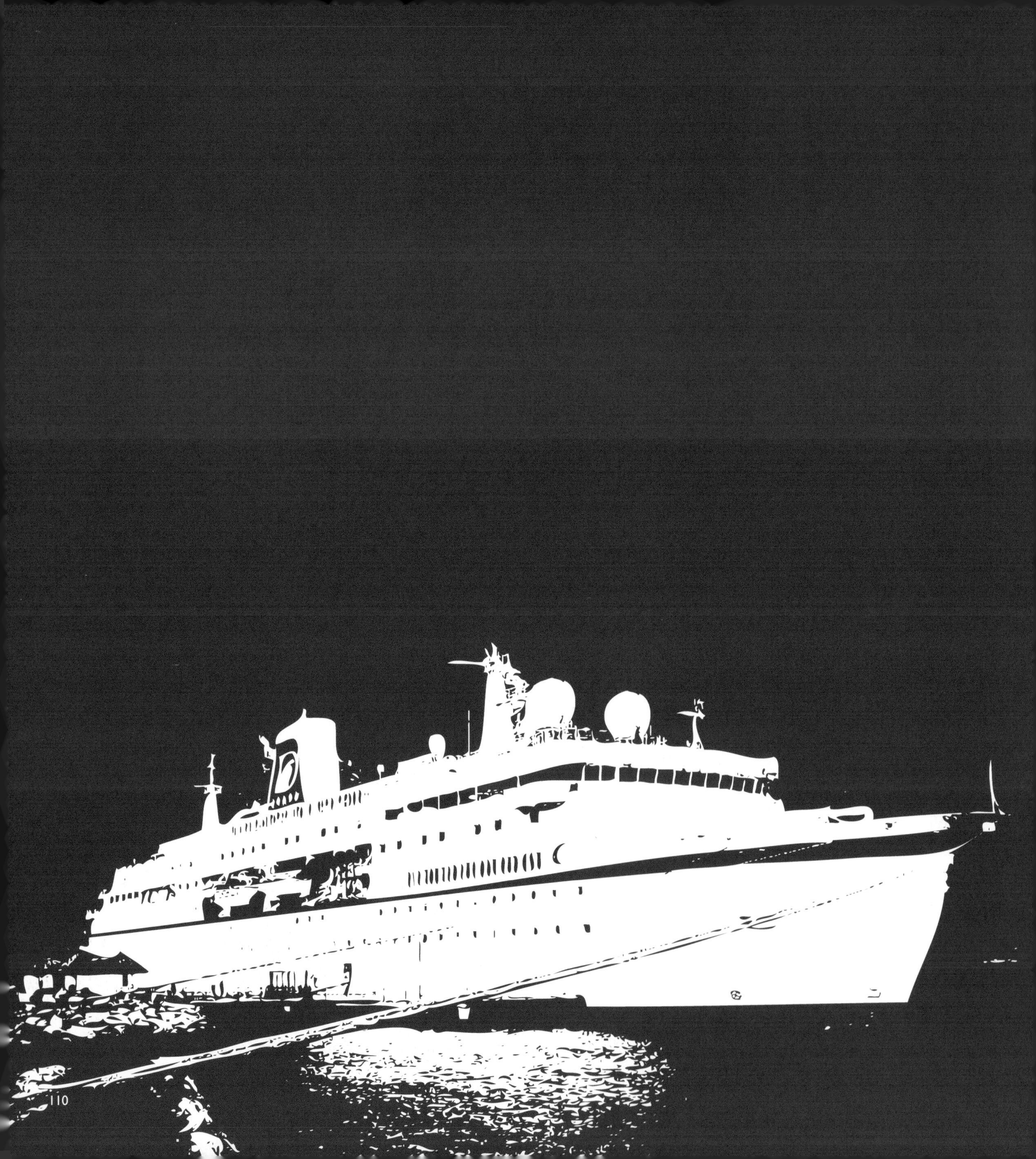

Schiffsträume, Traumschiffe

40 Schiff schwimmt, Kamera läuft

Adieu, Kapitän: Im Januar 2016 starb Wolfgang Rademann, ein Urgestein deutscher Fernsehunterhaltung und Erfinder des »Traumschiffs«. Drehbuchautor Thomas Hernadi fuhr einmal mit und hielt seine großen Gefühle in diesem amüsanten Text fest.

Text: Thomas Hernadi

Wolfgang Rademann ist ein Meister der Überredungskunst. Doch bei seinen unermüdlichen Versuchen, mir eine Atlantiküberquerung schmackhaft zu machen, biss er auf Granit. Ging nicht! Zu viel Arbeit und sicher auch unbewusste Widerstände eines Autorenhirns, das darauf trainiert ist, sich alle nur denkbaren Szenarien vorzustellen. Mit sieben Mal »Titanic« im Rücken und tief im Gedächtnis eingestanzten Bildern von Leonardo, der vor seiner geliebten Kate im eisigen Wasser des Atlantiks für immer verschwindet, lockte mich die zweite Alternative: auf meiner Lieblingsinsel Gran Canaria an Bord zu gehen und an der westafrikanischen Nordküste in Richtung Andalusien entlang zu tuckern.

Gänsehaut mit James Last

Dann liegt sie vor mir, majestätisch und in sattem Weiß, die Deutschland, die Quotenqueen mit ihrem unwiderstehlichen Charme. *(Anm. d. Red.: Von 1999 bis 2014 diente sie der Reederei Peter Deilmann als »Traumschiff«, seit 2015 wird die Amadea von Phoenix Reisen für die Fernsehreihe des ZDF eingesetzt.)* Irgendwie wirkt die Deutschland noch imposanter als auf dem TV-Schirm, während die Hafengegend irgendwie ernüchternd ist. Es riecht nach Maschinenöl. Von irgendwoher dröhnt rhythmisches Hämmern. Transportfahrzeuge rattern an mir vorbei. Den Magic Moment lass ich mir aber nicht von rauer Hafenrealität kaputt machen. Headset raus und schnell auf der Playlist meines Smartphones James Lasts Evergreen, die »Traumschiff-Melodie«, suchen. Play! Voll aufdrehen. Gänsehaut stellt sich ein und mit ihr tausend Gedanken, wie Rademanns Team wohl mein Drehbuch umsetzen wird.

»Traumschiff«-Macher Wolfgang Rademann findet auch bei den Dreharbeiten immer Zeit für einen Plausch mit den Passagieren.

»Willkommen an Bord« begrüßt mich eine charmante Lady an der Rezeption – natürlich ist es nicht Chefhostess Beatrice alias Heide Keller. Immerhin erkenne ich die imposante Rezeption unter einer mit bunten Ornamenten gearbeiteten gläsernen Kuppel wieder. Das Holz und die Kupferbeschläge glänzen noch edler als von der Mattscheibe gewohnt. Neben mir steht ein Passagier, der gleich mehrere Wochen auf der Deutschland verbringen wird. Ich kann mein Staunen nicht verbergen, als die Chefhostess das Abreisedatum erwähnt. »Ich bin Allergiker. Auf hoher See erwischt mich kein einziger dieser verdammten Pollen«, erklärt er schmunzelnd. Ah, das leuchtet ein! Eine Langzeit-Kreuzfahrt auf Kassenrezept? Wohl eher nicht. Neben dem Allergiker drängt ein Klon von Queen Elizabeth nach vorne. Sie will wissen, ob das Schiff schon in Casablanca sei. Ganz liebevoll bringt ihr die Chefstewardess bei, dass sie sich dafür noch einige Hundert Seemeilen gedulden muss. Raum und Zeit scheinen auf diesem Schiff keine Rolle mehr zu spielen.

Mit Rademann auf Schiffstour

»Na Junge, haste nen juten Flug jehabt?«, fragt mich Wolfgang Rademann und klopft mir dabei väterlich auf die Schulter. Die Leute, mit denen er arbeitet, sind seine Familie, sein Leben. Vermutlich hält ihn das so jung und vital. Ein nimmermüder sprudelnder Brunnen purer Lebensfreude strahlt mich aus blauen Augen an. »Jetzt zeig ick dir mal den Kahn.« Im zackigen Rademann-Tempo geht es von Deck zu Deck. Unter den Treppen, die nach oben führen, eine Nische. Hier könnten heimlich Liebende knutschen, oder

> Eins werden mit dem Schiff und dem Meer: Nichts geht über einen Seetag, wenn keine Ausflugsbusse warten.

vielleicht in den Rettungsbooten. Überdacht, geschlossen und somit faktisch unsinkbar. Ein beruhigender Gedanke. Hier noch eine Luke, eine Tür, da die Rettungswesten. Ah, da geht's zum Fitnessraum. Eine Sauna gibt's auch? Ein Kino? Mir dämmert, dass ich meine bisher im Drehbuch verwendeten Schauplätze – Kabine, Gang, Reling, Restaurant, Kapitänsdeck, Bar – durchaus hätte erweitern können.

Bei der Schiffsführung wird mir endlich klar, wie man die Figuren im Drehbuch logisch stimmig von A nach B bekommt, ohne sie dorthin zu beamen. Eine Kinderbetreuung

Disco-Dampfer

Große Bühnen sind ihr Ding: Während der Olympischen Sommerspiele 2012 in London diente das Schiff als schwimmendes deutsches Haus. Nach der Abschlussfeier brachte die Deutschland die deutschen Sportler und ihre Freunde zurück nach Hamburg. Die rauschende Party-Nacht hat für Schlagzeilen gesorgt.

gibt's auch, und schon keimt in mir die Idee zur Figur eines Kinderhassers, der sich auf einem Landgang mitten in einem Naturpark das Bein verstaucht und sich von einem der kleinen »lauten Störenfriede« das Leben retten lassen muss, was ihn natürlich läutert. Die Gedanken um neue Geschichten werden immer schneller, die Schritte dafür aber immer langsamer. Wolfgang muss sich fühlen wie jemand, der ein verträumtes Kleinkind in der Süßwarenabteilung des KDW hinter sich her zieht. Jetzt verstehe ich, weshalb ihm so sehr daran gelegen war, dass ich mit an Bord zu den Dreharbeiten komme: um das Leben an Bord authentisch mitzuerleben. Er will mir sicher auch das Gefühl geben, ein wichtiger Teil der Traumschiff-Familie zu sein.

Die Luke als Story-Idee?

Das Achterdeck ist erreicht und somit der höchste für Passagiere zugängliche Punkt, Deck 10, wie mir Wolfgang erklärt. Vor uns liegt der Hafen und die Silhouette von Las Palmas. Ein Kleinbus spuckt neue Passagiere aus. Aus einem Lieferwagen trägt weiß uniformiertes Küchenpersonal Stiegen mit allerlei Lebensmitteln durch eine zweite Luke. Interessant! Für einen Moment ist dieser Zugang unbeobachtet. Was wäre, wenn sich da jemand auch ohne Bordausweis Zugang verschaffen würde? Warum würde da jemand reingehen? Ein blinder Passagier? Zu banal, der würde früher oder später auffallen. Wolfgang erklärt mir unterdessen den Dresscode in den Restaurants, aber in Gedanken bin ich immer noch bei der Luke. »Haste 'nen Anzug dabei? Ohne den kommste ins ›Vier Jahreszeiten‹ nicht rein.« Ich nicke nur ab. Wie könnte ich die »Luke« für eine neue Story verbraten? Wir erreichen den mittschiffs gelegenen »Lilly Marleen Salon«. »Hier gibt's den besten Wodka Lemon. Den nimmste, wenn dir schlecht wird. Geheimrezept des Kapitäns. Aber meinen Autoren wird nicht schlecht.« War das eine Drohung, die Wolfgang mit fiesem Grinsen untermauerte? Hatte ihm meine Redakteurin am Ende gesteckt, dass ich nicht so ganz seefest bin? Egal! Meine Geanken kreisen um »die Luke«. Die Schlagzeile einer aufgeblätterten Tageszeitung, die wohl ein Passagier auf einem der Tische hat liegen lassen, bringt mir die erlösende Idee. »Lebensversicherungen lohnen sich nicht«. Ich glaube, jetzt hab ich's: Ein junges Paar, das ein Vermögen an der Börse verloren hat, möchte die Lebensversicherung abzocken. Sie geht offiziell an Bord, schleicht sich über die Versorgungsluke vorbei an den Kontrollen nach draußen und checkt mit blonder Perücke und gefälschtem Ausweis ein zweites Mal ein. Dann macht die Ehefrau für jeden an Bord sichtbar einen auf depressiv. Das Paar inszeniert einen Selbstmord auf hoher See. Sofort verliebe ich mich in diesen Plot, den ein aufmerksamer Krimi-Leser, ein weiterer Passagier in meiner Geschichte, natürlich durchkreuzen wird. »Sag mal, Wolfgang, kann ein Kapitän jemanden für tot erklären, wenn

er über Bord geht?« Wolfgang sieht mich nun sehr besorgt an. »Ich glaube, du brauchst jetzt gleich mal einen Wodka, Junge!«

Liebesszene ein Deck tiefer

Was für ein tolles Gefühl, auf hoher See zu sein. Allein schon an der Reling zu stehen und am Horizont zu sehen, wie das Land, sprich die Kanaren, immer kleiner wird, ist unbeschreiblich. Es hat etwas Befreiendes. Würzige Luft, der schneidende Wind. Eine ganz andere Welt eben. Ein Deck unter mir wird just in jenem Paralleluniversum gedreht. Immer wieder sehe ich die großartige Marion Kracht an die Reling huschen. Francis Fulton Smith hinterher. Eine Liebesszene. Komisch, ich kann mich gar nicht erinnern, diese Szene geschrieben zu haben. Die Maskenbildnerin klärt mich ein wenig später auf: Meine Folge steht erst in zwei Wochen auf dem Programm. Zunächst werden die Drehbuchteile aller Folgen, die an Bord spielen, hintereinander verfilmt. Zu den Landausflügen ginge es dann separat. Einleuchtend. Anders auch gar nicht zu realisieren, weil die Deutschland in der Regel nur für einen Tag an einem Ort bleibt und die Zeit niemals reichen würde, um alles zu drehen, was auf einem Landausflug passiert. Marion Kracht hüllt sich nach der Probe sofort in eine warme Decke, die ihr die Maskenbildnerin reicht. Sie schnattert am ganzen Leib. Ist es nicht heldenhaft, bei gefühlten 15 Grad und steifer Brise eine Szene in den Tropen spielen? »Wir können«, tönt es aus Richtung des Kamerateams. Noch ein Schluck heißer Tee und Marion Kracht geht wieder zu ihrer Ausgangsposition. Wie Kate Winslet steht sie nun an der Reling. »Ruhe bitte!« Die wachsamen Augen des Regieassistenten scannen das Terrain. Bis auf das Peitschen der Wellen am Rumpf des Schiffes ist nichts mehr zu hören. »Und bitte«, meldet sich nun der Regisseur zu Wort. Nun kann Francis Fullton Smith seiner Angebeteten hinterher eilen und sie für die Kamera oscarreif anschmachten.

Es ist tatsächlich eine Familie und ich fühle mich wie ein Teil von ihr, seitdem ich an Bord bin. Beim gemeinsamen Gala-Dinner im »Vier Jahreszeiten« wird mir klar, dass jene »Traumschiff-Magie« jeden packt, der

1 Für Traumschiff-Fans sind sie gute alte Bekannte: Nick Wilder spielt den Schiffsarzt, Heide Keller die Chefstewardess, Siegfried Rauch (re.) gab bis 2013 den Kapitän.

2 Skulpturen, Gemälde und Kunstwerke finden sich in allen Bereichen des Schiffs, u. a. die Bronzeskulptur »Die vier Winde« des französischen Bildhauers Serge D. Mangin.

3 Eleganz und Glamour: Der Kaisersaal ist der perfekte Rahmen für die hochklassigen Bühnenshows und Musikveranstaltungen, für die das »Traumschiff« bekannt ist.

»Love Boat« – Mutter aller Traumschiffe

Das »Traumschiff« ist die Adaption der amerikanischen TV-Serie »Love Boat«, die zwischen 1977 bis 1986 produziert wurde. Hier steuern Kapitän Stubing und seine Crew das Kreuzfahrtschiff Pacific Princess durch die Weltmeere und legen in den Häfen der schönsten Traumziele an. Auf der Reise tragen sich spannende, romantische und heitere Geschichten zu, die in einem versöhnlichen Happy End münden. Wie auf dem »Traumschiff« war auch das »Love Boat« Tummelplatz zahlreicher Gaststars – ob Tom Hanks oder Telly Savalas, Andy Warhol oder Joan Collins, David Hasselhoff oder Janet Jackson. Das reale Ende des »Love Boat« war indes weniger romantisch: Die Pacific Princess wurde 2012 von einem türkischen Verwerter für 2,5 Millionen Euro gekauft – und verschrottet.

mit Wolfgang unterwegs ist. Gute Laune, tiefgründige Gespräche, aber auch Witze werden gerissen. Jeder hat viel aus seinem Leben zu erzählen. Schauspieler geben ihre Anekdoten preis. Welch Quell der Inspiration für jemanden wie mich, der sich oft wochenlang in sozialer Isolation an seinen »Mac« kettet. Siegfried Rauch, der »Traumschiff-Kapitän«, erzählt mir aus seinem Leben. Vor dem »Alten Fritz«, Bar und Anlaufstelle für die leckersten Wiener Würstchen, die ich jemals zu mir genommen habe, sitzt »Sigi« später mit seiner Klampfe und spielt für uns »Ramona«. Alle singen begeistert mit und frönen einem Schlager nach dem anderen. Komplette Verblendung eines Filmteams in Urlaubsstimmung? Weit gefehlt! Auch die Passagiere scheinen von diesem Virus angesteckt zu sein.

Auf meinem nächtlichen Verdauungsspaziergang an Deck erlebe ich Klischee pur, eine Szene, wie sie mir meine Redakteurin, hätte ich sie denn jemals geschrieben, um die Ohren gehauen hätte. Eine Frau Mitte Fünfzig steht an der Reling und blickt aufs Meer, das im Schein des Mondes bis zum Horizont versilbert schimmert. Wie oft haben wir das schon im »Traumschiff« gesehen? Ihr Mann schmiegt sich an sie, nimmt sie in den Arm und sagt: »Ach Schatz, ich bin so glücklich, diesen Moment mit dir erleben zu dürfen.« Das ist nicht real! Habe ich das eben geträumt? Zu viel Wein? Mitnichten! Ich geselle mich zu ihnen und erfahre, dass sie rein »zufällig« dem sicheren Tod entronnen sind. Beide hatten ursprünglich ein Ticket für den Unglücksflug der Concorde am 25. Juli 2000 gebucht. Seine Frau musste die Reise aus wichtigen familiären Gründen um eine Woche verschieben. Kein Klischee also, sondern nackte Realität. So etwas prägt und baut Hemmschwellen beim Schreiben von Klischees ab. Die Liebe ist kein Klischee. Sie ist die stärkste Kraft dieses Universums, mache ich mir in diesem Moment ohne Scheu vor Pathos klar. Spätestens jetzt weiß ich, warum ich meine Arbeit liebe.

Bammel vor den Monsterwellen

Zurück im Kabinentrakt entdecke ich das Bordmagazin – eine »Spezialausgabe«. Angeblich sei die Bremen, das ehemalige »Traumschiff«, im Pazifik von drei »Schwesternwellen« erfasst worden und hätte nur durch ein Wunder nicht das gleiche Schicksal wie die Poseidon erlitten – kopfüber im Meer. Für morgen ist hoher Wellengang angesagt. Ängste werden wach und dementsprechend unruhig ist die Nacht.

Am nächsten Morgen Drehroutine am Set – mit Augenringen, die gefühlt bis zum Knie reichen. Die Schauspieler schwitzen in der Enge der Kabine. Die Klimaanlage muss ausgeschaltet bleiben, weil sonst der Tonmann nichts aufnehmen kann. Die Szene wird zu lang. Ich muss sie umschreiben. Kein »Big Deal«. Dafür habe ich mein Notebook dabei. Kaum klappe ich es im Produktionsbüro unter Deck auf, wird mir schlagartig schlecht. Wellengang wie prognostiziert, wehleidige Blicke und stichelnde Bemerkungen für die emp-

»Mir geht die Welt aus«

Der 2016 verstorbene TV-Produzent Wolfgang Rademann war der Vater der erfolgreichen »Traumschiff«-Serie und Auslöser eines Kreuzfahrt-Booms in Deutschland – auch wenn er sich das nicht ans Revers heftete.

Wie kamen Sie auf die Idee zu der Serie, obwohl sich die Deutschen Anfang der 80er-Jahre kaum für Kreuzfahrten interessierten?

Wolfgang Rademann: Ich kannte die erfolgreiche US-Serie »Love Boat« und die »Auf See« aus dem DDR-Fernsehen. Als ich dann im Rahmen einer TV-Produktion auf Jamaika erstmals selbst auf ein Kreuzfahrtschiff kam, war ich sofort angestochen. Aus all diesen Zutaten mixte ich meinen »Traumschiff«-Cocktail ...

... der dem deutschen Fernsehpublikum 1981 erstmals serviert wurde und ihm ausgezeichnet schmeckte. Dem ZDF bescherte die Serie traumhafte Einschaltquoten. Wie erklären Sie sich den Erfolg?

Wir haben schnell erkannt, dass die Zuschauer vor allem an den Ländern interessiert waren, die das »Traumschiff« anlief. Allesamt Sehnsuchtsziele, die das Fernweh schürten oder stillten. Die Deutschland ist das vierte »Traumschiff« mit dem dritten Kapitän. Diese Wechsel haben die Zuschauer jedoch nicht gestört.

Sie steuern auf die 70. Episode zu. Sind Sie bei jedem Dreh dabei?

Ja, dabei habe ich so ziemlich die ganze Welt kennengelernt. Es gibt noch ein paar spannende Ziele, wo ich noch nicht war, etwa Taiwan, Korea oder Alaska. Nun haben wir das Problem, dass uns die Welt ausgeht. Oder wir fangen wieder von vorne an.

Wohin und auf welchem Schiff würde Ihre ganz private Kreuzfahrt führen?

In die Südsee, nach Polynesien, auf einem Kreuzfahrtschiff, das keinesfalls größer als die Deutschland sein dürfte. Diese Ozeanriesen mit 4000 und mehr Passagieren finde ich zu unpersönlich.

Alle an Bord!

Sicherheit hat auf Kreuzfahrtschiffen heutzutage höchste Priorität. Daher müssen auch die Deutschland-Passagiere beim Betreten des Schiffs einen gründlichen Security-Check über sich ergehen lassen, ähnlich wie man das von Flughäfen kennt. Kleinere Wartezeiten sind unumgänglich. An Bord dagegen verteilen sich die Passagiere, Schlangestehen ist ein Fremdwort.

findliche Landratte tun ihr Übriges. Totalausfall! Ich umarme die Kloschüssel meiner Kabine nicht nur einmal. Dann erfahre ich, dass meine Redakteurin ebenfalls darnieder liegt. Die seitlichen Stabilisatoren sind ausgefallen. Es geht auf und ab, nach links und rechts. Auf jeden Fall zu viel für den Gleichgewichtssinn. Über die Bordkamera ist zu sehen, dass die Wellen bereits die oberen Decks erreichen. Ich bin mir nun sicher, Leonardos Schicksal teilen zu müssen. Regungslos im Bett meiner Kabine dazuliegen erleichtert immerhin meine Bauchkrämpfe. Die Rettungsweste liegt daneben. Auf dem Bordkanal im TV läuft »Ein Käfig voller Narren«. Ich ziehe mir den Film gleich dreimal hintereinander rein, um mich abzulenken. Traumatisch! Warum habe ich auch nur Obst gegessen anstatt bei der verlockenden Ente mit Rosinen kräftig zuzuschlagen, wie mir der Regisseur empfohlen hatte? Warum nur habe ich keinen Wodka Lemon getrunken?

Reges Treiben am Set

Am nächsten Morgen entpuppt sich das Bordmagazin als »Fake«. Das ist wieder einmal typisch Wolfgang. Er hat sich bestimmt totgelacht und mit ihm alle anderen, die um meine Ängste auf hoher See wussten. Der Seegang beruhigt sich. Die Stabilisatoren arbeiten wieder. Ich schreibe nach dem Frühstück die neue Szene. Routine stellt sich ein. Tagein tagaus beobachte ich das rege Treiben am Set, genieße es, ein Teil des »Ganzen« zu sein, und erlebe glückliche Tage, ob an Bord oder während der Landgänge nach Casablanca, Cadiz oder Malaga. Der »Virus« fordert am letzten Tag seinen Tribut. Gemeinsam mit meiner Redakteurin singe ich Cindy & Berts »Wenn die Rosen erblühen in Malaga« beim Einlaufen in den andalusischen Hafen. Sind wir reif für die Klapse? Oder sind wir beide einfach nur happy, dass Geschaukel und Übelkeit hinter uns liegen? Wolfgang Rademann hat uns einen Traum beschert, der verdammt real war – für einen Drehbuchschreiber, der fiktive Welten schafft, besonders kostbar. Zum Abschied läuft über die Lautsprecher das »Traumschiff-Thema«. Wir umarmen uns, schämen uns nicht feucht gewordener Augen. Tage wie diese vereinen, schmieden Verbundenheit. Das Einzige, was einen in diesem Moment beschäftigt, ist die Sorge, ja nichts von dem, was man erlebt hat, zu vergessen.

Das neueste Fernseh-»Traumschiff«

Steckbrief Amadea
Reederei: Phoenix Reisen
Baujahr: 1991
Dimensionen: 29008 BRZ, Länge: 193 Meter, Breite: 25 Meter
Passagierdecks: 8
Passagiere: max. 604
Mannschaft: 300
Einsatzgebiet: Europa, Arktis, Amerika, Indischer Ozean

Kabinen & Suiten
317 Außenkabinen, davon 122 mit Balkon. Größe zwischen 15 und 71 qm. Zur Ausstattung gehören SAT-TV, individuell regulierbare Klimaanlage, Telefon, Minibar, Safe und Fön, WLAN. Alle Bäder haben Badewanne/WC oder Dusche/WC.

Restaurants & Bars
Zwei gleichwertige Restaurants mit insgesamt 630 Plätzen und freier Platzwahl. Alle Gäste speisen in einer Tischzeit. Im Lido Café kann man bei guter Witterung auch draußen frühstücken oder sein Mittagessen einnehmen. Dazu gesellen sich sieben verschiedene Bars.

Sport & Wellness
Es gibt ein elegantes Spa mit großem Wellnessbereich und Panoramafenstern: Beauty-Salon, Fitnesscenter, Massage, Sauna, Dampfbad und Ruhezonen. Die Außendecks bieten eine Rundum-Promenade mit Joggingpfad. Ein Höhepunkt ist der Mini-Golfgarten auf dem Sonnendeck sowie das neu gestaltete Lido-Deck achtern mit kleinem Außenpool.

Unterhaltung & Ausflüge
Es gibt Vorträge zur jeweiligen Destination, Computer- und Sprachkurse, Shuffleboard, Basteln oder Malen im Hobbyraum, im Spielezimmer trifft man sich auf eine Runde Skat. Abends werden in der Vista-Lounge klassische Konzerte gegeben, in Harry's Bar spielt Livemusik, in der Atlantik Lounge ist Showtime angesagt, und in der der Kopernikus Bar lockt die Disco. Landausflüge können spätestens zwei Monate vor Reisebeginnim online gebucht werden.

Bordsprache & Dresscode
Die Bordsprache der MS Amadea ist Deutsch. Zum Kapitänsempfang bzw. -dinner wird eine elegante, festliche Abendgarderobe empfohlen. Sonst ist eher legere Kleidung üblich.

Fazit
Luxuriös, großzügig, elegant und geräumig – die MS Amadea, das neue ZDF-»Traumschiff«, ist eine echte »First Lady« unter den Kreuzfahrtschiffen, wobei es mit nur 600 Passagieren an Bord immer noch recht persönlich zugeht.

Info & Buchung
Phoenix Reisen,
Tel. 0228/9260-0,
www.phoenixreisen.com

Hoch die Gläser, und das nicht nur vor laufender Kamera: Auf dem Traumschiff gibt's immer was zu feiern.

41 Frische Brisen, stramme Waden

Das Insellabyrinth der Kvarner Bucht ist Ziel einer Mountainbike-Kreuzfahrt.

Cres, Losinj, Molat, Dugi Otok, Pag, Rab, Krk ... hinter diesen zungenbrecherischen Lauten verbirgt sich der landschaftlich wohl spektakulärste Teil Kroatiens, die Kvarner Bucht. Die kleine hölzerne Yacht Linda ist das geeignete Fortbewegungsmittel, um das schöne Gewirr aus Inseln und Inselchen zu erleben, und das Mountainbike der Schlüssel zum intensiven Inselerlebnis. »Gut, dass ich zuvor trainiert habe«, freut sich Traudl aus München. Denn die hügelig bis bergigen Inseln mit den teils respektablen Anstiegen sind alles andere als Spazierfahrten. Beim einwöchigen Inselhüpfen durch die Kvarner Bucht werden rund 300 Kilometer und 4600 Höhenmeter bewältigt, das erfordert Kondition. Die Reiseleiter kennen die schönsten Trails auf den Inseln, die immer wieder zu spektakulären Aussichtspunkten führen und charmante Hafenorte streifen. Maximal 30 Mountainbiker haben auf dem Schiff Platz – der geeignete Rahmen für ein fast schon familiäres Miteinander. Der Schiffskoch weiß die emsigen Radler mit herzhaften Mahlzeiten zu verwöhnen. Weitere beliebte Rad-Zielgebiete sind Dalmatien, Griechenland und die Türkei.

Linda
Zielgebiete: Kroatien, Dalmatien
Buchung: Radurlaub ZeitReisen,
Tel. 07531/361860, www.inselhuepfen.de

42 Es grünt so grün

An Bord der MS Europa können sich Golfer von Platz zu Platz hangeln.

Kreuzfahrt und Golf wird meist mit Kunstrasenflecken auf dem Lidodeck assoziiert, von dem aus Passagiere Ball um Ball in ein Netz dreschen. Die Golf & Cruise-Reisen mit der MS Europa werden auch den Wünschen der anspruchsvollsten Golfer gerecht. Dafür sorgen die mitreisenden PGA-Pros – also die Crème de la Crème der Golflehrer, die Freizeitgolfern sonst nicht einmal für viel Geld zur Verfügung stehen. Coaching vom Feinsten auf Traumplätzen entlang der Route ist also garantiert.
Am Golfsimulator an Bord werden erst bei jedem die Besonderheiten analysiert. Schlägergriff, Aufschwung, Durchschwung ... Frühmorgens geht es dann vom jeweiligen Hafen zu den Top-Golfplätzen im Umland. Die Startzeiten wurden von der Reederei reserviert, was bei sehr gefragten Plätzen, z. B. in Andalusien oder Portugal, nötig ist. An den Seetagen bleibt ausreichend Gelegenheit, das Bordleben und die Wohltaten im Ocean Spa zu genießen, sich unter die anderen, überwiegend deutschsprachigen Passagiere zu mischen – und daran erinnert zu werden, dass es neben Golf noch andere Dinge im Leben gibt.

MS Europa
Zielgebiete: weltweit
Buchung: Hapag-Lloyd Kreuzfahrten,
Tel. 040/30014600, www.hl-cruises.de

43 Schwimmende Konzertbühnen

Rock, Schlager oder Heavy Metal: Bei Mein Schiff 1 liegt Musik in der Luft.

Lange ist es her, dass die musikalische Unterhaltung an Bord aus dem Mann an der Heimorgel und/oder einem Streichquintett bestand. Bei TUI Mein Schiff spielt Musik die erste Geige. Musikalische Themenreisen verschiedenster Geschmacksrichtungen verwandeln das Schiff mal in eine schwimmende Rockbühne, mal in einen Konzertsaal. Das Plus für die Fans: Sie kommen ihren Idolen auf dem Schiff ganz nah, genießen Backstage-Feeling – zusätzlich zu den Annehmlichkeiten einer klassischen Kreuzfahrt. Andrea Doria? Sonderzug nach Pankow? Das war gestern. Udo Lindenberg steht jetzt auf TUI Mein Schiff, das er zum wiederholten Mal zu einem Rock-Liner verwandelt hat. Unvergesslich der furiose Auftritt zum Hamburger Hafengeburtstag, als Udo mit seinem Panikorchester und 100 Passagieren mit E-Gitarren an der Reling das Schiff rockten.
Dabei geht's noch wilder: Die Full Metal Cruise ist die größte Heavy-Metal-Kreuzfahrt Europas. Hier erleben die Fans ein echtes Metal-Festival auf hoher See. Auf drei Bühnen an Bord spielen über 20 hochkarätige Bands aus Metal und Rock, darüber hinaus finden an Land in den angesteuerten Häfen weitere Konzerte statt. Auf dem Schiff wird daneben ein umfangreiches Rahmenprogramm geboten, mit Metal Karaoke, Meet & Greets, Autogrammstunden, Comedy, Lesungen und Musiker-Workshop – eben all das, was neben der Musik zu einem Open Air gehört. Auch die Schunkler und Mitklatscher kommen auf ihre Kosten: Mit Helene Fischer ging eine Schlager-Ikone mit ihren Fans auf eine Kurzreise von Hamburg über Oslo und Kopenhagen nach Kiel. Beim zweiten Mal wurde sie von der Schweizerin Beatrice Egli begleitet. Außerdem konnten sich die TUI-Gäste auf Michael Holm und Ireen Sheer freuen.
Klassikfans erwartete ebenfalls ein Highlight, als sie mit den Wiener Philharmonikern auf Mittelmeerkreuzfahrt gingen. Namhafte Dirigenten und Solokünstler, Galakonzerte an Land und Kammerkonzerte an Bord sowie öffentliche Proben machten Liebhaber klassischer Musik glücklich.

Mein Schiff 1
Zielgebiete: Nordeuropa, Mittelmeer, Vorderer Orient, Karibik
Buchung: TUI Cruises, Tel. 040/600 01 51 11, www.tui-cruises.de

44 Auf nach Kuba

MSC Kreuzfahrten hatte als erste Gesellschaft die karibische Trauminsel im Programm.

In Kuba ist derzeit vieles im Umbruch, die diplomatischen Beziehungen zur USA wurden wieder aufgenommen, und in der Kreuzfahrtbranche scheint eine regelrechte Goldgräberstimmung ausgebrochen zu sein. Da MSC nicht US-Recht unterliegt, erwiesen sich die Verhandlungen mit dem Inselstaat offenbar als so konstruktiv, dass Havanna bereits in der Wintersaison 2015/2016 zum neuen Heimathafen der MSC Opera wurde. Das Schiff mit Platz für 2120 Gäste startete von Kuba bzw. von Montego Bay auf Jamaika aus zu 16 einzigartigen Karibikkreuzfahrten.

MSC Opera
Zielgebiete: Europa, Karibik
Buchung: MSC Kreuzfahrten, Tel. 089/203 04 38 01, www.msc-kreuzfahrten.de

45 Spas(s) auf dem Wasser

Wellness kommt von Welle, kein Zweifel. Wer sich auf der AIDAsol den Wonnen einer Thalasso-Therapie hingibt, lässt auch gerne mal den Landgang sausen.

Text: Astrid Jürgens

Augen zu! Es kribbelt und sprudelt. Tausende Wasserbläschen massieren meinen Körper, von den Zehen und über den Rücken bis hoch zum Nacken. Der Duft von Salz und Seetang mischt sich dazu. Ich bin an einem weiten Meeresstrand und tauche ein in erfrischende Fluten – zumindest in meinen Gedanken. In Wirklichkeit liege ich in einer Thalasso-Wanne im Spa der AIDAsol. 220 Massagedüsen, echtes Meerwasser und eine raffinierte Mischung aus verschiedenen Algenextrakten tragen mich in diesen blubbernden Traum.

Weißes Gold, weiche Haut

Babett heißt die »Herrin« dieses Vergnügens. Die Beauty-Fachfrau hat ein kleines Thalasso-Schnupper-Programm für mich zusammengestellt und macht mich gleich mit dem nächsten Wohlfühlerlebnis bekannt, das den schönen Namen »Aquatique Peeling« trägt. Dafür verwendet sie ein besonderes Meersalz aus der Bretagne – auch das »weiße Gold« genannt. Zusammen mit lauwarmem Süßmandel- und Aprikosenkern-Öl wird es auf die Haut geträufelt. Mit zarten Händen massiert Babett die breiige Masse kreisend ein. Beine, Arme, Rücken, Bauch – nichts wird ausgespart, schließlich sollen alle alten Hautschüppchen entfernt werden. Ich versinke in der Langsamkeit der Streichbewegungen, vergesse die Zeit. Spätestens bei der anschließenden Algen-Körperpackung bin ich eingenickt. Zwei Stunde später ist meine Haut streichelzart und duftet – und ich bin unglaublich entspannt. Kein schlechter Start für das erstes Thalasso-Erlebnis mitten auf dem Meer.

Ein Wellness-Urlaub an Bord eines Schiffes und dabei die Küstenmetropolen der Ost-

Der signalrote Kussmund macht die AIDAsol in jedem Hafen zum sympathischen Blickfang.

see kennenlernen – das ist der Plan für die nächsten zehn Tage. Ob die erhoffte Entschleunigung auf einem Schiff mit rund 2000 Passagieren funktionieren kann? Anfängliche Bedenken zerstreuen sich schnell. Im »Body & Soul Spa« auf Deck 12 versprechen 2600 Quadratmeter weitläufige Entspannung. Dieses Spa zählt zu den größten auf einem Kreuzfahrtschiff. Bodentiefe Fenster ermöglichen rundum einen Panoramablick, die Räume sind in strahlendem Weiß und zartem Blau gehalten und Kabinen-Namen wie »Kreta« oder »Mykonos« lassen ahnen, dass der Gast in die griechische Welt entführt werden soll. Wandmalereien, Skulpturen, Fliesenmosaiken, Amphoren und kunstvoll drapierte Tücher lassen Hellas-Feeling aufkommen.

Relaxen unterm Olivenbaum

Auch in der Sauna-Landschaft kann man schwitzen mit Meerblick. Allein die finnische Abteilung misst 90 Quadratmeter. Mäßiger temperiert sind das Kräuter-Dampfbad, die Bio-Sauna und das Rasul-Schlammbad. Der perfekte Platz, um den Tag ausklingen zu lassen, während der schneeweiße Ozeanliner mit dem aufgemalten Kussmund am Bug den Hafen von Warnemünde verlässt und langsam aufs Meer hinausdreht. Praktischerweise befindet sich meine Kabine auf dem gleichen Deck wie der Spa-Bereich. So sind es nur ein paar Schritte, um in den Wohlfühl-Kokon einzutauchen. Gleich daneben liegt die Wellness Oase – eine Art Ruheraum mit Liegen. Ein sechs Meter hoher Olivenbaum sorgt für mediterranes Flair. Gäste, die eine der 34 Spa-Kabinen gebucht haben, haben natürlich freien Zugang. Andere müssen dafür extra bezahlen. Dafür genießt man aber auch besondere Ruhe – dies ist eine kinderfreie Zone – und bei schönem Wetter wird das Dach des gläsernen Patio, das die Oase überspannt, geöffnet.

An der Spa-Rezeption treffe ich den Spa-Butler. Das ist ein Service, den man vorab gleich mitbuchen kann. Der Fachmann hilft bei der Auswahl der vielen Treatments, die die Therapeuten für den puren körperlichen Genuss ausgetüftelt haben. Mein Butler ist weiblich, heißt Daniela und hat einen netten schwäbischen Akzent. Seit drei Monaten fährt die Physiotherapeutin schon auf dem Schiff mit. Sie wird – wie fast alle Angestellten – sechs Monate bleiben und dann nach einem langen Urlaub wieder zurück an Bord gehen. Die Seefahrt hat es ihr angetan, ihr gefällt dieses Leben. Daniela bemüht sich heute, mir zu neuer Energie und mehr innerer Balance

1

2

zu verhelfen. Das Zauberwort heißt »Pantai Luar«, eine asiatische Kräuter-Stempelmassage, verabreicht in der Massage-Suite. Während ich durchs Fenster beobachte, wie draußen langsam die Ostsee-Sonne untergeht, erklimme ich innerlich »Genuss-Wolke sieben«. Sie massiert meinen verspannten Rücken mit in Öl getränkten, mit Kräutern und Zitrusfrüchten gefüllten heißen Stempelkissen. »Das lockert Blockaden und gibt den Muskeln neue Energie«, erklärt sie. Wohlige Wärmeströme ziehen durch den Körper. »Jetzt bloß nicht aufhören, Daniela«, denke ich. Andererseits: Können Wellness-Behandlungen dieser Art vielleicht süchtig machen? Eine leise Vorahnung überkommt mich.

Topfit auf Citytour

Für den Landgang in Tallinn am nächsten Morgen fühle ich mich fit wie lange nicht. Selbst die steilsten Treppen hinauf zur historischen Altstadt machen mir nicht das Geringste aus. Und der Weg wird belohnt mit einem fantastischen Blick über Estlands Hauptstadt, der bis hin zum Hafen reicht, von wo aus mir ein bekannter »Kussmund« zulächelt. Für 17.30 Uhr heißt es »Alle Mann an Bord«. Während ich über das Pool-Deck schlendere und einen letzten Blick auf Tallinn werfe, fällt mir auf, dass man von den anderen Gästen kaum etwas mitbekommt. Die großzügigen Außendecks messen unglaubliche 6620 Quadratmeter. Dort findet sich immer ein einsames Plätzchen. Turbulenter geht es gelegentlich nur in den sieben Restaurants zu, weil jeder die kulinarischen Köstlichkeiten als Erster probieren möchte. Verständlich! Im Wechsel von Landgang und Ruhepause bieten diese Momente neue und genussvolle Erfahrungen.

Abwechslung finde ich auch in den Wellness-Bereichen, zum Beispiel mit einem eigenen

1 Hellas lässt grüßen! Der 2600 qm große »Body & Soul Spa« entführt die Gäste in eine griechische Welt – mit Skulpturen, Amphoren und blau-weißen Mosaiken.

2 Streicheleinheiten, von denen man gar nicht genug bekommen kann: Erfahrene Therapeuten sorgen auf alle erdenklichen Arten für Wohlbefinden und Entspannung.

3 Estlands Hauptstadt Tallinn: Der 159 Meter hohe Turm der St. Olaikirche war zwischen 1549 und 1625 das höchste Gebäude der Welt.

Ländermotto: Indien, Bali, Afrika, und auf der AIDAsol ist es eben Griechenland und Thalasso. Daneben werden entsprechende Behandlungen angeboten: »Entspannung pur« bei Shiatsu, »mehr Power« durch Hot-Stone-Therapie, »Innere Harmonie« durch eine Ayurveda-Massage von einem indischen Therapeuten, das sind nur ein paar der vielversprechenden Programme.

Nach einem langen Tag und vielen Stunden in den Schlössern und Museen von St. Petersburg werde ich zum ersten Mal der Thalasso-Therapie untreu und folge dem Geheimtipp einer Mitreisenden: »Lomi Lomi« lautet das Zauberwort. »Das ist der Renner«, verrät sie mir. »Danach fühlst du dich wie eine Göttin.« Schon der Name klingt nach Blumenkranz und Tanz. Die Massage aus Hawaii ist ein exotisches Erlebnis, das alle Sinne stimuliert. Und dieser Duft der Blüten, Früchte und tropischen Hölzer sind für meine Nase Exotik pur. Leise im Hintergrund spielt Trommelmusik, die gleichzeitig den Takt für die Behandlung vorgibt. Zuerst wird die Rück-, dann die Vorderseite in gleitenden Bewegungen massiert – und zwar mit Unterarmen, Handballen und Fingern. Zwischendurch ruhen die Hände der Therapeutin auf dem Körper, um meine Energien wieder ins Fließen zu bringen. Anschließend geht es in den Ruheraum mit seiner breiten Fensterfront. Nur noch der Kapitän teilt ein Deck tiefer auf der Brücke denselben Ausblick in Fahrtrichtung.

Biken leicht gemacht

Der Besuch Helsinkis bringt neue Abwechslung. Ich habe mich für die Biker-Truppe angemeldet, allerdings für die Soft-Tour. »Die entspannteste Fahrrad-Tour Ihres Lebens« wird mir versprochen. Ganz neu auf dem Schiff sind nämlich 21 »Pedelecs«. Das sind

Der Zauber der Zaren

Man bräuchte mehrere Tage, um die Größe und den Glanz von St. Petersburg in vollem Umfang zu begreifen. Die nördlichste Metropole der Welt verzaubert Millionen Besucher mit ihren Prachtbauten, von denen viele unter Zar Peter dem Großen in nur wenigen Dekaden entstanden sind. Dazu gehört auch die weltberühmte Eremitage, eines der prunk- und wertvollsten Museen der Welt mit über 1000 Ausstellungsräumen. Auch die vielen Kanäle und weitläufigen Boulevards machen den besonderen Charme der einstigen russischen Hauptstadt aus.

»Wir machen nicht jeden Schnickschnack mit«

Spa-Managerin Katrin Hofrichter über die Wellness-Philosophie auf AIDA Schiffen

Was unterscheidet Ihre Spas von Wellness-Bereichen anderer Kreuzfahrtschiffe?

Katrin Hofrichter: Ein Spa lässt sich nicht nach seiner Größe beurteilen, es kommt auf das Konzept an. Bei den AIDA Schiffen fängt das schon bei der Planung an. Als verantwortliche Wellness-Managerin für alle Schiffe bin ich von Anfang an direkt beteiligt. Wir haben auf allen AIDA Schiffen der Neubaureihe ab 2007 einen Themen-Spa. Hier auf AIDAsol ist es Griechenland und Thalasso. Dazu schaffen wir das perfekte Ambiente mit Farben, Stoffen, Accessoires und natürlich Thalasso-Anwendungen auf hohem Niveau, mit besten Produkten und richtigem Meerwasser, das wir über eine Pipeline ins Schiff pumpen. Alle Behandlungskabinen sind mit bodentiefen Fenstern ausgestattet. So erlebt der Gast die Treatments auf ganz neue Art.

Was macht Ihre Wellness-Behandlungen so unverwechselbar?

Die Mischung muss stimmen. Auch wenn der Schwerpunkt Thalasso ist, sind immer auch alle anderen Treatments im Angebot. Wer Ayurveda möchte oder Lomi Lomi, wird nicht enttäuscht. Dabei arbeiten wir nur mit hochwertigen Kosmetikprodukten. Die Facials und Körperbehandlungen sind so konzipiert, dass sie auch die Sinne ansprechen und nicht nur pflegen. Nicht umsonst lautet unser Motto: »Wir schicken Ihre Sinne auf Weltreise.« Manchmal ist es nur ein Sprühnebel, der zwischendurch das Gesicht erfrischt und herrlich duftet, oder eine Massage mit Edelsteinen. Eben etwas Besonderes. Der Gast soll sich daran erinnern und dieses Urlaubserlebnis mit der Schiffsreise verbinden.

Haben Ihre Mitarbeiter eine besondere Ausbildung?

Ich schaue mir jeden Bewerber persönlich an, nehme nur gelernte Physiotherapeuten und Kosmetikerinnen, die schon in hochwertigen Spas mit vergleichbaren Produkten gearbeitet haben. Beim Ayurveda etwa kommen nur indische Therapeuten zum Einsatz. Da wir zu 99 Prozent deutsche Gäste haben, die auf Deutsch angesprochen werden wollen, lernen die Mitarbeiter auch die Sprache. Dazu kommt ein intensives Weiterbildungsprogramm auf den Schiffen.

Wie sieht es mit aktuellen Trends aus, machen Sie alles mit?

Neue Ideen, die sich am Zeitgeist orientieren, sind immer gefragt. So bieten wir bei der Ernährungsberatung jetzt auch Metabolic Coaching an, bei dem die Stoffwechselfunktionen verbessert werden. Und wir verzahnen es mit dem Spa-Besuch. Auch neu ist die »Powerplate« – die lieben die Leute. Aber wir machen nicht jeden Schnickschnack mit.

Woher bekommen Sie Ihre Ideen?

Ich reise sehr gerne und viel, sehe mir viele Spas auf der ganzen Welt an und probiere selbst aus. Da weiß ich dann schnell, was zu unserer Philosophie passt und was nicht.

Thalasso-Abc

Das Wort Thalasso kommt aus dem Altgriechischen thálassa und heißt Meer. Die Thalasso-Therapie verdient nur dann ihren Namen, wenn das salzige Nass in unmittelbarer Nähe ist. Deshalb ist ein Kreuzfahrtschiff der ideale Ort für diese Therapie:

Algen-Behandlungen
Ausgewählte Meeresalgen-Arten, die reich an Vitaminen, Mineralien und Spurenelementen sind, werden in Form von Badezusätzen, Ampullen, Cremes und Packungen angewendet. Sie regen den Stoffwechsel an, regulieren den Feuchtigkeitsgehalt der Haut, wirken entschlackend und straffend.

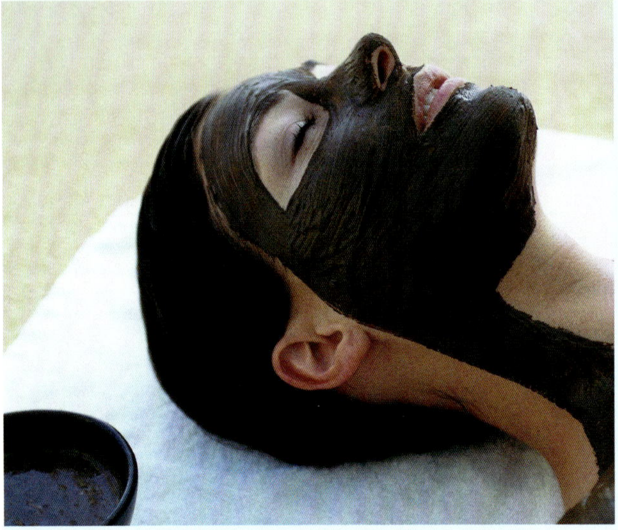

Aquatics
Sammelbegriff für alle im Wasser stattfindenden Sportarten und Entspannungs-Therapien: Aqua-Balancing, Aqua-Gym, Watsu (Wasser-Shiatsu).

Eisgrotte
Hier gibt es riesige Becken mit zerstoßenem Eis für coole Abreibungen nach der Sauna oder dem Dampfbad. Gut für den Kreislauf.

Erlebnis-Dusche
Ein warmer Sprühnebel verwöhnt die Haut. Dazu gibt es Farblichtspiele wie beim Tropengewitter. Oder das genaue Gegenteil: eiskalte Güsse und gleißendes Polarlicht.

Frigi-Thalgo-Wickel
Kühle Wickel, getränkt mit einer Algen-Kampfer-Menthol-Lösung, regen die Fettverbrennung in der Haut an, entstauen und entgiften. Gut bei Cellulite, Besenreisern, Krampfadern, müden Beinen.

Jet-Dusche
Hochdruckmassage mit einem harten Strahl aus warmem Meereswasser. Er wird gezielt auf Arme, Beine und Po gerichtet. Das kurbelt den Kreislauf an und festigt das Bindegewebe.

Softpack-Liege
Schwebend entfernt sich der Alltag auf dieser speziellen Liege. Erst wird die richtige Ölsorte ausgesucht. Wer seine Haut verwöhnen möchte, lässt sich mit Jojoba- oder Rosen-Öl einreiben. Arnika macht die Muskeln geschmeidig, Algen entschlacken. Danach wird der Körper in Folie gehüllt und in Decken eingeschlagen. Dann sackt man in das rund 40 Grad warme Wasserbett und bleibt 20 Minuten drin, bis alle Aktivstoffe ihre volle Wirkung entfaltet haben. Ein echter Jungbrunnen.

Vichy-Dusche
Wurde im gleichnamigen französischen Badeort entwickelt. Während man auf einem vorgewärmten Fliesentisch liegt, sprühen zahlreiche Düsen warmes Meerwasser auf den Körper, und gleichzeitig massieren ein oder mehrere Therapeuten den Körper von Kopf bis Fuß. Ein absolutes Wellness-Highlight.

Whirlwanne
Ist ausgestattet mit vielen verschiedenen Düsen. Sie sind regulierbar, massieren zwischen kräftig und leicht. Bei der Thalasso-Therapie ist echtes Meerwasser in der Wanne oft noch mit Algen- oder Salzextrakten angereichert.

Fahrräder, die mit einem Elektromotor ausgestattet sind. Die Hoffnung, ganz ohne jede Anstrengung die finnische Metropole zu erkunden, verfliegt allerdings schnell. Fitness-Coach Simona erklärt mir: »Dieser Motor funktioniert nicht wie ein eigenständiger Antrieb, sondern als Tretunterstützung … wie ein eingebauter Rückenwind sozusagen.« So kann man immerhin mit wenig Kraftaufwand größere Distanzen und Steigungen überwinden und zum Beispiel auch einen Berg hochfahren. Und so gelingt der Anstieg hinauf zu Helsinkis Wahrzeichen, dem riesigen klassizistischen Dom, ganz locker. Zurück an Bord der AIDA gönne ich mir eine entspannende »Vichy-Dusche«. Während das mollig warme Meerwasser aus den Duschköpfen auf meinen Körper rieselt, massiert Therapeutin Marit von Kopf bis Fuß die Muskeln weich.

Die Kraft der Elemente

Eigentlich bräuchte man Wochen, um alles auszuprobieren, was AIDAsol an Wellness-Highlights anbietet. Auf keinen Fall verpassen darf man jedoch eine Sinnesreise mit dem klangvollen Namen »Die Kraft der Elemente«. Zu Beginn der rund dreistündigen Behandlung steht eine kleine Teezeremonie – das wärmt von innen und bereitet auf die heißen Aroma-Aufgüsse vor, die den Körper erglühen lassen. Vier Bilder und Düfte sollen mich auf diese exotische Reise einstimmen. Ich muss mich für eines der Natur-Reiche – Pflanzen, Wasser, Licht und Erde – entscheiden. Und schon geht es los: Salze gemischt mit würzigem Marula-Öl werden von Kopf bis Fuß kreisend einmassiert und sorgen für Samthaut. Da wirkt die feuchtigkeitsspendende Gesichtsmaske zwischendurch wie eine kühle Brise, und auch die frischen Früchte und die Bowle sorgen für innere Abkühlung. Ovale Lavasteine – auf angenehme 40 Grad erhitzt – schicken auf den Handflächen platziert dann wieder wohlige Wärmeströme durch den ganzen Körper. Warmes Argan-Öl stimuliert die Haut bei der anschließenden Edelstein-Gesichtsmas-

Zeit für mich

Seereise mit Mehrwert: In der Hektik des Alltags verlernen viele Menschen, auf ihre Bedürfnisse zu hören, sich zu spüren. Nach den Thalasso- und sonstigen Wellness-Behandlungen auf der AIDAsol stellt sich eine wunderbare Veränderung ein: Man fühlt sich entspannt und in innerer Harmonie.

sage. Das ist Entspannung in höchster Perfektion und die ideale Einstimmung auf eine vitalisierende Sauna-Nacht. Wer möchte, kann auch eine sanfte Rückenmassage oder eine modellierende Körperpackung dazu buchen. Für mich ist mit diesem Programm der Wellness-Zenit für heute allerdings fast schon überschritten.

Von A(erobic) bis Z(umba)

Genug Peelen, Cremen, Entspannen – nach diesen Verwöhneinheiten verlangt mein Körper nach aktiver Beschäftigung. Höchste Zeit, dem Fitnessbereich einen Besuch abzustatten. Schon die ganze Zeit lese ich in der täglichen Bordzeitung staunend, was alles angeboten wird. Pro Reise kann man bis zu 30 verschiedene Kurse besuchen – von Aerobic bis Zumba, von Indoor-Cycling bis Rücken-Fit. Wer will, kann seine Muskeln an den neuesten Kraftgeräten stählen, auf dem Deck den Jogging-Track ausprobieren, aber auch Basketball oder Volleyball spielen. Ich entscheide mich für eine private Trainerstunde »Authentisches Yoga« mit dem indischen Meister Gurmeet. Schnell muss ich feststellen, ihn und mich trennen Welten – nicht nur kulturell. Vor allem in puncto Gelenkigkeit kann ich dem Meister nicht annähernd das Wasser reichen. Wie er die Füße hinter dem Kopf verschränkt, elegant den »Sonnengruß« ausführt – bewundernswert, aber nicht unbedingt meine Sache. Die »Powerplate« ist schon eher mein Fall: Einfach draufstellen und gut festhalten. Intensive Vibrationen dienen der Muskelbildung, sollen überflüssige Fettpölsterchen killen und sogar unschönen Cellulite-Dellen den Garaus machen. Was will man mehr?

Man bräuchte viel mehr Zeit! Auf See vergehen die Tage wie im Flug. Schon laufen wir Danzig an, das ich auf dem bequemen Segway-Roller während einer geführten Stadtbesichtigung erkunde. Ein fauler Nachmittag folgt und schon kommt die letzte Nacht. Sanft vom Meer in den Schlaf geschaukelt erreichen wir den Heimathafen Warnemünde. Beim Verlassen zeige ich zum letzten Mal meinen Bordausweis mit dem Foto vor, das am Anreisetag gemacht wurde. Ich hätte mich beinahe nicht wiedererkannt.

Erbe der Hanse

Die liebevoll restaurierten Bürgerhäuser und öffentlichen Gebäude erinnern an die goldenen Zeiten, als Danzig eine ebenso bedeutende wie wohlhabende Hansestadt war. Passagiere der AIDAsol können das heute zu Polen gehörende Gdansk an der Danzinger Bucht bei einer flotten Tour mit dem trendigen Segway-Roller erkunden.

Wellness-Oase mit Nebenwirkungen

Steckbrief AIDAsol
Reederei: AIDA Cruises
Indienststellung: 2011
Dimensionen: 71 304 BRZ, Länge: 253 Meter, Breite: 32,20 Meter
Decks: 14
Passagiere: max. 2194
Mannschaft: 609
Einsatzgebiet: Kanaren, Europa

Kabinen & Suiten
1097 (711 außen, 386 innen), davon 510 mit Balkon (34 Spa Balkonkabinen, 23 Suiten und Junior-Suiten). Größen: 14 bis 87 qm. Alle Kabinen verfügen über ein großes Doppelbett bzw. zwei Einzelbetten, Bad, Telefon, TV-Gerät mit einer Auswahl an eigenen sowie Satellitenprogrammen, Arbeitsplatz mit Laptop-Anschluss, Minibar, Haartrockner und eine individuell regulierbare Klimaanlage.

Restaurants & Bars
7 Restaurants, davon 4 Büfett-Restaurants ohne feste Sitzordnung und Tischzeit. Zwei Spezialitäten-Restaurants, teilweise gegen Zuzahlung, und das exzellente Gourmet-Restaurant »Rossini«. 11 Bars/Cafés und Lounges bieten den Passagieren eine große Auswahl an Speisen und 270 Getränke-Kreationen. Wein und Bier sowie viele alkoholfreie Getränke sind zu den Mahlzeiten inklusive. Auf Deck 10 gibt es ein »Brauhaus« mit urigem Biergarten und Großbildleinwand für Sportübertragungen. Wer mehr über den Gerstensaft wissen möchte, bucht ein Brauseminar beim Braumeister mit Kostproben des Gerstensafts (kostenpflichtig).

Wellness & Sport
2602 qm Thalasso-Spa »Body & Soul« in mediterranem Ambiente mit Wellness-Oase und Wintergarten (Tagespreis 20 Euro). Verwöhnt wird mit vielseitigen Wellness- und Beauty-Anwendungen der Produkte von Terraké, Thalgo, St. Barth, Couleur Caramel in 14 Behandlungskabinen mit Meerblick, 1 Wellness-Suite mit eigener Sauna, beheizbarem Wasserbett, Whirlpool und Balkon. Saunalandschaft mit Panoramascheiben, Friseur-Salon. Auf dem Pooldeck gibt es eine Wasserlandschaft mit zwei Becken und Whirlpools. Separater Kids-Club und -Pool. Großes Fitnesscenter mit Panoramablick, riesiges Kursangebot meist ohne Aufpreis. Spielfeld für Basket- und Volleyball, Jogging-Bahn, Golf-Abschlagplatz und Internet-Lounge.

Unterhaltung & Ausflüge
Video-Großleinwand auf dem Pooldeck mit Musik- und Filmvorführungen. Offenes »Theatrium« in der Mitte des Schiffes mit täglich wechselnden Shows vom bordeigenen Profi-Ensemble oder Gastauftritten prominenter Künstler. Casino, Disco, 4D-Kino (mit Aufpreis), Kunstgalerie. In jedem Hafen eine Auswahl an Ausflügen, darunter auch Golf-, Rad- und Squad-Touren.

Bordsprache & Dresscode
Bordsprache ist Deutsch. Tagsüber ist legere Freizeitbekleidung üblich. Abends kleidet man sich sportlich elegant.

Die AIDAsol ist das achte Schiff der AIDA-Flotte.

Fazit
Wer eine stilvolle, aber lockere Atmosphäre schätzt, keine festen Essenszeiten mag, Wellness, Sport und gute Unterhaltung liebt, ist hier richtig. Die Pools sind zwar nicht zum Schwimmen, sondern eher zum Relaxen geeignet. Doch man findet immer einen Platz, wo man sich die Meeresluft um die Nase wehen lassen kann.

Info & Buchung
AIDA Cruises,
Tel. 0381/20270722,
www.aida.de oder im Reisebüro

46 Happening der Headbanger

Bei Heavy-Metal-Kreuzfahrten werden elegante Oceanliner zu Musikbühnen.

Seit 2011 gibt es das jährliche Festival »70 000 Tons of Metal«. Dann bricht von Miami ein Schiff der Royal-Caribbean-Reederei, etwa die Liberty of the Seas, mit über 2000 Metal-Fans in Richtung Karibik auf und verwandelt sich in eine schwimmende Konzertbühne. Vier Tage lang wummern Bässe, jaulen Gitarren. Bis zu 60 Bands aus diversen Ländern übertönen Wind und Wellen. Passagiere genießen das Privileg, ihren Lieblingsbands ganz nahe zu sein und mit dem Passagepreis den Backstage-Pass gleich mitgekauft zu haben. Alle Einrichtungen, wie Restaurants, Spa, Fitnesscenter, Pool, sind auch beim Konzertmarathon verfügbar.

Liberty of the Seas
Zielgebiet: Karibik
Buchung: Royal Caribbean International, Tel. 08 00/724 03 45, www.royalcaribbean.de oder im Reisebüro

47 Kunst und Künstler an Bord

Bei AIDA Cruises wird das Schiff zu einem persönlichen Atelier und zur Galerie.

International anerkannte Künstler einmal persönlich kennenzulernen und ihnen bei ihrem Schaffen über die Schulter zu blicken ist im Allgemeinen nicht so leicht möglich. Mit dem Programm »Galeriekünstler Live« an Bord der AIDA-Flotte wird jedoch genau das umgesetzt. Dabei verwandeln Maler, Grafiker oder Bildhauer das Schiff in ihr Atelier und lassen ihrer Kreativität freien Raum. Mitreisende Gäste können den Entstehungsprozess hautnah miterleben und die Werke anschließend ersteigern. Begleitend gibt es Kunstvorträge, Talkrunden, Sonderausstellungen oder Gourmetabende mit künstlerischem Rahmen.

AIDA-Flotte
Zielgebiet: weltweit
Buchung: AIDA Cruises, Tel. 03 81/20 27 07 22, www.aida.de oder im Reisebüro

48 Einfach mal schnuppern!

Minikreuzfahrten sind sehr im Trend – etwa von Hamburg nach Southampton.

Oft auch als Schnupperkreuzfahrten bezeichnet, bieten zwei- bis viertägige Seereisen die Möglichkeit, das Leben an Bord eines Traumschiffs kennenzulernen und die eigene Hochseetauglichkeit zu testen. Auch wenn die Reisezeit viel kürzer ist, genießen Gäste natürlich genau denselben Komfort. Zahlreiche Restaurants, Casinos, Kinosäle und andere Aktivitäten laden z. B. auf den zwölf Decks der Queen Elizabeth dazu ein, puren Luxus zu erleben und eine wunderbare Zeit auf hoher See zu verbringen. Sie befährt u. a. die Strecke Hamburg–Southampton. Eine weitere beliebte Route für Kurzreisen ist Kiel–Oslo.

Queen Elizabeth
Zielgebiet: Europa, Karibik, Südsee
Buchung: Cunard Line, Tel. 0 40/41 53 35 55, www.cunard.de oder im Reisebüro

49 Cruisen bildet

Bei den »Expedition Wissen«-Kreuzfahrten der Hanseatic reisen Experten mit.

Was steckt hinter dem Aufstieg der Wirtschaftsmacht China? Wie funktioniert das politische und öffentliche Leben in Japan und Korea? Bei den »Expedition Wissen«-Kreuzfahrten der Hanseatic erhalten Passagiere im Austausch mit Experten interessante Einblicke in fremde Welten. Ihre Diskussionspartner und Vortragenden sind ehemalige Botschafter, Wirtschaftsbosse oder Politik-Fachleute. Studienreise-Charakter haben auch die Landausflüge. So steht in Honkong ein Mittagessen im China Club auf dem Programm, dem Treffpunkt für Kosmopoliten aus Wirtschaft, Kultur und Politik, sowie ein Besuch der Börse. In Shanghai geht es zu einer der weltweit größten Produktionsstätten des Volkswagen-Konzerns. Daneben bleibt Freiraum, die Hanseatic zu genießen, das einzige 5-Sterne-Expeditionsschiff. »Expedition Wissen«-Kreuzfahrten werden auch zu anderen Destinationen angeboten.

Hanseatic
Zielgebiete: weltweit, u.a. Arktis und Antarktis
Buchung: Hapag Lloyd Kreuzfahrten, Tel. 040/30703070, www.hl-cruises.de oder im Reisebüro

50 Maus & Meer

Die Disney Fantasy hält, was sie verspricht: eine Überdosis Donald Duck & Co.

Dürften alle Kinder bei der Wahl ihrer Kreuzfahrt ein Wörtchen mitreden, fiele die Entscheidung sicher auf die vier Disney-Schiffe. Auch das jüngste Flottenmitglied, die Disney Fantasy, ist ein schwimmendes Disneyland und erfüllt Kinderträume. Micky, Donald & Co. sind stets zum Knuddeln und Fotografieren bereit. Das Schiff mit 4000 Passagieren ist ganz auf die Bedürfnisse von Familien ausgerichtet. Erwachsene ohne Kinder sind entweder Disney-Fans oder nicht ganz bei Trost. Dem Comic-Kinder-Trubel ist nur schwer zu entkommen. Allerdings sind von den sechs Restaurants zwei nur Erwachsenen vorbehalten, ebenso zwei der vier Pools. Highlight für die Kinder ist die Wasserrutsche »AquaDuck«: 230 Meter lang, am höchsten Punkt befindet man sich 50 Meter über dem offenen Meer. Von Port Canaveral in Florida startet die Disney Fantasy zu einwöchigen Kreuzfahrten in die Karibik.

Disney Fantasy
Zielgebiete: östliche und westliche Karibik
Buchung: Disney Cruise Line, http://disneycruise.disney.go.com, www.dertour.de oder www.e-hoi.de

Im Kiel-wasser

N
W
O
S

Wie daheim – nur anders

Alle Menschen sind gleich? Von wegen! An Bord von Kreuzfahrtschiffen merkt man davon nämlich überhaupt nichts.

Text: Wolfgang Spielhagen   Illustration: Olaf Hajek

Kreuzfahrten haben die Menschen schon immer begeistert. Bereits am 27. November 1095 antwortete die Menge auf die Ankündigung der ersten Kreuzfahrt jubelnd: »Gott will es!« Der Eventmanager dieser ersten großen Tour, die man damals noch Kreuzzug nannte, hieß Otto von Lagery, wurde aber von aller Welt »der Städter« genannt, »Urban« also, und weil es zuvor schon einmal einen solchen gegeben hatte, heißt er bis heute Urban II., Papst seines Zeichens und als solcher eben auch Reiseveranstalter. Gleich die erste Destination, Jerusalem, war ein voller Erfolg und wurde in den folgenden hundert Jahren immer wieder massenhaft angesteuert.

Seitdem sind fast tausend Jahre vergangen und vieles hat sich geändert. Die Reiseziele findet man heute auf der ganzen Welt, allerdings gehört es nicht mehr zum Programm, sie gleich beim ersten Landgang in Schutt und Asche zu legen. Wozu auch? Man hat ja alle Zeit der Welt. Also immer schön mit der Ruhe.

Schon im Terminal der Reederei in Venedig beginnt das Schaulaufen der Nationen. Die Deutschen holen dort mit spitzbübischem Lächeln das letzte Wurstbrot aus dem Daypack und verdrücken es mit stillem Wohlbehagen, nicht ohne Gemeinsinn: »Willste mal abbeißen?« Dazu ein Thermoskannenkaffee, vermutlich daheim gebrüht. Die Italiener wiederum fühlen sich zu Hause, umringen lautstark die Panini-Limonata-Café-Bar, fuchteln mit angebrannten Foccacias herum und trinken sich Mut an. Die Briten behalten ihren Appetit vorerst noch bei sich und verleihen stattdessen ihrer Verwunderung sowohl über die Deutschen (»My goodness, what a bad style!«) als auch über die Italiener (»Heavens! How noisy!«) Ausdruck. Die Amerikaner machen – wie immer – einen guten Job als Weltbotschafter der Jogginganzug-Turnschuh-Industrie. Sie wären eigentlich auch gerne laut und ostentativ fröhlich. Aber sie sind hier eine Minderheit und überlassen das Feld kampflos den wild durcheinander diskutierenden Italienern. Die Amis gehen auch ansonsten auf Nummer sicher, krümeln mit eben noch eingeschweißten Keksen herum, trinken Wasser aus Plastikflaschen und ihre Rucksäcke tragen sie auf dem Bauch.

Allen Landratten ist eine gewisse Bangigkeit anzumerken. Allmählich dämmert ihnen, was es heißt, wenn über 3000 Erholung Suchende auf denselben Dampfer wollen – natürlich sofort und alle auf einmal. Die Befürchtungen sind jedoch völlig grundlos, irgendwann kommt jeder dran, im Nu ist man an Bord der MS Filigrana. Auf so einer Kreuzfahrt werden viele Wünsche befriedigt. Den Deutschen bedeuten die Landgänge alles, die Engländer genießen die Rituale an Bord mit dem ultimativen Höhepunkt Captain's Dinner. Die Amerikaner hoffen auf Nonstop-Entertainment und die Italiener hocken am liebsten zusammen, egal wo. Für alle und für jeden aber gilt: Für die beste Unterhaltung sorgen die Mitreisenden selbst.

Der allein reisende Herr in mittleren Jahren etwa stellt sich als unaufdringlicher, charmanter Plauderer und gut angezogener Zuhörer mit besten Ma-

Die Italiener

... fühlen sich an Bord wie zu Hause, fuchteln mit angebrannten Foccacias herum und trinken sich Mut an. Sie neigen zu Gruppenbildung, verstopfen Treppenaufgänge, Büfetts und Aufzüge und machen den Eindruck, in einer Großfamilie zu reisen – ob sie nun miteinander verwandt sind oder nicht.

nieren heraus. Das kommt besonders bei liierten Frauen gut an, weil die das von ihren Männern nicht gewöhnt sind. Wie alle Mauerblümchen wird er zum Dinner vom Mâitre d'Hotel dorthin platziert, wo an einem der runden Sechser- oder Achtertische ein Einzelplatz gefüllt werden muss. – Nur wenn eine Dame sein Mitleid erregt, kann sie ihn am späteren Abend als Tanzpartner gewinnen. Viel lieber schaut er allerdings um diese Zeit ins schäumende Heckwasser des Schiffes. Noch lieber wäre ihm ein tiefer Blick aus den Augen des Commis Sommelier. Auch wenn es mit dem jungen Mann nicht zum Äußersten kommen sollte, dieses Wölkchen unerfüllter Sehnsucht um die Nase steht unserem Herrn bestens.

Die Amerikaner

... machen wie überall auf der Welt einen guten Job als Weltbotschafter der Jogginganzug-Turnschuh-Industrie. Mit den obligatorischen Wasserflaschen in der Hand und dem Rucksack vor dem Bauch demonstrieren sie eindrucksvoll, dass eine Kreuzfahrt eine Art gehobener Pfadfinderausflug ist.

Und dann sind da die »unklaren Massen«. Denen ist jeder schon begegnet, wenn er im städtischen Hallenbad einige Bahnen für die Gesundheit ziehen wollte. Im 50-Meter-Becken paddeln sie entweder stationär auf der halben Distanz oder sie genießen die Randlage an den Wendemarken. Immer haben sie etwas Wichtiges zu bereden und immer sind sie einem im Weg. Auf einem Kreuzfahrtschiff trifft man die unklaren Massen vorzugsweise auf jenem Freideck, auf dem sich auch der Jogging-Parcours befindet. Das Unklare an ihnen bezieht sich vor allem auf die Frage, was sie dazu bewegt, ihren neuen Bekannten ausgerechnet hier die Fotos der letzten Kreuzfahrt zu zeigen.

Die Trophäenjägerin reist allein. Sie sieht gut aus, und damit das auch der Letzte bemerkt, feuert sie pausenlos optische Breitseiten: Tönung, Frisur, Make-up, Klamotten, ergänzt durch eine ausgefeilte Choreografie zwischen Luxus, Kälte und Verruchtheit. Mit diesem Programm hält sie alle auf Distanz, die ihr langweilig werden könnten. Hat sie einen Kerl entdeckt, den sie entern will – gern gut situierte Ehemänner in Begleitung ihrer Gattin, am liebsten jedoch den Ersten Offizier, falls der Kapitän gerade nicht zu haben sein sollte – lässt sie Taschentücher fallen, knickt um und lässt ständig ihr Feuerzeug liegen. Kaum zu glauben, dass diese Mischung aus augenklapperndem Hilflosigkeitsbärchen, verschlagenem Vamp und Queen Elizabeth immer noch funktioniert! Nicht zu fassen, dass da eine alle Klischees grell überzeichnet und bedenkenlos einsetzt, als gälten die Gesetze der Peinlichkeit nicht für sie. Sie steht unter scharfer Beobachtung der mitreisenden Damen, fängt anfangs hämische Blicke ein, am Ende das große Zähneknirschen.

Die sieben trinkfreudigen Incentive-Damen aus Paderborn sieht man meist gemeinsam, ob beim Abendessen im Restaurant Mobby Dick oder in der Polo-Bar im Atrium auf Deck 3, wo sie allabendlich die roten Ledersessel kreisförmig zusammenrücken. Die glorreichen Sieben haben wohl irgendetwas besonders gut verkauft und als Belohnung ist ihnen eine Woche Kreuzfahrt verheißen worden. Und da sind sie nun. Nummer eins bis Nummer sieben, einander in mühsam gezügelter Stutenbissigkeit auf der abendlichen Gin-Tonic-Ebene verbunden. Hauptsache easy!

Die professionellen Landgänger haben sich bereits am Vortag durch die Sehenswürdigkeiten geschmökert: nette, noch nicht ganz alte Paare, die vor dem Ausflug bereits zum Frühstück die praktische Safariweste tragen – eingespielte Teams mit genauer Aufgabenverteilung. Sie trägt ihm das Fotostativ, er sorgt bei Tisch für Aufklärung: »Nein, bitte keinen Zucker! Meine Frau nimmt nur Süßstoff.«

Bei guten Sprachkenntnissen kann man gewiss das Geheimnis jener italienischen Zusammenballungen enträtseln, welche, ganz ähnlich den »unklaren Massen«, gern Treppen und Poolzugänge verstopfen, Büfetts abschirmen und auf den Sonnendecks ihre undurchdringlichen Heerlager aufschlagen. Von der jung gebliebenen Großmutter bis zum quengelnden Vorschulkind, vom adoleszierenden Gel-Giovanni bis zur gutgefüllten Legging-Mama, von den iPod-verstöpselten Teenies in mehr oder weniger zarter Jugendblüte bis zum stämmigen Capo mit Pilotenbrille und Kapitänsmütze aus dem Bord-Shop auf dem Alexandria-Deck. Großfamilie? Sekte? Ziemlich beste Nachbarn? Man wüsste gern Näheres.

All diese Typen und noch viel mehr werden in den nächsten Tagen immer wieder in der einen oder anderen Konstellation aufeinandertreffen. Die meisten Gesichter, Gesten und Stimmen bilden den großen Hintergrund, doch einige wenige hebt das Schicksal aus der lebenden Fototapete heraus, und dieses Schicksal hat einen Namen: Oberkellner. Der nämlich ist Herr der Dinner-Sitzordnung. König Kunde darf sich wundern und hat mehrere Abende Zeit, die geheimen Gesetze der Platzierungen zu ergründen.

Man sollte also einfach Platz nehmen, denn dieser erste Augenblick im Angesicht wildfremder Menschen ist ja nicht das Ende der Geschichte. Lächeln, zuhören und erzählen heißt das Gebot der Stunde. Gebhardts denken nach vorn, würden gern schneller bedient werden, weil sie vor der Show im Schiffstheater in der Lobby noch einen Espresso trinken wollen. Und morgen Pompeji – ganz wunderbar! Mister und Mistress Hinkley aus Deal, Kent, England, werden nach dem Dinner einen Deckspaziergang unternehmen, später dann »for a night cap (or two)« an der Bar vorbeischauen. Und morgen, wenn die Deutschen begeistert zwischen alten Steinen schwitzen, werden sie einen gepflegten Lunch im Spezialitätenrestaurant und danach die Ruhe an Bord genießen. Hanna und Julia, die beiden sehr jungen Damen, die heilfroh sind, an einem anderen Tisch zu sitzen als ihre Eltern, werden ab elf in der Vulcania-Disco zu finden sein. Und dann wäre da noch die geheimnisvolle Frau Kroll, von der man zu gern wüsste, warum sie sich für etwas Besseres hält als der Rest der Welt.

Die Landgang-Profis

... meist Silversurfer, tragen bereits zum Frühstück die praktische Safariweste. Natürlich haben sie am Vorabend den Destinationsvortrag aufmerksam verfolgt und treiben die Mitpassagiere mit ihren altklugen »Ich weiß was!«-Einwürfen in den Wahnsinn.

An einem der Nebentische eine der bordüblichen italienischen Zusammenballung, an einem anderen die glorreichen Sieben aus Paderborn. Von den Italienern hört man erstaunlicherweise wenig, wahrscheinlich weil sie sich kennen und das Wichtigste schon gesagt ist. Von den Paderbornern wiederum schallt es mit fortschreitendem Abend zunehmend

Die Trophäenjägerin

... will mit der gefährlichen Kombination aus Unnahbarkeit und Verruchtheit gutsituierte Gatten entern. Leider sieht sie super aus, was ihre Sympathiewerte bei den Ehefrauen nicht unbedingt in die Höhe schnellen lässt. ... Der allein reisende Herr, meist ein charmanter, eleganter Plauderer, steht wiederum eher auf liierte Frauen.

rotwangig herüber. Witze, Späßchen, Spitzen und Mätzchen am laufenden Band, und über die des Vertriebsleiters wird am lautesten geprustet. So viel Heiterkeit! Wenn das mal gut geht. Die Italiener gucken irritiert zu den gackernden Ladys hinüber. Irgendwie ist das nicht ihre Art von Fröhlichkeit.

Beim Frühstück am nächsten Morgen bietet sich die Gelegenheit, sich in anderen Konfigurationen zu paaren und zu scharen, als es das Management für das Abendessen vorgesehen hat: freie Platzwahl. Wie auch immer: Will man selbst Herr der Lage bleiben, sollte man sich früh einfinden, denn wenn erst einmal die unklaren Massen und die berüchtigten italienischen Zusammenballungen auftauchen, ist es Zeit, das Frühstück zu beenden und den Rest des Tages in Angriff zu nehmen.

Und noch ein kleiner Tipp: Will man jene Mitreisenden entdecken, auf die man sich auch in schwerer See verlassen kann, muss man sich an jene Orte begeben, an denen sich die Geister scheiden. Der Landgang in Valetta, Malta, ist für eine solche Prüfung eine gute Gelegenheit. Besonders wenn gleichzeitig vier oder fünf Kreuzfahrtriesen im Hafen liegen und 12 000 bis 15 000 Landgänger durch die Gassen der Altstadt geschleust werden, sind Gelassenheit, Nervenstärke und Teamfähigkeit gefragt. Im Kampfgetümmel der Passagierscharen wächst hier der Gemeinsinnige über den Egoisten hinaus. So lernt man sich kennen und schätzen. Irgendwie keimt das Bedürfnis auf, aus der Gruppe auszubüxen und sich auf eigene Faust auf den Weg zu machen. Am Abend sind ja sowieso alle wieder beieinander.

Und gerade dann, wenn man sich ein Bild gemacht hat, wird das letzte Abendmahl aufgetragen, elegant gekleidete Menschen, Torten mit Wunderkerzen zu erhabenen Klängen. Von Dubrovnik aus geht es nordwärts in die Nacht hinein. Jetzt einen draufmachen und durchfeiern, bis Venedig im Frühgrau vor dem Bug auftaucht – ja, das wär's. Ist aber leider nicht drin. Stattdessen müssen bis 23 Uhr die gepackten Koffer auf dem Kabinengang stehen, mit ausgefüllten Gepäckzetteln, versteht sich. Die Heimreise hat schon begonnen, hoffentlich geht der Flug von Venedig pünktlich ab. Hat man auch alle Adressen ausgetauscht? Nein, hat man nicht – das tun nur die Ahnungslosen. Die anderen wissen: Schön war's! Aber nun beginnt etwas Neues. Eigentlich ja das Alte, Vertraute, Wohlbekannte. Und das ist gut so.

Meergiganten und Seefahrer

Text: Birgit Chlupacek

»Wer an der Küste bleibt, kann keine neuen Ozeane entdecken«, soll der Portugiese Ferdinand Magellan gesagt haben. Er brach 1519 zu einer Weltumseglung auf. Sein Ziel: neue Seewege für den Handel zu finden. Seine Besatzung: höchstens 60 Mann. Heute stechen große Schiffe zum Vergnügen in See. Ihre Ziele: ferne Landstriche und Metropolen, wilde Küsten und quirlige Häfen. Ihre »Besatzung«: Tausende von Menschen. Taucht solch ein Gigant auf, verändert sich die Welt für einen Moment dramatisch. Dimensionen geraten ins Wanken. Farben und Formen fordern die Fantasie heraus. Und der Horizont? Wird weiter, immer weiter.

S. 144/145: Wer bestaunt hier wen? Mit dem Kreuzfahrtschiff in die Lagunenstadt Venedig einzulaufen und die Stadt der 1000 Kanäle aus der ungewöhnlichen Perspektive von schräg oben zu sehen, ist unbestritten ein Erlebnis. Per Schiff am Markusplatz vorbeizuziehen, ist allerdings nicht mehr möglich. Aus Rücksicht auf das fragile Fundament, die Holzpfähle, wird nun ein alternativer Fahrweg gewählt.

S. 146/147: Der Geirangerfjord und die Wasserfälle »Seven Sisters« zählen zu den spektakulärsten Naturkulissen der Welt. Das Meer greift hier tief in Norwegens Küste und bildet einen einzigartigen Wasserweg, über dessen Dimension sich mancher erst beim Aufkreuzen eines Schiffs gewahr wird.

S. 148: Das Windjammertreffen »Sail«, das 1975 erstmals zum 700. Stadtjubiläum von Amsterdam stattfand, lockt alle fünf Jahre

Tausende von Liebhabern der schmucken Großsegler in Hollands Hauptstadt. Neben der »Sail« in Bremerhaven ist dieses Fest eines der größten Treffen von Segelschiffen in der Welt.

S. 149: Für den rund sechs Kilometer langen Kanal von Korinth durchgrub man die Landenge an ihrer schmalsten Stelle. Die Idee, deren überlieferter Anfang dem griechischen Tyrannen Periander von Korinth zugeschrieben wird, liegt gut 2600 Jahre zurück. Allerdings hat Periander nie einen Bauversuch gewagt. Stattdessen bot im 6. und 5. Jahrhundert v. Chr. ein Schiffskarrenweg eine Alternative zur Umschiffung der Halbinsel.

S. 150/151: Wer abends von New Jersey Richtung Osten über den Hudson River blickt, erlebt eine unendliche Flut an Lichtern. Der New York Harbor umfasst den Naturhafen an der Mündung des Hudson, sieben derzeit genutzte und einige historische Hafenanlagen. Er dient sowohl als internationaler Tiefsee- und über den Hudson auch als Binnenhafen für den Nordosten der USA und den Osten Kanadas.

S. 152 und 153: Der mit Stahlplatten verstärkte Rumpf des Kreuzfahrtschiffs ist für die Berührung mit Wasser – auch im gefrorenen Zustand – gewappnet. Die in die kalten Reviere der Arktis oder Antarktis fahrenden Schiffe sind oft für die Expedition umgebaute Eisbrecher, die auch eine Fahrt durch Packeisschollen bis zu einem bestimmten Grad verkraften.

S. 154 und 155: Die Ästhetik großer Schiffe fasziniert nicht nur deren Gäste. Wer schwimmende Hotels entwirft, braucht ein besonderes Gespür für künftige Trends. Wovon sich die Architekten inspirieren lassen, bleibt manchmal das große Geheimnis. Dementsprechend bieten einige Kreuzfahrtschiffe einen ungewöhnlichen Anblick. Fotografen und Fotokünstler lieben die plakativen Details und abstrakten Linien.

EGITTO EXPRESS

Allianz

Die Multi-Tasking-Frau

Auf der Majesty of the Seas hören alle auf das Kommando von Karin Stahre Janson. Die Schwedin gehört zu den wenigen Kapitäninnen auf den Weltmeeren.

Es war Sommer und sie war 19... So beginnen viele Liebesgeschichten, auch die von Karin Stahre Janson. Doch das Objekt der Begierde war kein gut aussehender Jüngling, sondern ein alter Kahn – genauer gesagt: ein Öltanker, auf dem die Schwedin in den Ferien als Matrosin angeheuert hatte. Nach sechs Wochen Deck schrubben, Rost abkratzen und Maschinen ölen stand für die patente junge Frau fest: Ich will zur See fahren und Karriere machen.

Eine Frau, ein Wille, ein Weg: Heute ist Karin Stahre Janson Kapitänin des 2500-Passagiere-Kreuzfahrtschiffs Serenade of the Seas. Zuvor hatte sie das Kommando auf der Monarch of the Seas, beide Schiffe der Royal Caribbean Reederei. Damit ist sie eine der wenigen Frauen in der Seefahrt weltweit, die auf der Brücke das oberste Kommando haben. Im Vergleich zu ihrer langjährigen Tätigkeit auf Frachtschiffen weiß die Schwedin die Vorteile eines Kreuzfahrtschiffs sehr wohl zu schätzen. »Auf einem Frachtschiff sind vielleicht 15 bis 20 Crewmembers beschäftigt, auf einem großen Passagierschiff dagegen 800 und mehr. Sie kommen aus unzähligen Nationen, aus den unterschiedlichsten Kulturkreisen, sie sprechen viele Sprachen«, so Karin Stahre Janson. »Dazu kommt der Kontakt zu den Passagieren. Ich finde den geselligen Teil meines Jobs sehr inspirierend.«

Die Reaktionen von Seeleuten und Passagieren auf Captain Karin sind positiv bis überschwänglich. Der Tenor unter den Kollegen lautet: Höchste Zeit, dass einmal eine Frau das Kommando übernimmt. Doch die Zeit dafür musste erst reifen. Früher war es weniger ein emanzipatorisches als ein muskuläres Problem, das Frauen vom höchsten Amt auf einem Schiff abhielt: Denn die Schifffahrt war mit ungleich mehr körperlicher Schwerstarbeit verbunden und allein aus diesem Grund stark männerdominiert. Die Passagiere sind durch die Bank davon angetan, ihr Wohlergehen an Bord in den zarten Händen einer starken Frau zu wissen. Der Zuspruch bei den Begrüßungsabenden ist jedenfalls immer überwältigend, da könnte so mancher Kapitän vor Neid erblassen. Kürzlich hat eine ältere Dame Captain Karin in die Wange gekniffen und ihr versichert, wie glücklich sie darüber sei, so etwas erleben zu dürfem.

Von der Deck-Schrubberin zur Kapitänin: Für die Schwedin Karin Stahre Janson ist ein Karrieretraum wahr geworden.

Die Stärken einer Frau – Multi-Tasking, schneller Überblick der Gesamtlage und das Mehr an Mitgefühl – sind auch auf der Brücke eines riesigen Passagierschiffs überaus wertvoll. Stieß sie als Frau in der rauen Seefahrer-Männerwelt jemals auf Widerstand oder Kritik? »Zu 99 Prozent meiner beruflichen Laufbahn wurde ich behandelt wie die Jungs«, meint sie. »Ich erinnere mich an einen mürrischen alten Seemann, der mir sagte, dieser Job sei nichts für ein Mädchen. Ich solle nach Hause gehen, heiraten und Kinder bekommen. Das ging zum einen Ohre rein, zum anderen wieder raus.«

Saubere Sache

Geringerer Treibstoffverbrauch, abgasarme Motoren – die Kreuzfahrtschiffe schwimmen auf grünem Kurs.

Bei keinem Schiffstyp sind die Umweltstandards so hoch wie bei Kreuzfahrtschiffen. Abwässer werden aufbereitet und Müll wird getrennt. Energiesparmaßnahmen, effizientere Motoren und bessere Treibstoffe sorgen dafür, dass die Abgase immer sauberer werden. Nachhaltigkeit ist wichtiger denn je und die Fortschritte sind beeindruckend.

Seit 2015 werden vor allem die gesundheitsschädlichen Schwefeloxide deutlich reduziert. Das derzeit auf hoher See verbrauchte Schweröl enthält bis zu 3,5 Prozent Schwefel, bis 2020 sollen es nur noch 0,5 Prozent sein. In Häfen gilt ein Schwefel-Grenzwert von 0,1 Prozent, der seit 2015 auch für die gesamte Nord- und Ostsee vorgeschrieben ist. Faktisch fahren Kreuzfahrtschiffe hier mit schadstoffärmerem, aber auch deutlich teurerem Marine Diesel Oil.

Umweltschutz ist bei Schiffen eine langfristige Zielsetzung, die seit vielen Jahren sukzessive verwirklicht wird. AIDA weist darauf hin, dass der Treibstoffverbrauch in den letzten fünf Jahren um 18,1 Prozent reduziert wurde. Und die neueren Schiffe der Solstice Class von Celebrity Cruises sollen rund 30 Prozent energieeffizienter sein als vergleichbare Schiffe.

Erreicht werden solche Einsparungen zum Beispiel durch den Einsatz von Solartechnik, die Isolierung der Fenster, energiesparende LED-Lampen, eine Spezialbeschichtung des Rumpfs, durch Optimierungen der Schiffsschrauben, Wärmeenergie-Rückgewinnung, kürzere Fahrtstrecken und reduzierte Geschwindigkeiten. Für die Schiffe der Zukunft werden stets neue Technologien entwickelt: Abgasreinigungssysteme reduzieren den Schwefelanteil im Abgas von Schweröl um bis zu 99 Prozent und filtern 30 bis 60 Prozent des Feinstaubs heraus. Katalysatoren entfernen große Teile der Stickoxide aus Marinedieselabgasen. Viele Reedereien würden es begrüßen, wenn ihre Schiffe die Generatoren am Kai abschalten könnten. Aber leider bietet kaum ein Hafen Landstrom an.

Müll wird getrennt, Abwässer werden aufbereitet – die Umweltstandards sind schon heute sehr hoch.

Um hartnäckige Kreuzfahrt-Vorurteile abzubauen hilft nur eines: selber ausprobieren und sich überraschen lassen.

Frischer Wind auf hoher See

Luxus, Langeweile, Leberschaden – Kreuzfahrtreisen sind mit einem Bündel scheinbar unausrottbarer Vorurteile belastet. Höchste Zeit, damit aufzuräumen.

»Kreuzfahrten sind was für Rentner«

Die Schiffe mit überwiegendem Senioren-Publikum sind längst in der Minderzahl. Je moderner und größer das Schiff, desto jünger sind die Reisenden. In Ferienzeiten und auf kürzeren Routen sind mehr jüngere Menschen und Familien an Bord als auf langen Strecken in der Nebensaison.

»Auf Kreuzfahrtschiffen geht es furchtbar steif zu«

Auf zahlreichen Kreuzfahrtschiffen aller Preisklassen herrscht heutzutage eine sehr legere Atmosphäre. Schiffe mit sehr formeller Etikette kann man durchaus meiden.

»Je größer ein Schiff, desto schlimmer die Massenaufläufe«

Gerade die neuen Megaschiffe wie die Harmony of the Seas oder die Norwegian Escape bieten eine enorme Vielfalt, die sich auf mehrere Schiffsbereiche verteilt. Die Passagiere konzentrieren sich nie an einem Ort, Schlangestehen ist ein Fremdwort.

»Auf den großen Schiffen merkt man nicht mehr, dass man auf See ist«

Die Größe des Schiffs hat damit wenig zu tun. Vielmehr ist die Schiffsarchitektur entscheidend, wie viel Nähe und Gefühl der Passagier zum Meer gewinnt.

»Eine Kreuzfahrt ist nur was für Reiche«

Wie bei jeder Art des Reisens gibt es auch bei Kreuzfahrten die Luxus-Varianten, für die man pro Person 6000 Euro und mehr hinlegt. Die meisten Angebote bewegen sich aber auf einem attraktiven Preisniveau, weil bei einer Kreuzfahrt Vollpension und Unterhaltungsprogramm stets inbegriffen sind.

»Auf einer Kreuzfahrt wird man durch die Nebenkosten abgezockt«

Aus schwer erklärlichen Gründen erwarten manche Passagiere, dass auf einem Schiff alles inklusive ist. Doch auch bei jedem Urlaub an Land fallen Nebenkosten an, die als ganz normal betrachtet werden: Ausflüge, Trinkgelder, Getränke.

»Die Schiffe liegen viel zu kurze Zeit im Hafen«

Eine Kreuzfahrt ist vergleichbar mit einer Rundreise an Land: Zum intensiven Erleben einer bestimmten Destination, ihren Menschen und Kulturen wäre ein zweiwöchiger Landurlaub besser geeignet. Der Reiz einer Kreuzfahrt liegt gerade darin, dass man auf einer Reise mehrere Ziele kennenlernt, kombiniert mit dem Komfort, nicht ständig den Koffer ein- und auszupacken.

Tanzen, nicht turteln

Bei Damenüberschuss an Bord ist der Gentlemen Host mit Charme und Cha-Cha-Cha zur Stelle.

Sie sind gepflegt und gut gekleidet, beherrschen Walzer und Rumba, schenken aufmerksam Wein nach und tragen bei der Shoppingtour die Einkaufstaschen, stellen Kontakte zu Mitpassagieren her, sind kultiviert und brillieren als spritzige Unterhalter. Die gute Nachricht: Solche Prachtexemplare gibt es wirklich. Die schlechte: Diese Männer scheiden als potenzielle Liebhaber, Lebensabschnittsgefährten oder Ehepartner aus. Als Gentlemen Hosts – zu Deutsch: Eintänzer – haben sie an Bord die Aufgabe, allein reisende Damen nach allen Regeln der Kavalierskunst zu unterhalten, zu verwöhnen und zu bespaßen. Vor der Kabinentür ist allerdings Schluss. Intime Kontakte zu den Passagieren sind den Charmebolzen streng untersagt und führen zur fristlosen Kündigung.

Viele Reedereien beschäftigen einen oder mehrere Gentlemen Hosts auf ihren Luxusschiffen, darunter so prominente Ozeanriesen wie die Queen Mary 2, die Queen Elizabeth 2 oder die Queen Victoria der Cunard Reederei. Auch auf der Deutschland, dem ehemaligen »Traumschiff« der Reederei Deilmann reisten mehrere distinguierte Herren mit, die sich um die gute Laune und das richtige Rhythmusgefühl der Damen kümmerten. Gentlemen Hosts sind keine getarnten Passagiere, sondern werden zu Beginn der Kreuzfahrt, meist beim Singletreff, in ihrer Funktion vom Cruise Director vorgestellt.

Wer auf einem Kreuzfahrtschiff Eintänzer werden will, muss ein regelrechtes Casting über sich ergehen lassen. In der Regel sind es pensionierte Herren aus angesehenen Berufen, die für den Job des Gentlemen Host infrage kommen. Der Andrang der Kandidaten ist groß, die Auflagen sind aber streng: Sie müssen nachweislich ledig sein, dürfen nicht rauchen und nur maßvoll trinken. Nicht nur sexuelle Kontakte sind untersagt. Auch die Wahl der Tanzpartnerinnen darf keine persönlichen Vorlieben erkennen lassen. Vielmehr muss der Eintänzer seine Gunst auf möglichst viele Lonely Hearts verteilen. Gute Manieren und stets tadelloses Verhalten werden sowieso vorausgesetzt. Die Vergütung rangiert zwischen null und bescheiden. Jedoch sind An- und Abreise, Kost und Logis sowie Reinigung der Wäsche frei. Wo aber bleibt die Gleichberechtigung? Wo ist die attraktive Lady Host? Leider Fehlanzeige. Doch den stets in Unterzahl reisenden männlichen Passagieren sei versichert: Die bei den Gentlemen Hosts abgeblitzten oder mit ungenügend Aufmerksamkeit bedachten Damen suchen bestimmt Trost.

Darf ich bitten? Gentlemen Hosts sorgen bei allein reisenden Damen für Schwung und gute Laune.

Premiere: Taufpatin der Allure of the Seas war erstmals eine Animationsfigur, Fiona aus den Shrek-Filmen.

Männer meist unerwünscht

Schiffstaufen sind heute gesellschaftliche Großereignisse, für die Reeder gerne tief in die Tasche greifen – und wo auch mal Plattdeutsch gesprochen wird.

Und ich taufe dich auf den Namen ...« Taufzeremonien von Passagierschiffen werden nicht nur in der Vita des schwimmenden Täuflings vermerkt, sondern sind auch Thema in der People-Presse und in den Boulevard-Fernsehsendungen. Die Formel: je prominenter die Taufpatin und je hochkarätiger die Taufgesellschaft, desto größer das Publicity-Echo. Weshalb die Reedereien gerne Topmodels, Popstars oder Schauspielerinnen für den Job anheuern. Dass es sich hierbei um Frauen handelt, ist sehr wichtig, da ein Mann dem Aberglauben nach als Taufpate Unglück bringen würde. Einmal durfte ein deutscher Kaiser, Wilhelm II., ein Schiff auf den Namen »Imperator« taufen; später wurde dem Bundespräsidenten Richard von Weizsäcker diese Ehre zuteil, der bei der Deutschland als Taufpate vermerkt war.

Auch Mitglieder der Königshäuser lassen sich gerne als Patinnen einspannen. So adelte Königin Elizabeth II. die Taufe der Queen Mary 2 durch ihren tatkräftigen Beistand, während die niederländische Prinzessin Maxima das Holland America Schiff Nieuw Amsterdam taufte. Bei der Feier von Mein Schiff 1 durfte Kabarettistin Ina Müller ran, die den Taufspruch auf Plattdeutsch sagte: »...un jümmers een Handbreed Woter ünnern Kiel. Ik dööp di up denn Nomen Mein Schiff.« Ein Novum gab's bei der Allure of the Seas, die von Animationsfigur Fiona aus dem Film »Shrek« getauft wurde – naheliegend, denn auf dem zweitgrößten Kreuzfahrtschiff der Welt sind die »Dreamworks«-Figuren allgegenwärtig. Sophia Loren tauft seit Jahren die Schiffe der MSC Reederei (siehe auch S. 109). Ein Neuzugang trägt sogar den Beinamen der »göttlichen« italienischen Filmdiva: Divina.

Schiffstaufen haben eine lange Tradition. Auf einem Holzschnitt, der 1486 in Mainz gedruckt wurde, heißt es: » … dann wird gleich ohn Verzug die Tauffe vorgenommen, damit dies schnelle Schiff im Meere glücklich sey«. Auch die Schiffe der englischen und spanischen Armada wurden dem Ritual unterzogen, um die Götter milde zu stimmen. Bei den alten Griechen und Römern waren Schiffstaufen meist mit Menschen- oder Tieropfern verbunden. In Island ließen die Wikingerhäuptlinge bisweilen gar Menschen zwischen den Stapellaufbalken und den Großbooten zerquetschen. Heutzutage muss lediglich eine von zarter Frauenhand in Bewegung gebrachte Champagnerflasche dran glauben.

Schiffstaufen geraten nicht selten zu promi-lastigen Mega-Events, die Tausende Zuschauer anlocken.

Disney DREAM

Endstation Ehehafen

Heiraten auf hoher See: klingt traumhaft, doch es gilt hohe bürokratische Hürden zu umschiffen.

Auch auf den Weltmeeren bleibt heiratswilligen Paaren der lästige Papierkram nicht erspart.

Gibt es etwas Romantischeres, als auf hoher See zu heiraten, mit dem Kapitän als Standesbeamten, und dann den Brautstrauß bei Sonnenuntergang ins Kielwasser zu werfen? In Wirklichkeit ist es nicht einfach, auf einem Kreuzfahrtschiff rechtskräftig zu heiraten. Entgegen der landläufigen Meinung darf ein Kapitän keine Trauungen durchführen – von Ausnahmen abgesehen. Natürlich kann sich ein Paar vor dem Kapitän jederzeit das Ja-Wort geben – nur juristisch hat das keine Wirkung, der Weg zum Standesamt bleibt unverzichtbar. Eine Hochzeit, bei der das Paar rechtskräftig verheiratet wird, ist nur auf Kreuzfahrtschiffen möglich, die unter der Flagge von Malta, der Bahamas und der Bermudas fahren. Die Eheschließung dort wird von den deutschen Behörden anerkannt, wenn man den nötigen Papierkram erledigt oder vom Hochzeitsplaner der Reederei erledigen lässt.

Unter maltesischer Flagge heiraten Passagiere bei TUI Cruises, Celebrity Cruises und Azamara Club Cruise, die Flagge der Bermudas weht bei Princess Cruises, Cunard Line und P&O Cruises, die der Bahamas bei von Norwegian Cruise Line und Royal Caribbean. Paare, die standesamtlich bereits verheiratet sind, können auf einem Kreuzfahrtschiff kirchlich heiraten, wenn die Formalitäten mit der Kirche geklärt sind und bei Katholiken der Pfarrer der Heimatgemeinde zustimmt.

Sehr beliebt und spontan möglich ist die Erneuerung des Eheversprechens auf Schiffen, etwa zu einem besonderen Hochzeitstag.

Nebenkosten mit Beigeschmack

Mit dem Thema Nebenkosten und Trinkgelder sollte man sich schon vor der Reise befassen, um an Bord keine unliebsamen Überraschungen zu erleben – es sei denn, man wählt ein Schiff mit »all inclusive«-Konzept.

Essen und Trinken

Je nach Reederei sind Getränke separat zu bezahlen, teils sind Getränke zu den Mahlzeiten inklusive. Wo Getränke extra kosten, muss man für eine Cola mit 2 bis 3 Euro rechnen, ein Bier kostet zwischen 3 und 5 Euro, ein Glas Wein mindestens 4 Euro. Fast immer werden zusätzlich 15 Prozent Servicegebühr aufgeschlagen. Das Essen im Hauptrestaurant sowie am Büfett ist im Reisepreis inklusive, für besondere Restaurants vom brasilianischen Steakhaus über den Edelitaliener bis zur Sushi-Bar werden meistens Aufpreise verlangt, die zwischen 5 und 35 Euro liegen, bei besonders exquisiten Restaurants auch mal deutlich mehr.

Trinkgelder

An Trinkgeldern fallen je nach Reederei zwischen 5 und 10 Euro pro Tag und Person an, die sich auf Kabinensteward und Restaurant-Personal verteilen. Manche Reedereien erheben Trinkgelder verpflichtend, andere stellen es dem Passagier frei oder geben eine ausdrückliche Empfehlung über die Trinkgeldhöhe, und auf manchen Schiffen sind Trinkgelder auch schon im Reisepreis enthalten. Fast immer gibt es die Möglichkeit, das als verbindlich geltende Basis-Trinkgeld direkt vom Bordkonto abbuchen zu lassen. Trinkgelder an der Bar, im Spa und auf Landausflügen kommen separat hinzu.

Internet und Telefon

Internet-Nutzer müssen sich auf Frustschübe einstellen. Die Satelliten-Verbindung ist mit – je nach Reederei – 8 bis 90 Euro-Cent pro Minute meist nicht nur teuer, sondern auch langsam. Sehr teuer ist auch das Telefonieren auf hoher See, da alle Gespräche zwangsläufig über Satelliten-Verbindungen laufen.

Sport und Wellness

Richtig ins Geld gehen die Angebote im Spa. Ist die Saunabenutzung nicht – wie auf einigen Schiffen – inklusive, schlägt selbst das gleich mal mit 25 Euro zu Buche, eine 60-Minuten-Massage ist selten unter 80 Euro zu bekommen, plus Trinkgeld. Die Benutzung der Geräte im Fitnessstudio – oft mit grandiosem Ausblick aufs Meer – ist dagegen gratis.

Hier ein Gläschen, da eine Massage, dort ein Ausflug – die Nebenkosten einer Kreuzfahrt können ins Geld gehen.

Landausflüge

Bei Landausflügen hat der Passagier die Wahl: Landgang auf eigene Faust oder Ausflug bei der Reederei buchen. Letzteres ist vor allem bequem, hat aber auch seinen Preis: Zwischen 25 und 300 Euro muss man je nach Dauer und Exklusivität des Ausflugs einplanen.

Das große Schiff-Schaukeln

Ruhig Blut: Auf den meisten Kreuzfahrtschiffen gleichen Stabilisatoren auch hohen Wellengang aus.

Die Angst vor Seekrankheit verdirbt vielen Menschen die Lust auf eine Kreuzfahrt. Dabei genügen oft einfache Maßnahmen, um der Übelkeit beizukommen oder sie zu vermeiden.

Ein Trost vorab: Selbst erfahrene Seebären sind vor Seekrankheit nicht sicher. Vielen Menschen macht ein wenig Seegang gar nichts aus, und die meisten Kreuzfahrten verlaufen ohnehin ruhig – wenn sie nicht gerade über den stürmischen Atlantik führen. Manche Menschen reagieren empfindlich auf kleine, kurze Bewegungen, andere eher auf lange Rollbewegungen. Wer sichergehen will, bucht eine Kabine mittschiffs auf einem unteren Deck – dort schwankt es am wenigsten. Innenkabinen sollte man nach Möglichkeit meiden, denn auch der stabilisierende Blick zum Horizont kann helfen.

Zur Vorbeugung reichen die Ratschläge von leichtem Essen und Alkoholverzicht über Ingwer, Akupunktur, Akupressur-Armbänder und Homöopathie bis zu Antihistamin-Präparaten, die auch bei akuter Seekrankheit helfen. Der beste Ratgeber aber ist wahrscheinlich der Hausarzt, der das geeignetste Medikament verschreiben wird. Auch auf dem Schiff sind Tabletten gegen Seekrankheit erhältlich – doch sind das meist verschreibungspflichtige Antihistaminika, die man wegen möglicher schwerer Nebenwirkungen ohne ärztlichen Rat nicht einnehmen sollte. Ein Trost zum Schluss: Die Seekrankheit verschwindet meist so schnell, wie sie gekommen ist.

Seefahrer-Denglisch

Von Backbord bis Zahlmeister: Mit diesen Vokabeln finden sich Kreuzfahrt-Einsteiger an Bord gleich besser zurecht.

Backbord ... ist links und wird durch eine rote Positionslampe kenntlich gemacht.

Begrußungscocktail ... gibt's am ersten Abend nach dem Einschiffen – und bleibt meist der einzige Gratis-Cocktail an Bord.

Bordfotograf/in ... ist omnipräsent, schiebt ständig wildfremde Menschen zu Grüppchen zusammen und knipst. Einen halben Tag später hängen die Schnappschüsse im Format 13x18 zum Verkauf aus. Es soll Passagiere geben, die selbst die schlechtesten Fotos umgehend aufkaufen, damit kein kompromittierendes Material in falsche Hände gerät.

Brücke ... ist nicht zwangsläufig auf dem obersten Deck, aber weit oben und mit freiem Blick nach vorne und Ausguck-artigen Balkonen an beiden Seiten. Von hier aus wird das Schiff gesteuert. Kapitäne kleinerer Schiffe – und da vor allem der Expeditionskreuzer – dulden Passagiere in ihrem Reich. Bei den großen ist der Kommandostand tabu.

BRZ ... ist die Abkürzung für das sachliche Wort »Bruttoraumzahl« und als Hohlraum-Größenmaß die Nachfolge-Einheit für die zuvor verwendete, für viele geläufigere Bruttoregistertonne (BRT).

Casino ... ist der Lieblingssaal eines jeden Reeders, weil er mit seinen schwimmenden Spielbanken die größten Gewinne einfährt.

Cruise Director ... ist der Mann mit der berufsmäßig besten Laune an Bord und manchmal eine ultra-heitere Nervensäge. Er ist für das gesamte Unterhaltungsprogramm verantwortlich und steht als Moderator der Abendshows gerne selbst auf der Bühne.

Dresscode ... ist die täglich wechselnde Bekleidungsvorschrift und reicht von casual (Freizeit) über smart casual (bisschen

Bitte lächeln: Die Bordfotografin sorgt dafür, dass die Reise lückenlos dokumentiert wird.

eleganter) und informal (elegant) bis formal (Abendgarderobe, möglichst Smoking beim Herrn, Klunker bei der Dame).

Gemüseschnitzer ... bekommt man nie zu sehen, leben aber auch irgendwo an Bord und stammen meist von den Philippinen: Sie basteln lebensgroße Schwäne aus Karotten, Skulpturen aus Kohl, Deko-Tiere aus Eis, mit denen die Büfetts geschmückt werden.

Kabine ... ist das private Reich an Bord, ist auf den meisten (neueren) Schiffen recht geräumig und hat gegen Aufpreis sogar einen Balkon. Luxus-Varianten sind Suiten, die es auf manchem Ozeanriesen auch in Maisonette-Ausführung gibt. Am preiswertesten sind Innenkabinen.

Kapitänstisch ... ist die Tafel des wichtigsten Mannes an Bord, an die er abendweise wechselnde Ehrengäste einlädt. Viele Kapitäne laufen lieber auf Grund, als dort über eine zu lange Mahlzeit hinweg Smalltalk mit Wildfremden zu betreiben, und schicken ersatzweise ihre Offiziere als Gastgeber vor.

Knoten ... ist die Geschwindigkeitseinheit für Hochseeschiffe. Sie sind meist zwischen 18 und 25 Knoten schnell – 33 bis 46 Stundenkilometer (1 Kn = 1852 m/Stunde).

Kombüse ... war mal der Begriff für die Schiffsküche und wäre heute eine maßlose Untertreibung. Küchen und Lagerräume der heutigen Ozeanriesen sind viele Hundert

Shuffle-Board ist ein Schiffsklassiker, für den sich gestern wie heute nur eine Minderheit interessiert.

Quadratmeter große Fluchten voller hochglanzpolierter Edelstahl-Arbeitsflächen und Herde, wo Dutzende von Köchen und Hilfskräften wirbeln.

Liegestuhl ... ist bequem, steht an Deck, darf grundsätzlich nicht mit privatem Klimperkram und Stapeln von getragenen Klamotten bei Einbruch der Morgendämmerung vorreserviert werden.

Lotse ... ist der Mann, der dem Kapitän durch schwierige Fahrtgebiete hilft, dort jede hinderliche Sandbank persönlich kennt und sich mit störenden Riffs duzt. Ist er auf der Brücke, kann nichts schiefgehen. Eigentlich. Ist er nicht da, geht auch nichts schief. Meistens.

Mitternachtsbüfett ... ist für alle gedacht, die arg früh frühstücken oder vom siebengängigen Abendessen dreieinhalb Stunden zuvor noch immer nicht satt geworden sind oder allein deshalb schon wieder kräftig zugreifen, weil sie schließlich dafür mitbezahlt haben.

Neptun opfern ... ist nicht wirklich eine nette Geste gegenüber dem Meeresgott. Vielmehr beschreibt es in der Seemannssprache, was geschieht, wenn die Seekrankheit zupackt und der Körper das Abendessen wieder von Bord gehen lassen möchte. Zumindest die Fische freuen sich darüber.

Rettungsübung ... ist Pflicht, dauert keine 20 Minuten und findet immer kurz nach dem ersten Auslaufen statt. Dabei wird jedem Passagier eine Rettungsstation zugewiesen, die er im Notfall umgehend aufsuchen muss.

Aus den einstigen Smutjes sind Küchenmanager mit Sterne-Potenzial geworden.

Seekrankheit ... kann eine kurzweilige Sache sein, wenn man sich rechtzeitig die kostenlosen kleinen Wunderpillchen an der Rezeption besorgt hat.

Seetag ... ist das schönste auf einer Kreuzfahrt, weil man endlich mal kein schlechtes Gewissen haben muss, einen spannenden Landausflug zu verpassen. Ausschlafen, übers Schiff bummeln, die Sonne im Whirlpool genießen – oder im Bordkino James Bond beim Weltretten zuschauen.

Show-Lounge ... ist das Theater an Bord, wo jeden Abend Konzerte und Revuen stattfinden, Stars auftreten und rauschender Applaus sowie tosendes Gelächter unbedingt erwünscht sind.

Shuffle Board ... ist das auf die Decksplanken gepinselte Spiel mit den weißen Feldern, auf denen man irgendwelche Pucks hin- und herschiebt – wenn sich nur einer dafür interessieren würde.

Smutje ... war früher die Seemannsbezeichnung für den Koch. Heute ist der oberste Koch an Bord eher ein Großküchenmanager mit Michelin-Sterne-Potenzial, der viele Dutzend Mitarbeiter aus unzähligen Nationen dirigieren muss.

Stabilisator ... ist die Lieblingserfindung der meisten Passagiere. Er hält das Schiff auch bei Seegang einigermaßen im Gleichgewicht.

Staff Captain ... ist der zweite Mann an Bord, der sich um alles Nautische und um die Managementaufgaben kümmert, wenn der Kapitän wieder mal in Gala-Uniform Hände schütteln oder am Captain's Table Smalltalk betreiben muss.

Steuerbord ... ist rechts und durch eine grüne Positionslampe kenntlich gemacht.

Zahlmeister ... ist der Mensch, der das Geld verwaltet, die Extra-Ausgaben an Bord am Ende der Reise mit der Kreditkarte belastet, oft auch die Landausflüge organisiert – und dafür kassiert.

Kapitel und Schiffe	behinderten-gerecht	kinder-freundlich	All-inclusive[1]	Wellness-Faktor	Sport & Fun[2]	Passagier-zahl	Luxus-Faktor	Tagespreis
Natur und Abenteuer								
Amadea	•	•		•		👤	***	€€
Aranui 3			•			👤	*	€
Celebrity Xpedition	•		•			👤	***	€€€
Finnmarken						👤👤	**	€€
Frachter			•			👤	*	€
Fram	•		•			👤👤	**	€€€
Gület			•			👤	*	€
Sampo			•			👤	*	€€
Sea Bird						👤	***	€€€
Zaandam	•	•	•	•	•	👤👤	***	€€
Ruhig im Fluss								
Amadeus Symphony	•					👤	***	€€
American Queen	•					👤	***	€€€
A-Rosa Viva	•	•				👤	***	€€
Douro Cruiser	•					👤	***	€€
Maxima	•					👤	***	€€
Mekong Sun						👤	***	€€€
Nile Smart	•					👤	**	€€
Normandie	•					👤	***	€€
Schöner geht's nicht								
Azamara Quest			•	•		👤👤	****	€€€
Crystal Serenity			•	•	•	👤👤	****	€€€
Europa		•		•	•	👤👤	****	€€€
Hebridean Princess			•			👤	****	€€€
L'Austral	•			•		👤👤	****	€€€
Le Ponant			•			👤	****	€€€
Paul Gauguin			•	•		👤	****	€€€

Kapitel und Schiffe	behinder-tengerecht	kinder-freundlich	All-inclusive[1]	Wellness-Faktor	Sport & Fun[2]	Passagier-zahl	Luxus-Faktor	Tagespreis
Seabourn Quest			•	•		††	****	€€€
Sea Cloud			•			†	****	€€€
SeaDream			•	•		†	****	€€€
Seven Seas Mariner	•		•	•		††	****	€€€
Silversea	•		•	•		††	****	€€€
Glamour zu Wasser								
Allure of the Seas	•	•		•	•	†††	***	€€
Carnival Magic	•	•		•	•	†††	***	€€
Celebrity Silhouette	•	•		•	•	†††	****	€€
MSC Divina	•	•		•	•	†††	***	€€
Norwegian Epic	•	•		•	•	†††	***	€€
Queen Mary 2	•	•		•	•	†††	****	€€
Royal Clipper	•			•		†	****	€€€
Ruby Princess	•	•		•	•	†††	****	€€
Wind Surf	•					††	****	€€€
Schiffsträume, Traumschiffe								
AIDAsol	•	•	•	•	•	†††	***	€€
Disney Fantasy	•	•		•	•	†††	***	€€
Europa	•	•		•	•	††	****	€€€
Hanseatic	•	•		•	•	†	***	€€€
Linda						†	*	€€
Liberty of the Seas	•	•		•	•	†††	***	€€
Mein Schiff 1	•	•	•	•	•	†††	***	€€
MSC Opera	•	•		•	•	†††	***	€€
Queen Elizabeth	•	•		•	•	†††	***	€€

[1] Vollpension, Tischwein, die meisten Softdrinks und Bargetränke, Trinkgelder [2] besonders umfangreiches Sport- und Unterhaltungsangebot, z. B. Kletterwand
€ = unter 100 Euro, €€ = bis 250 Euro, €€€ = über 250 Euro, † = unter 250 Passagiere, †† = bis 1500 Passagiere, ††† = über 1500 Passagiere

Adressen von A–Z

1AVista Reisen
Tel. 0221 / 99800800
www.1avista.de

AIDA Cruises
Tel. 0381 / 20270722
www.aida.de

American Queen Steamboat Company c/o AAR-Reisen
Tel. 05404 / 96080, http://aar-reisen.de, www.americanqueensteamboatcompany.com

A-Rosa Kreuzfahrten
Tel. 0381 / 2026020
www.a-rosa.de

Aviation & Tourism
Tel. 06023 / 917150
www.atiworld.de

Azamara Club Cruises
Tel. 0800 / 7240347
www.azamaraclubcruises.de

Carnival Cruise Line
Tel. 089 / 51703130
www.carnivalcruiseline.de

Celebrity Cruises
Tel. 0800 / 7240346
www.celebritycruises.de

Compagnie du Ponant
Tel. 0800 / 1800059
www.ponant.com

Crystal Cruises
s. a. Aviation & Tourism und Vista Travel

Cunard Line
Tel. 040 / 41533555
www.cunard.de

DERTOUR
Tel. 069 / 95881601
www.dertour.de

Disney Cruise Line
http://disneycruise.disney.go.com

Dr. W. Lüftner Reisen
Tel. 0043 / 512 / 365781
www.lueftner-cruises.com

e-hoi
Tel. 069 / 20456700, www.e-hoi.de

Fachreiseagentur für Seereisen Kapitän Hoffmann
Tel. 04503 / 73675
www.frachtschiff-reisen.net

Frachtschiff-Touristik Kapitän Zylmann
Tel. 04642 / 9655-0, www.zylmann.de

Frachtschiffreisen Pfeiffer
Tel. 0202 / 452379
www.frachtschiffreisen-pfeiffer.de

FTI Touristik
Tel. 089 / 25250, www.fti.de

Hamburg Süd Reiseagentur
Tel. 040 / 3705-157
www.hamburgsued-frachtschiffreisen.de

Hapag-Lloyd Kreuzfahrten
Tel. 040 / 30703070
www.hl-cruises.de

Hebridean Island Cruises
Tel. 0044 / 1756 / 704700
www.hebridean.co.uk

Holland America Line
Tel. 04244 / 966259
www.hollandamerica.com

Hurtigruten
Tel. 040 / 87408358
www.hurtigruten.de

Lernidee Erlebnisreisen
Tel. 030 / 7860000
www.lernidee.de

Maenner-unterwegs.de
Tel. 069 / 94948955
www.maenner-unterwegs.de

M'Ocean
Tel. 06733/929798, www.mocean.de

MSC Kreuzfahrten
Tel. 089 / 2030438 01
www.msc-kreuzfahrten.de

NCL Norwegian Cruise Line
Tel. 0611 / 36070, www.ncl.de

Nicko Cruises
Tel. 0711 / 24898044,
www.nicko-cruises.de

Nordic Holidays
Tel. 04121/79110,
www.nordic-holidays.de

Paul Gauguin Cruises
www.pgcruises.com

Peter Deilmann Reederei
Tel. 04561 / 396100
www.deilmann-kreuzfahrten.de

Phoenix Reisen
Tel. 0228 / 9260-0
www.phoenixreisen.com

Ponant Yacht Cruises & Expeditions
Tel. 040 / 80809 3143,
http://de.ponant.com

Princess Cruises
Tel. 089 / 51703450
www.princesscruises.de

Radurlaub ZeitReisen
Tel. 07531 / 361860
www.inselhuepfen.de

Regent Seven Seas Cruises
c/o Vista Travel, Tel. 040 / 30979840
http://de.rssc.com

Royal Caribbean International
Tel. 0800 / 7240345
www.royalcaribbean.de

Seabourn Cruise Line
Tel. 0800 / 18721872
http://de.seabourn.com

Sea Cloud Cruises
Tel. 040 / 30959250
www.seacloud.com

Silhouette Cruises
Tel. 00248 / 324026
www.seychelles-cruises.de

Silversea Cruises
Tel. 069 / 22221 2283
www.silversea.com

Star Clippers
Tel. 0800 / 78272547
www.star-clippers.de

Teddy Travel
Tel. 0221 / 234967
www.teddytravel.com

TUI Cruises
Tel. 040 / 60001 5111
www.tui-cruises.de

UC Unlimited Cruises
Tel. 06103 /7064614
www.unlimited-cruises.com

Vista Travel
Tel. 040 / 30979840
www.vistatravel.de

Windstar Cruises
Tel. 04244 / 966259
www.windstarcruises.com

Register

Fett gedruckte Seitenzahlen bezeichnen Hauptgeschichten, normal gedruckte Seitenzahlen die Zusatzgeschichten, *kursive* Seitenzahlen verweisen auf Bilder.

»Eine Kreuzfahrt, die ist lustig ...« und galt damals, noch viel mehr als heute, als Höhepunkt des gesellschaftlichen Lebens.

Die Autoren

REINHARD BÜNGER

Als gebürtiger Bremer ist er nah am Wasser mit viel Fernweh aufgewachsen und auch die Themen »Schiff« und »Reisen« begleiteten ihn schon sein Leben lang: Sein Großvater war Überseespediteur und er selbst bricht bis heute immer wieder zu Reisen in die Ferne auf – als Journalist für politische Berichte und Reisereportagen. Bünger ist seit 1991 beim Tagesspiegel in Berlin tätig und arbeitet heute in der Redaktion »Sonderthemen«. Er berichtete zuletzt in der Kolumne »Reisetagebuch« im Tagesspiegel über Segelsetzen, Sternenkunde und die Seefahrt auf der »Sea Cloud«.

THOMAS HERNADI

Jahrgang 1963, zog es Thomas Hernadi nach dem Abitur von seinem Heimatort Nürnberg hinaus in die Welt. Einem Wirtschaftsstudium in Paris, Oxford und Berlin folgten erste Erfahrungen im Filmvertrieb in Frankreich und England. Bei einem halbjährigen Aufenthalt in Malaysia entstand sein erster Film – die lang ersehnte Eintrittskarte in die deutsche Filmindustrie. Hernadi wurde Produzent internationaler Koproduktionen, Regisseur und Lizenzhändler. Seit Mitte der Neunziger arbeitet er als Dramaturg, Roman- und Drehbuchautor für die Prime-Time-Unterhaltung des Deutschen Fernsehens, was ihm auch die Begegnung mit dem »Traumschiff« und Wolfgang Rademann ermöglichte.

BRIGITTE VON IMHOF

Die gebürtige Münchnerin war viele Jahre als Sport- und Reiseredakteurin u. a. bei den Zeitschriften Ski, Freundin und Abenteuer & Reisen tätig. Der Job brachte sie schon in frühen Jahren mit der damals als spießig geltenden Kreuzfahrt in Berührung. Von Anfang an gefielen ihr das maritime Flair und der Komfort, nur einmal aus- und einpacken zu müssen. Heute ist sie als freie Journalistin tätig und pendelt – seit ihrer Hochzeit vor einigen Jahren – zwischen München und der neuen Zweitheimat Alaska, die pro Jahr von rund einer Million Kreuzfahrt-Passagieren besucht wird.

ASTRID JÜRGENS

Jahrgang 1957, studierte Diplom-Politologie und Anglistik in Hamburg. Schon während

der Studienzeit entdeckte sie ihre Vorliebe für den Journalismus und arbeitet nach einem Redaktionsvolontariat bei verschiedenen Tageszeitungen. Mit dem Wechsel als Redakteurin zu Frauenzeitschriften Anfang der 90er-Jahre spezialisierte sie sich auf die Themen Wellness, Beauty, Gesundheit und Reise. Einer Karibik-Kreuzfahrt vor rund zehn Jahren folgten mittlerweile mehr als 20 Reisen dieser Art auf deutschen und internationalen Schiffen. Sie arbeitet heute als freie Redakteurin, u. a. für die Zeitschriften Für Sie, Vital, Freundin und Mayway.

PETER KUNZ

1962 geboren, ist seit 2003 Süd- und Südostasienkorrespondent des Zweiten Deutschen Fernsehens und leitet das ZDF-Auslandsstudio Singapur. Dort lebt er mit Frau und zwei Kindern. Mit seinem Kamerateam bereist er die Region von Pakistan bis Neuseeland, dreht Reportagen, Dokumentationen und berichtet aktuell für Nachrichtensendungen. Peter Kunz hat nach einem Zeitungsvolontariat und Politikstudium beim Fernsehen angeheuert und ist Berufsausländer aus Überzeugung geworden. Als Reporter für das ZDF bereiste er die halbe Welt und war von 1993 bis 1998 als Afrikakorrespondent in Nairobi, Kenya, stationiert.

OLIVER P. MUELLER

Oliver P. Mueller gehört zu den international bekannten Kreuzfahrtexperten. Der Journalist und Buchautor mit Heimathafen Hamburg verbringt jedes Jahr etwa 120 Tage auf See und hat auf sehr unterschiedlichen Schiffen die ganze Welt bereist. Abgelegene Ziele wie Galapagos und St. Helena faszinieren ihn ebenso wie die Begegnungen mit Menschen an Bord. Seine Reportagen und Schiffsbewertungen erscheinen in Tageszeitungen, Magazinen und dem alljährlich publizierten Standardwerk »Koehlers Guide Kreuzfahrt«.

STEFAN NINK

Stefan Nink ist für Magazine, Buchverlage und Radiostationen in den hintersten Winkeln der Welt unterwegs gewesen – nie zuvor aber hat ihn eine Region so tief und nachhaltig berührt wie die Antarktis. Nink ist studierter Politologe, moderiert eine Morgen-

sendung beim SWR und hat über 30 Bücher geschrieben; seine Reportagen wurden in 17 Sprachen übersetzt. Sein erster Roman heißt »Donnerstags im Fetten Hecht« und enthält mehrere Kapitel, die in der Antarktis spielen.

WOLFGANG SPIELHAGEN

Kam zum Journalismus, als er 1977 mit anderen die Berliner Stadtzeitung ZITTY gründete. Zuvor hatte er Germanistik, Philosophie und Religionswissenschaften studiert. Später war er als Reporter, Redakteur und Textchef für verschiedene Magazine wie LUI, Playboy, Penthouse, TransAtlantik, SZ-Magazin, Cosmopolitan, Globo und BUNTE tätig. 1996 übernahm er die Chefredaktion zweier Buchreihen im Pro Futura Verlag und bei der Olympischen Sport Bibliothek. Er konzipierte und betreute für beide Verlage mittlerweile 24 Bild-Text-Bände. Für GEO Buch war er bei elf Buchproduktionen als Textredakteur aktiv. Er schreibt auch immer wieder Reportagen von Hawaii bis Kamtschatka, vom Nordpol bis nach Swasiland. Wolfgang Spielhagen lebt in München.

DAGMAR ZUREK

Geboren und aufgewachsen in Wuppertal, studierte Dagmar Zurek Musik- und Literaturwissenschaften. Seit 1996 arbeitet sie als Autorin für die Zeitschrift Vogue, für die sie Künstler der Klassikwelt interviewt, wie auch für die Frankfurter Allgemeine Sonntagszeitung, für Cicero und Musikmagazine. Seit der ersten Ausgabe im Jahr 2000 reist sie für die Financial Times Deutschland als Opernkritikerin durch die Welt. Die Erkenntnis, dass sich Musik und das Entdecken fremder Länder und Kulturen vor allem auf Kreuzfahrtschiffen gut verbinden lassen, führte zu zahlreichen Kreuzfahrt-Reportagen. Dagmar Zurek lebt mit ihrer Familie in Norddeutschland.

Weitere Textbeiträge:
Birgit Chlupacek: S. 144-155, Franziska Horn: S. 32-33, Brigitte von Imhof: S. 18, 19, 20-21, 30, 31, 51, 62, 63, 76, 88, 89, 90, 91, 104-105, 106, 107, 108, 109, 122, 123, 135, Oliver P. Mueller: S. 19, 50, 77, 107, 134, Robert Niedermeyer: S. 134, Christine von Pahlen: S. 38-39, 45, Wolfgang Spielhagen: S. 46-47, 138-143; Autoren Anhang S. 156-167: Brigitte von Imhof, Franz Neumeier, Helge Sobik

Impressum

Alle Angaben in diesem Reiseführer sind gewissenhaft geprüft. Preise, Öffnungszeiten usw. können sich aber schnell ändern. Für eventuelle Fehler übernimmt der Verlag keine Haftung.

HOLIDAY ist eine eingetragene Marke der GANSKE VERLAGSGRUPPE.

2. Auflage

Bei Interesse an maßgeschneiderten Produkten:
veronica.reisenegger@travel-house-media.de
Tel +49 89/4 50 00 99 12

Bei Interesse an Anzeigenschaltung:
KV Kommunalverlag GmbH & Co KG
Tel. +49 89/9 28 09 60
info@kommunal-verlag.de

TRAVEL HOUSE MEDIA
Postfach 86 03 66
81630 München
holiday@travel-house-media.de
www.travel-house-media.de

Programmgeschäftsleitung
Frank-H. Häger

Verlagsleitung
Michaela Lienemann

Idee/Konzept
Verónica Reisenegger, Birgit Chlupacek, Eva Stadler

Redaktion
Brigitte von Imhof (verantwortl.), Tibor Ridegh (Text)

Layout
Eva Stadler, München, Ewald Tange, München

Bildredaktion
Nora Goth, Kathrin Schäfer, Dr. Nafsika Mylona

Schlussredaktion
Dr. Anita Meschendörfer

Autoren
s. S. 174/175

Produkt- und Projektmanagement
Eva Stadler

Produktion
Anna Bäumner

Repro
Repro Ludwig, Zell am See

Druck und Bindung
Printer Trento, Italien

PEFC
PEFC/18-31-506

Liebe Leserinnen und Leser,

hat Ihnen unser Buch gefallen? Falls ja, freuen wir uns, wenn Sie es weiterempfehlen – Ihren Freunden, Verwandten, Kollegen, Nachbarn, dem Buchhändler Ihres Vertrauens und allen, die auf der Suche nach einem Reisebuch-Tipp sind, z. B. bei Online-Händlern.

Wenn Sie Kritik oder Korrekturen haben, schreiben Sie uns gerne an holiday@travel-house-media.de – und natürlich auch, wenn Sie uns Ihr Lob auf direktem Weg zukommen lassen möchten.

Ihre HOLIDAY-Redaktion

BILDNACHWEIS
Titel: MSC Cruises
S. 4 Robert Kah/imagetrust; S. 8–9 Hurtigruten/Marsel van Oosten; S. 10 Hurtigruten/Karten Fricke; S. 11 Hurtigruten/Arnau Ferrer; S. 12 Hurtigruten/Marsel van Oosten; S. 13 Hurtigruten/Tommy Simonsen; S. 14 Hurtigruten/Marsel van Oosten; S. 15 Oliver P. Mueller; S. 16 Hurtigruten/Marsel van Oosten; S. 17 Hurtigruten/Simon Bottomley; S. 18 Mauritius Images; S. 19 (l) Celebrity Cruise, (r) www.visitkemi.fi; S. 20/21 Hurtigruten; S. 22–26 fotogloria/LUZphoto; S. 28 PantherMedia; S. 29 Brigitte von Imhof; S. 30 Phoenix Reisen/MS Amadea; S. 31 (l) Sea Bird/Lionel Baizeau, (r) Aranui; S. 32/33 (3) Monica Gumm; S. 36–37/38 lernidee; S. 39 laif/Frank Heuer; S. 40 (2) laif/Gregor Lengler; S.41 laif/Frank Heuer; S. 42 laif/Thierry Renavand; S. 43/44 laif/Gregor Lengler; S. 45 Lernidee; S. 46 dieKLEINERT.de/Hans Steen; S. 47 Jürgen Vogt; S.48 (l) laif/hemis.fr/Francis Leroy, (r) Jürgen Vogt; S. 49 (2) Jürgen Vogt; S. 50 (l) Shutterstock/Dmitriy Yakovlev, (r) Oliver P. Mueller; S. 51 (2) Franz Neumeier; S. 52–53 Bildagentur Huber/Lawrence John; S. 54 Lüftner Cruises; S.55 (l) Lüftner Cruises, (r) Angelika Jakob; S. 57/58/59/60 Angelika Jakob; S. 61 (l) Lüftner Cruises, (r) Angelika Jakob; S. 62 nicko cruises Flussreisen GmbH; S. 63 (l) Panther-Media/Alena Ozerova, (r) A-Rosa; S. 66–75 Sea Cloud Cruises; S. 76 (l) PG Cruises/tim-mckenna.com, (r) Seabourn; S. 77 (l) Bildagentur Huber/Gräfenhain, (r) Francois Lefebvre; S. 78–79 Hapag-Lloyd Kreuzfahrten; S.80 (l) Hapag-Lloyd Kreuzfahrten, (r) Lutz Jäkel; S.81–84 Hapag-Lloyd Kreuzfahrten; S.86 Lutz Jäkel; S.87 Hapag-Lloyd Kreuzfahrten; S. 88 (l) SeaDream Yacht Club, (r) Silversea Cruises; S. 89 Crystal Cruises; S.90 (l) Hebridean Princess, (r) Le Ponant; S. 91 (2) Oliver P. Mueller; S. 94–95/96 Celebrity Cruises; S. 97 laif/Zanettini; S. 98 laif/hemis.fr/Jacques Sierpinski; S. 99–103 Celebrity Cruises; S. 104 RoyalCaribbean; S. 105 Brigitte von Imhof; S.106 (l) Cunard Line, (r) NCL/Norwegian Epic; S. 107 (l) Carnival Cruise, (r) Mauritius Images; S. 108 (l) Flora Miketta, (r) Franz Neumeier; S. 109 (l) Mauritius Images, (r) MSC Crocere; S. 112–113 Dirk Bartling; S. 114 Oliver P. Mueller; S. 115 Holger Leue; S. 116 (l) Reederei Peter Deilmann Kreuzfahrten, (r) Thomas Hernadi; S. 117 Reederei Peter Deilmann Kreuzfahrten; S. 118 Princess Cruises; S. 119 Dirk Bartling; S. 120 Thomas Hernadi; S. 121 Oliver P. Mueller; S. 122 (l) Radurlaub Zeitreisen, (r) Hapag-Lloyd Cruises; S. 123 (l) TUI Cruises; (r) Bildagentur Huber/R. Schmid; S. 124–125 Sandra Kreuzinger; S. 126 (2) AIDA Cruises; S. 127 laif/Galli; S. 128 Bildagentur Huber/FotoSa; S. 129–131 AIDA Cruises; S. 132 Bildagentur Huber/Schmid Reinhard; S. 133 Michal Fludra/Demotix/Corbis; S. 134 (l) Royal Caribbean, (r) imago/Lars Berg; S. 135 (l) Hapag-Lloyd Kreuzfahrten, (r) Disney/Preston Mack; S. 138–43 Olaf Hajek; S. 144–145 gty.im/Digital Vison/Daryl Benson; S. 146–147 gty.im/Lonely Planet Images/Karsten Bidstrup; S. 148 gty.im/The Images Bank/Frans Lemmens; S. 149 gty.im/Stone/George Grigoriou; S. 150–151 gty.im/Flickr/Steve Kelley; S. 152 gty.im/National Geographic/Jason Edwards; S. 153 gty.im/Oxford Scientific/Enrique R. Aguirre Aves; S. 154 gty.im/Riser/David Sacks; S. 155 gty.im/Photonica/Mark Horn; S. 156 Royal Caribbean; S. 157 laif/Sebastian Hartz; S. 158 laif/Le Figaro Magazine/Benali; S. 159 Thinkstock/Stockbyte; S. 160 Royal Caribbean; S. 161 laif/Polaris/Lisa Kempe; S. 162 laif/Christian Heeb; S. 163 look/Holger Leue; S. 164 laif/Frank Heuer; S. 165 laif/Le Figaro Magazine/Benali; S. 166 look/Holger Leue; S. 167 Angelika Jakob; S. 173 gty.im/Retrofile RF/George Marks; S. 174–175 Archive Autoren

Mittelmeer

BARCELONA

Die Anlegestelle an der Moll de Barcelona ist idealer Ausgangspunkt, um einen der schönsten Häfen des Mittelmeers zu erkunden. Begonnen wird an der Kolumbussäule, dem Monument a Colom.

Sehenswertes

Barri Gòtic

Hier schlägt das historische Herz von Barcelona: Innerhalb der ehemaligen Stadtmauer liegt das Gotische Viertel, geprägt von Bauten aus dem 13. bis 15. Jh., aber auch Schätzen aus späteren Jahrhunderten. Das Zentrum bildet die Plaça Sant Jaume, zu ihren Seiten erheben sich der Palau de la Generalitat, Sitz der Regionalregierung, und das neoklassizistische Ajuntament (Rathaus).

Metro: Jaume I

Les Rambles

Zwischen Plaça de Catalunya und Plaça Portal de la Pau (Kolumbusstatue) verläuft die zentrale (und stets sehr gut besuchte) Promenade Barcelonas. Flaniermeile, Einkaufsstraße, Prachtboulevard und wichtige Verkehrsachse zugleich, erfüllen die Rambles viele Funktionen. Im Sommer zeigen die Akrobaten, Spaßmacher und Straßenmusikanten der Stadt unter den Schatten spendenden Bäumen ihr Können. An den Seiten der Straße sind Cafés, Shops und Hotels ebenso wie Souvenirstände, Imbissbuden und Vergnügungsstätten zu finden. Der Name der Promenade geht vermutlich auf das Flussbett zurück, das hier in früherer Zeit verlief.

Metro: Catalunya, Liceu oder Drassanes

Eine überdachte Brücke verbindet den Palau de la Generalitat mit der Casa dels Canonges in Barcelonas Barri Gòtic (➤ S. 4).

Sagrada Família

Das Lebenswerk des Stararchitekten Antoni Gaudí ist auch Jahrzehnte nach seinem Tod noch unvollendet, aber auf jeden Fall einen Besuch wert. Als eine »Predigt aus Stein« konzipierte der tief religiöse Gaudí das weltbekannte Wahrzeichen der katalonischen Hauptstadt. Die lange Baugeschichte zeigt sich an den vielen verschiedenen Stilen, die in dem Tempel vereint sind. Die seit 1882 in Konstruktion befindliche Basilika soll zum 100. Todestag Gaudís im Jahr 2026 fertiggestellt sein. Der eindrucksvolle Bau – schon heute Teil des Unesco-Weltkulturerbes – wird komplett aus Spenden finanziert. Schwindelfreie Besucher sollten unbedingt die Wendeltreppen der markanten Türme erklimmen – ein großartiger Blick über die Stadt ist garantiert. Spektakulär sind auch die Geburts- oder Weihnachtsfassade an der Ostseite des Baus und die erst vor Kurzem vollendete Leidensfassade am Westportal.

Pl. de la Sagrada Família, Metro: Sagrada Família, www.sagradafamilia.cat, Okt.–März tgl. 9–18, April–Sept. tgl. 9–20 Uhr, Eintritt 19,50 €

Museen

Museu Picasso

Pablo Picasso studierte in jungen Jahren Malerei in Barcelona, hatte hier sein erstes Atelier und seine erste Einzelausstellung im Künstlercafé »Els Quatre Gats«. Das ihm gewidmete Museum erstreckt sich über fünf gotische Stadthäuser. In chronologischer Anordnung werden Werke Picassos und seiner Zeitgenossen gezeigt, darunter auch weniger bekannte Arbeiten aus seiner frühen Phase.
C. de Montcada 15–23, Metro: Jaume I, www.museupicasso.bcn.es, Di–So 10–20 Uhr, Eintritt 11 €

Shoppen

Mercat de la Boquería

Kunstvoll drapierte Obstpyramiden, duftende Gewürzstände und im Oval in der Mitte fangfrischer Fisch und Meeresfrüchte: Barcelonas berühmte Markthalle ist ein lohnendes Vergnügen und ein Fest für die Sinne. Die 1840 eröffnete Stahl-Glas-Konstruktion gab dem ursprünglich direkt auf den Rambles stattfindenden Bauernmarkt ein Zuhause und steht auf dem Areal des 1835 geschleiften Klosters Sant Josep.
La Rambla de Sant Josep 105, Metro: Liceu, Mo–Sa 8–20.30 Uhr

Ausgehen

Passeig Marítim de la Barceloneta

Metropole und Meer treffen hier direkt aufeinander. Auf der breiten Promenade sind stets zahllose Fußgänger, Radfahrer und Inlineskater unterwegs, daneben verlocken im Sommer die beliebtesten Strände der Stadt zum Sprung ins Nass.
Ein Bummel durch die engen Gassen von La Barceloneta lohnt aber ebenfalls, denn noch immer besitzt das Viertel fast dörflichen Charme – und einige ebenso ausgezeichnete wie wohltuend altmodische Fischrestaurants.
Metro: Barceloneta

CIVITAVECCHIA / ROM

Rom ist vom Anlegeplatz in Civitavecchia aus mit öffentlichen Verkehrsmitteln zu erreichen. Ein Shuttle-Bus bringt Besucher zum Hafentor, von von dort geht es zu Fuß zum Bahnhof von Civitavecchia. Die Regionalbahn zum Bahnhof Roma Termini braucht etwa eine Stunde.

Sehenswertes

Kolosseum

Im Jahr 79 n. Chr. wurde unter Kaiser Vespasian mit der Errichtung des weltberühmten Amphitheaters begonnen, das damals noch den Namen der kaiserlichen Familie der Flavier trug. Der ein Jahr später von seinem Sohn Titus eingeweihte Bau war das erste komplett steinerne Amphitheater der antiken Welt. Die gesellschaftliche Hierarchie spiegelte sich in der Sitzordnung wider: Direkt vor dem Geschehen in der Arena saß der Kaiser mit seiner Entourage, der römische Adel folgte darüber, das Volk füllte die hinteren Ränge. Insgesamt kamen bis zu 50 000 Zuschauer zusammen – damals unfassbare Massen und doch nur ein kleiner Teil der Bevölkerung der Mega-Metropole Rom.
In Ausgrabungen werden derzeit die raffinierten Aufzüge von den Tierkäfigen zur Arena erkundet.
Piazza del Colosseo, Metro: Colosseo, tgl. 8.30 Uhr bis 1 Std. vor Sonnenuntergang, Eintritt 12 €

Piazza Navona

Von dem Stadion, das Kaiser Domitian im 1. Jh. n. Chr. an dieser Stelle bauen ließ, sind noch Überreste zu sehen.
Auch ganz ohne Turn- und Sprintübungen ist die Piazza heute einer der lebendigsten Orte der Stadt. Eine einzigartige Stimmung herrscht an lauen Sommerabenden, wenn sich Einheimische wie Besucher nach der Hektik des Tages entspannen. Künstler, Artisten und Musiker liefern die Rahmenunterhaltung. Auf Wunsch des Papstes gestaltete der Bildhauer Bernini Mitte des 17. Jh. die Fontana dei Quattro Fiumi in der Mitte des Platzes. Vier Figuren repräsentieren Nil, Ganges, Donau und Río de la Plata.
Bus: Corso V. Emanuele

Petersdom

Die wichtigste Kirche der Christenheit hat eine reiche Baugeschichte vorzuweisen. Eine vergleichsweise bescheidene Basilika, unter Konstantin dem Großen im 4. Jh. über dem Grab des Apostels Petrus errichtet, musste Anfang des 16. Jh. dem Geltungsanspruch Julius II. weichen, der hier ein Gotteshaus von gigantischen Ausmaßen plante. 1626 wurde die Kirche – 219 mal 155 m in der Fläche, 137 m in der Höhe – eingeweiht. Berninis Reiterstatue Kaiser Konstantins begrüßt Besucher rechts des Portikus, links steht die Statue Karls des Großen, der 800 n. Chr. im Vorgängerbau zum Kaiser des Heiligen Römischen Reiches gekrönt wurde. Die Liste der Künstler, die zum Bau des Doms beitrugen, ist ein Best Of der damaligen Zeit: Bramante lieferte den Grundriss in Form eines griechischen Kreuzes (später zu einem lateinischen Kreuz verlängert), Michelangelo entwarf die Kuppel, Maderno schuf die Fassade und Bernini den Platz vor der Kirche. Auch Arbeiten jüngerer Zeit haben ihren Platz: Die nur in Heiligen Jahren geöffnete Porta Santa ganz rechts wurde 1950 installiert, das äußerste linke, sogenannte Todesportal stammt aus den 1960er-Jahren.
Der Innenraum der Kirche ist ein majestätischer Anblick. Stuckwerk, Mosaiken und teilweise weit über 2 m große Statuen machen die Basilika zu einer einzigartigen Sammlung barocker Sakralkunst. Höhepunkte sind die Pietà von Michelangelo, der bronzene Petrus von di Cambio, dessen Fuß durch die vielen Küsse der Gläubigen kaum mehr zu erkennen ist, und die Papstgrabmäler in den Vatikanischen Grotten unter der Kirche. Hier liegen das Grab des Apostels Petrus und seiner Nachfolger. In ganz anderer Richtung lohnenswert ist ein Aufstieg zur Kirchenkuppel, der Zugang ist auf der rechten Seite der Basilika.
San Pietro in Vaticano, Piazza San Pietro, Metro: Ottaviano-San Pietro, www.vatican.va, Petersdom: April–Sept. tgl. 7–19, Okt.–März tgl. 7–18.30 Uhr, Tesoro: April–Sept. 9–18.50, Okt.– März 9–17.50 Uhr, Eintritt 6 €, Kuppel: April–Sept. 8–18, Okt.–März 8–17 Uhr, Eintritt 5 €, mit Lift 7 €

Besuchermagnet in der Antike wie heute: Das Kolosseum (➤ S. 5) in Rom fasste einst 50 000 Zuschauer und ist das größte Amphitheater der Welt.

Museen

Vatikanische Museen

Auch ohne ein einziges Exponat wären die Vatikanischen Museen eine Sehenswürdigkeit von Weltrang: Anfang des 16. Jh. malte Raffael vier Gemächer (Stanzen) im Apostolischen Palast aus und Michelangelo schuf das gewaltige Deckengemälde in der Sixtinischen Kapelle. Das Museum zeigt die größte Antikenkollektion der Welt, darunter die beeindruckende Laokoon-Gruppe. Ratsam ist es, den Besuch vorzubereiten und auszuwählen, welchen der Paläste man sehen möchte. Für kurze Besuche ist zumindest der Blick in die Sixtinische Kapelle ein Muss.
Musei Vaticani, Viale Vaticano, Metro: Cipro-Musei Vaticani, http://mv.vatican.va, Mo–Sa 9–18, letzter So im Monat 9–14 Uhr, Eintritt 15 €, So frei

Shoppen

Im Modeviertel

Eintauchen in den römischen Alltag, sich wie ein echter Römer fühlen? Das können Sie an jedem Samstagnachmittag! Es genügt, wenn Sie sich im Modeviertel von der Piazza di Spagna

die Via Condotti bis zum Largo Goldoni an der Via del Corso durchkämpfen. Hier treffen sich elegante Römerinnen, die im Pelzmantel spazieren, Gruppen schicker junger Leute, die die Boutiquen an der Via del Corso ansteuern, und ganze Familien, von der Oma bis zum Kleinkind, die es zum Einkaufsbummel in die Innenstadt zieht. Von einem der vielen Caffès lässt sich der ganze Trubel in Ruhe bestaunen – bevor man sich selbst wieder mitten hinein ins römische Leben stürzt.
Metro: Spagna

Ausgehen

Terrazza Caffarelli

Nicht versäumen: Das Museumscafé der Musei Capitolini lockt mit leckerem Cappuccino, kleinen Snacks und einem fantastischen Blick über die Kuppel des Petersdoms und die Dächer der Ewigen Stadt. Wer kann, kommt zum Sonnenuntergang hierher. Der Zugang ist auch ohne Eintrittskarte für das Museum möglich.
Piazza del Campidoglio,
Bus: Piazza Venezia, Di–So 9–19 Uhr

DUBROVNIK

Größere Schiffe legen im Hafen Gruz an. Oft werden Shuttle-Busse ins etwa 15 Min. entfernte Zentrum angeboten. Am Hafentor halten auch öffentliche Busse Richtung Altstadt.

Sehenswertes

Dominikanerkloster

Die Anfänge des Dominikanerkonvents, das in gotischem Stil errichtet wurde, gehen auf das frühe 14. Jh. zurück. Der Kreuzgang ist an heißen Sommertagen eine wohltuend kühle Oase. Auch das Klostermuseum mit örtlicher Sakralkunst ist sehenswert.
Dominikanski samostan,
Sv. Dominika 4, Sommer tgl. 9–18, Winter tgl. 9–17 Uhr

Franziskanerkloster

Die 1317 eingerichtete Apotheke im Erdgeschoss ist eine der ältesten der Welt. Im Museum des Konvents sind Gemälde, Goldschmiedearbeiten und seltene Bücher aus der Bibliothek ausgestellt.
Franjevacka samostan, Placa 2, Sommer tgl. 9–18, Winter tgl. 9–17 Uhr, Eintritt 30 Kuna

Rektorenpalast

Zur Zeit der Republik Ragusa (14.–19. Jh.) wohnte hier das Stadtoberhaupt. Heute ist im Palast ein Museum untergebracht. Dort sind Gemälde, Münzen, historische Möbel sowie die Schlüssel zu sehen, mit denen die Stadttore einst jede Nacht verschlossen wurden.
Knezev dvor, Pred Dvorom 1, tgl. 9–18 Uhr, Eintritt 40 Kuna

Museen

Meeresmuseum

Jahrhundertelang lebte Dubrovnik vom Seehandel, bisweilen machte es sogar Venedig Konkurrenz. Das Museum dokumentiert diese reiche Geschichte anhand einer Vielfalt von Exponaten.
Pomorski muzej, Tvrddava Sv. Ivana, Sommer Di–So 9–18, Winter Di–So 9–16 Uhr, Eintritt 40 Kuna

Shoppen

Bio and Bio

Der Trend zu einer biologischen und nachhaltigen Ernährung kommt langsam aber sicher auch in Dalmatien an. Ein Stück außerhalb der Altstadt findet sich der beste Bioladen Dubrovniks. Neben zertifiziert biologisch angebauten Lebensmitteln werden Kosmetika und Bücher verkauft.
Mercante Centar, Vukovarska 24, www.happycow.net,
So geschl.

Ausgehen

Troubadour Hard Jazz Caffe

Winzige Bar mit intimem Flair und mehr als 20-jähriger Jazz- und Rocktradition mitten in der Altstadt. Im Sommer wird abends auf der Terrasse Livemusik gespielt. Toller Treff für Einheimische und Besucher.
Bunićeva poljana 2 und Gundulićeva poljana 3 (zwei Eingänge), tgl. 10–1 Uhr

GENUA

Die Altstadt ist von den Anlegestellen Stazione Maritima und Ponte Andrea Doria zu Fuß in etwa zehn Minuten zu erreichen.

Sehenswertes

Acquario di Genova

Das auf einer Mole im alten Hafen errichtete Aquarium ist das größte Europas; es beherbergt rund 70 große Becken, in denen sich neben Publikumslieblingen wie Delfinen, Haien, Seehunden und Pinguinen auch kleinere Meeresbewohner wie Nadelfische und Quallen tummeln. In jedem Becken ist ein bestimmter Lebensraum nachgebildet. Besonderer Beliebtheit erfreut sich ein Bassin mit Rochen, die sich sogar streicheln lassen.

Area Porto Antico, Ponte Spinola, www.acquariodigenova.it, tgl. 9–20.30, Juli und Aug. bis 22.30 Uhr, Eintritt 23 €

Duomo San Lorenzo

Im Herzen der Altstadt liegt Genuas schönste und größte Kirche. Finanziert wurde der im 12. Jh. begonnene Bau mit den Reichtümern aus dem Mittelmeerhandel. Typisch für ligurische Kirchen ist die romanisch-gotische Fassade aus weißem Marmor und schwarzem Schiefer. In der Cappella di San Giovanni im linken Seitenschiff werden Reliquien Johannes des Täufers aufbewahrt. In der Cybo-Kapelle befindet sich der Zugang zum Domschatzmuseum (Mo–Sa 9–12 und 15 bis18 Uhr) mit liturgischen Gegenständen, Gewändern sowie weiteren Reliquien wie dem Sacro Catino – von diesem gläsernen Teller soll Jesus beim Abendmahl gegessen haben. Im Mittelschiff steht die Granate, die ein britisches Kriegsschiff im Jahr 1941 in den Dom feuerte, die aber glücklicherweise nicht zündete.

Piazza San Lorenzo, Museo del Tesoro: Mo–Sa 9.30–12, 15–18 Uhr

Righi

Auf den 300 m hohen Hügel kommt man zu Fuß oder per Standseilbahn. Die »funicolare« beginnt direkt im Stadzentrum. Von oben lockt ein toller Ausblick über Stadt und Hafen.

Abfahrt: Largo della Zecca

Die prächtige Fassade von Genuas Dom San Lorenzo (➤ S. 8).

Museen

Galata Museo del Mare

Wie das Meer die Stadt und ihre Bewohner über die Jahrhunderte geprägt hat, behandelt das seit 2004 bestehende Galata Museo del Mare. Besucher erkunden, wie das Mittelmeer in der Antike mit Galeeren erobert wurde; eines dieser Schiffe wurde in Originalgröße nachgebaut. In der Renaissance entdeckten die Genueser dank bahnbrechender Navigationstechnik unbekannte Erdteile. Am Ende des 19. Jh. schließlich brachen Millionen von Auswanderern von Genua aus in die Neue Welt auf.

Calata De Mari, www.galatamuseodelmare.it, März–Okt. Di–So 10–19.30, Nov.–Feb. Di–Fr 10–18, Sa, So 10–19.30 Uhr, Eintritt 12 €

Shoppen

Drogheria Torielli

Traditionsbetrieb mit lokalen und exotischen Leckereien, Nüssen, schokolierten und kandierten Früchten.

Via San Bernardo 32

Ausgehen

Antica Pasticceria Klainguti

Fast 200 Jahre altes und immer noch hervorragendes Café mit leckerem Gebäck.

Piazza Soziglia 98 r, So geschl.

MARSEILLE

Vom Anlegeplatz etwas außerhalb der Altstadt kommt man per Shuttle-Bus oder Taxi ins Zentrum. Als Startpunkt für Stadterkundungen bietet sich der Vieux Port an.

Sehenswertes

Château d'If

Alexandre Dumas hat im Château d'If den Helden seines Romans »Der Graf von Monte Christo« versteckt. Zu der geschichtsträchtigen Festung vor Marseille gelangt man mit einer 20-minütigen Schiffsfahrt.
Vieux port, www.if.monuments-nationaux.fr, April–Sept. tgl. 9.30–18, Okt.–März Di–So 9.30–16.45 Uhr, Eintritt 5,50 €

Corniche Kennedy

Der schönste, vornehmste Teil der Stadt mit einer 3 km langen Promenade wurde während der Revolution 1848 gebaut, um die Arbeiter zu besänftigen. Darüber stehen die Villen des Marseiller Geldadels, unten joggen die Sportiven vorbei.
Bus: Endoume

Notre-Dame-de-la-Garde

»La Bonne Mère«, golden über 154 m hohem Kalkstein, schützt Gläubige wie Ungläubige. Die Marienfigur auf der Basilika gilt als Marseilles Wahrzeichen. Mosaiken und viel Marmor schmücken die 1853 über einer kleineren Wallfahrtskirche errichtete neobyzantinische Basilika. Man klettert ungefähr eine halbe Stunde zu Fuß hinauf oder nimmt den Bus (Bus 60 vom Vieux Port).
Metro: Vieux-Port, Juli, Aug. 7–21, sonst bis 19 Uhr

Vieux Port

Der alte Hafen ist vielen der schönste Platz der Stadt, manchen der Welt. Hier starten die Touristenboote, links oben leuchtet Notre-Dame-de-la-Garde golden, jeden Morgen wird beim klein gewordenen Fischmarkt die frische Ware verkauft, es geht hinab in die Metro, Busse und Straßenbahnen fahren in alle Richtungen, und über der Fußgängerzone spendet die Ombrière Schatten, das luftige Dach, in dem sich alles spiegelt, von Sir Norman Foster entworfen.
Links und rechts erstrecken sich die Quais, schon unter Ludwig XIV. gebaut. Im Jahr 1943 hatten die Deutschen Hunderte der Häuser am Fuß des Panier-Viertels gesprengt, aber einige wie das Rathaus sind erhalten, und längst säumen teure Wohnungen den Hafen. Täglich legen hier die Boote zum Château d'If ab.
Metro: Vieux-Port

Museen

Musée National des Civilisations de l'Europe et de la Méditerranée

Das neue Nationalmuseum hinter einem Netz aus Beton, entworfen von Rudy Ricciotti, will alle Facetten des mediterranen Traumes vom 18. bis zum 21. Jh. zeigen, nicht nur in Ausstellungen, sondern auch in Debatten, Filmen, Veranstaltungen – es will Kulturstadt innerhalb der zweitgrößten Stadt Frankreichs sein und zu imaginären Reisen einladen.
1, esplanade du J4, Bus: Fort St Jean www.mucem.org, Mai–Juni, Sept., Okt. Mi–Mo 10–19, Juli, Aug. Mi–Mo 9–20, Nov.–April Mi–Mo 11–18 Uhr, Eintritt 8 €

Shoppen

Savonnerie marseillaise de la Licorne

Hier wird die Seife mit natürlichen Farben und Düften hergestellt, und nach einer Besichtigung des Betriebes sollte keine Frage offen sein.
34, cours Julien, www.soapmarseille.com, Besichtigung der Ateliers Mo–Sa 11, 15, 16 Uhr, Boutique auch 24, quai de Rive-Neuve

Ausgehen

Maison Debout

Seit 1932 werden die Kunden hier mit Kaffee versorgt. Es duftet aus Kaffeesäcken, zwei bis drei Dutzend verschiedene Sorten gibt es, mehr als 100 Tees kann man probieren oder auch eine Tasse Schokolade schlürfen, dazu vielleicht noch ein Stück Kuchen auf die Hand.
46, rue Francis-Davso, Mo–Sa 8.30–19.30 Uhr

NEAPEL

Die Stazione Maritima mit insgesamt sieben Liegeplätzen für Kreuzfahrtschiffe befindet sich mitten in der Innenstadt. Neben dem Terminal beginnt direkt der schöne Stadthafen von Neapel mit zahlreichen Cafés und Eisdielen. Unweit entfernt liegt auch der Steg für Schnellboote nach Capri.

Sehenswertes

Castel Nuovo

Im 13. Jh. von Karl I. von Anjou errichtete Residenz der Herrscher des Königreichs Neapel. Als Eingang dient ein marmorner Triumphbogen aus der Renaissance, der anlässlich des Einzugs Alfons V. von Aragon errichtet wurde.
Piazza Municipio, Mo–Sa 9–19 Uhr, Eintritt 5 € (Museum)

Chiesa di San Gregorio Armeno

Die Kirche aus dem 16. Jh. mit ihrer dunklen Vorhalle und die Klosteranlage zählen mit den Fresken von Luca Giordano zu den besonderen Kleinoden der Stadt.
Via San Gregorio Armeno, tgl. 9–12, So 9–13 Uhr

Piazza Bellini

Tag und Nacht ein beliebter Treffpunkt, mit schönen Restaurants und Cafés. Im Zentrum des Platzes befindet sich eine Ausgrabungsstätte mit Relikten aus der Zeit der griechischen Besiedelung ab dem 6. Jh. v. Chr.

Museen

Museo Archeologico Nazionale

Das bereits im 18. Jh. gegründete Museum beherbergt eine archäologische Sammlung von Weltrang. Den Kern bilden Funde aus Pompeji und Herkulaneum. Zusammen mit Relikten aus dem alten Ägypten und dem vorrömischen Italien bietet das Haus einen umfassenden Einblick in den Kulturreichtum der Antike. Bekannte Exponate sind u. a. der Herkules Farnese oder das berühmte Mosaik der Alexanderschlacht, das aus dem Haus des Fauns in Pompeji stammt. Das sog. Geheime Kabinett präsentiert antike erotische Kunstwerke.
Piazza Museo 19, www.marcheo.napolibeniculturali.it, Mi–Mo 9–19.30 Uhr, Eintritt 8 €

Shoppen

Dolce Idea

Zu Recht beliebte und mehrfach prämierte Schokoladenmanufaktur und Gelateria, die nicht nur großartige Pralinen herstellt, sondern sie auch liebevoll verpackt.
Via Gennaro Serra 78 und Via P. Castellino 132, www.dolceidea.com, tgl. außer So

Ausgehen

Caffè Letterario Intra Moenia

Literarisches Café, in dem das große Angebot an Büchern und Katalogen vor allem den Neapelbesucher zum Blättern und Lesen verführt.
Piazza Bellini 70, www.intramoenia.it, tgl. 10–2 Uhr

Einkehr nach der Stadtbesichtigung: Die Terrassencafés an der Piazza Bellini (➤ S. 10) sind eine Oase der Ruhe in der quirligen Altstadt von Neapel.

PALMA DE MALLORCA

Von der südlich gelegenen Anlegestelle erreicht man das Zentrum zu Fuß in etwa einer halben Stunde, alternativ stehen Taxis oder die öffentliche Buslinie 1 zur Verfügung.

Sehenswertes

Palau de l'Almudaina

Von der ursprünglichen Festung aus der Zeit der arabischen Herrschaft über Mallorca ist nur noch wenig zu sehen. Nach der aragonesischen Eroberung der Insel 1229 wurde an ihrer Stelle ein Palast im gotischen Stil erbaut, der nacheinander Königsresidenz, Gouverneurssitz und Militärkommandantur war und heute der Königsfamilie als selten genutzter Sommersitz dient.

April–Sept. Di–So 10–20, Okt.–März Di–So 10–18 Uhr, Eintritt 8 €

Sa Llotja (La Lonja)

Das gotische Kleinod in der Nähe der Kathedrale wurde vom 15. Jh. bis ins 19. Jh. als Handelszentrum oder Warenlager genutzt. Allein der filigranen Säulenkonstruktion wegen ist das Gebäude, in dem heutzutage Kunstausstellungen stattfinden, einen Blick wert.

Plaça Llotja, am Passeig de Sagrera, Di–Sa 11–14, 17–21, So 11–13 Uhr

La Seu (Kathedrale)

Als Jaume I. im Jahr 1229 während seines Eroberungszugs in einen heftigen Sturm geriet, so heißt es, schwor er der Jungfrau Maria, er werde ihr eine Kirche bauen, wenn sie ihn rette. Jaume überlebte den Sturm, eroberte die Insel von den Arabern und initiierte den Bau einer Kathedrale an der Stelle der zerstörten Hauptmoschee Palmas. Mehr als 300 Jahre dauerte die Errichtung des Hauptschiffs, die Fassade wurde gar erst Anfang des 20. Jh. vollendet. Antoni Gaudí stellte zu dieser Zeit viele der unter barocken Elementen verschwundenen gotischen Bauteile wieder her. Die Kathedrale ist besonders für die Farbenspiele bekannt, wenn das Sonnenlicht durch die großen bunten Fenster fällt.

Besichtigung durch das Kathedralmuseum, Plaça de l'Almoina, April, Mai, Okt. Mo–Fr 10–17.15, Juni–Sept. 10–18.15, Nov.–März 10–15.15, Sa ganzjährig 10–14.15 Uhr, Eintritt 4 €

Museen

Es Baluard — Museu d'Art Modern i Contemporani

Das Museum ist in einer Bastion der Renaissance-Stadtmauer integriert und von der spannenden Verschmelzung alter und neuer Gebäudeteile geprägt. Der Fokus der Sammlung liegt auf spanischer und europäischer Kunst der Moderne. Das Restaurant-Café auf dem Dach bietet einen tollen Ausblick über die Stadt.

Plaça Porta de Sta. Catalina 10, www.esbaluard.org, Di–Sa 10–20, So 10–15 Uhr, Eintritt 6 €

Shoppen

Mercat de l'Olivar

Die bunten Stände mit Obst und Gemüse, mit Wurst, Käse und Meeresfrüchten wirken appetitanregend. Warum also nach dem Bummel durch die Markthallen von Palma nicht gleich essen gehen, und zwar ins »Mercat de l'Olivar«? Das schlichte, aber gute Traditionslokal liegt direkt am Markt, von dem es den Namen übernommen hat. Und natürlich besorgt Besitzer Jaime Estrany hier auch die Zutaten für seine Spezialität Schweinelende mit Wirsing (»llom amb col«).

Plaça de l'Olivar, Mo–Sa 12.30–15.30 Uhr

Ausgehen

Ca'n Joan de S'Aigo

Die älteste Chocolatería Palmas existiert bereits seit dem 18. Jh. Das Café ist bei den Einheimischen – vor allem bei Familien – sehr beliebt, nicht selten bilden sich Warteschlangen vor der Tür. Berühmt sind die frisch gebackenen »ensaimadas«, das Mandeleis und natürlich auch die dickflüssige heiße Schokolade. Mit rotem Plüsch und dekorativem Kitsch wird hier ein heimeliges Ambiente geschaffen.

Carrer Can Sanç 10, Mi–Mo 8–21 Uhr

PIRÄUS / ATHEN

Kreuzfahrtschiffe legen an zwei Terminals im äußersten Südosten des Hafenbeckens von Piräus an. Die Metrostation zur Fahrt nach Athen liegt 1,2 bis 2 km nördlich (Fahrzeit bis Station Monastiráki in der Altstadt ca. 20 Min.). Zum Syntagma-Platz im Zentrum fährt die Buslinie X80 direkt vom Passagierterminal A aus.

Sehenswertes

Agorá

Die Agorá war das gesellschaftliche Herz des antiken Athens und im 5. Jh. v. Chr. zentraler Ort der attischen Demokratie. Sie erfüllte viele Funktionen: Märkte, Feste, Spiele und Wettkämpfe wurden veranstaltet, Gerichtsverhandlungen geführt und Ratsversammlungen abgehalten. Über die Agorá verlief die Panathenäische Straße, ein Verkehrs- und Prozessionsweg, von dem heute noch Teile sichtbar sind. Der gut erhaltene marmorne Hephaistos-Tempel aus dem 5. Jh., auch Theseion genannt, war dem Gott der Schmiede sowie Athene, der Göttin des Handwerks und der Künste, gewidmet.

U-Bahn: Monastiraki, tgl. 8–19, Winter 8–15 Uhr, Eintritt 4 €

Akropolis

Der felsige Hügel inmitten der Stadt – eines der wichtigsten Wahrzeichen europäischer Geschichte – hat einige Wandlungen durchgemacht. In der Königszeit diente er als Burgberg und royale Residenz. Mit dem Sieg über die Perser, der Bildung des Attischen Seebundes und der Etablierung der Demokratie im 5. Jh. v. Chr. erhielt die athenische Polis eine überragende Stellung im Peloponnes. Bester Ausdruck des neuen Selbstbewusstseins war der prächtige Kultbezirk, der nach und nach auf dem alten Festungshügel errichtet wurde. Antike ebenso wie heutige Besucher betreten die Anlage durch die Propyläen mit dem Nike-Tempel rechts davor. Größtes Gebäude im Inneren des heiligen Bezirks ist der Parthenon, der Tempel der Stadtgöttin Pallas Athene. Wie antike Quellen berichten, soll sich eine kolossale Statue der Göttin aus Gold und Elfenbein in der Haupthalle des Tempels befunden haben. Links des Parthenon steht das mehreren Götter- und Heldenkulten gewidmete Erechtheion mit einer Reihe von Karyatiden. Diese Gebäude stammen aus der Blütezeit der athenischen Demokratie und gehen auf die Initiative des Staatsmanns Perikles zurück. Kleinere Tempel wurden unter der römischen Herrschaft errichtet, als Athen seine Vorrangstellung im Mittelmeer längst verloren hatte.

U-Bahn: Akropolis, April–Okt. tgl. 8–20, Nov.–März 8–17 Uhr, Eintritt 12 €

Dionysos-Theater

Das Theater am Südhang der Akropolis wird mit einigem Recht als Geburtsstätte der europäischen Bühnenkunst bezeichnet. Hier wurden während der Dionysien, den jährlichen Festspielen im antiken Athen, die Tragödien des Aischylos, des Sophokles und Euripides aufgeführt. Bis zu 15 000 Zuschauer fasste das im 4. Jh. v. Chr. errichtete Gebäude.

U-Bahn: Akropolis, März–Okt. tgl. 8–19.30, Nov.–Feb. 8–17 Uhr, Eintritt 2 €

Syntagma

Was in der Antike die Agorá war, ist heute der »Platz der Verfassung«. Hier befindet sich das Stadtschloss, Sitz des griechischen Parlaments. Das Denkmal des Unbekannten Soldaten vor dem Parlament wird von Evzonen (»Schöngegürtete«) bewacht, die die traditionelle Uniform aus der Zeit der griechischen Monarchie tragen. Sehenswert ist deren Wachablösungszeremonie jeden Sonntag um 11 Uhr.

U-Bahn: Syntagma

Museen

Akropolis-Museum

Im modernen Komplex des Akropolis-Museums finden Geschichts- und Kunstinteressierte jene Skulpturen des Tempelbezirks, die von den Beutezügen westeuropäischer Archäologen verschont geblieben sind. Die ältesten Exponate stammen aus dem sogenannten »Perserschutt«, dem Teil der Akropolis, der im 5. Jh. v. Chr. durch die Perser

Seit 2500 Jahren thront der Parthenon auf der Akropolis (➤ S. 12) von Athen und steht sinnbildlich für die Geburt der abendländischen Demokratie.

zerstört wurde. Auch Originalteile des Parthenon-Frieses sind ausgestellt; die ›fehlenden‹, in London im British Museum befindlichen Abschnitte sind durch dunkel abgesetzte Gipsabgüsse gekennzeichnet.
Dionysion Aeropagitou 15, U-Bahn: Akropolis, www.theacropolismuseum.gr, April–Okt. Di–So 8–20, Fr 8–22, Nov.–März Di–Do 9–17, Fr 9–22, Sa, So 9–20 Uhr

Archäologisches Nationalmuseum

Das größte Museum Griechenlands und eines der wichtigsten weltweit. Bis ins Neolithikum reicht die Sammlung der insgesamt 11 000 Exponate zurück, deren Kernstück Kunstwerke und Gebrauchsgegenstände des antiken Athen bilden. Es empfiehlt sich angesichts der Unmenge an einzigartigen Stücken, den Besuch auf einen Teil der Säle einzugrenzen. Die prähistorische Sammlung in den Räumen 3 bis 6 ist sehenswert, ebenso die Skulpturensammlung ab Raum 7. In Raum 48 im zweiten Geschoss befinden sich die berühmten 3000 Jahre alten Fresken aus dem antiken Thera.
Patission 44, U-Bahn: Victoria, www.namuseum.gr, tgl. 8–20, Winter tgl. 8–15 Uhr, Eintritt 7 €

Shoppen

Monastiráki-Flohmarkt

Der quirlige Platz gleich vor der Metrostation Monastiráki ist nach der byzantinischen Kirche Pantanassa benannt – »monastiráki« heißt »kleines Kloster«. Hier wie auch in den umliegenden Gässchen ist jeden Tag Flohmarkt. Neben der Basarmoschee sieht man die Reste der aus römischer Zeit stammenden Hadriansbibliothek.
Zwischen den Metrostationen Monastiráki und Thisío

SANTORIN

Schiffe ankern vor dem kleinen Kai von Athinios, Passagiere werden ausgebootet. Vom Kai fährt eine Kabinenseilbahn nach Firá (einfache Fahrt 4 €).

Sehenswertes

Ausgrabungsstätte Akrotíri

Um 1625 v. Chr. wurde Santorin von einem gewaltigen Vulkanausbruch erschüttert, in dessen Folge die minoische Siedlung Akrotíri an der Südküste unter Asche und Bimsstein verschwand. 3500 Jahre später wurden die Überbleibsel des Ortes zufällig entdeckt; in der Ausgrabungsstätte wird noch heute gearbeitet. Von besonderer Bedeutung sind die vielen Gebrauchsgegenstände, die Einblick in das damalige Leben gewähren.
Di–So 8–20, im Winter 8–15 Uhr

Museen

Prähistorisches Museum

Das Museum ist vor allem wegen der dort ausgestellten Fresken aus dem minoischen Akrotíri einen Besuch wert. Daneben werden die jahrtausendelange Kulturgeschichte und die geologische Entwicklung der Insel dargestellt.
Zw. Busbahnhof und Hotel Atlantis, Di–So 8.30–15 Uhr, Eintritt 3 €

Shoppen

Mati Art Gallery

Das Meer und seine Bewohner am und unter Wasser sind das beherrschende Thema im künstlerischen Werk von Yorgos Kypris und der seinem Werk gewidmeten MATI Art Gallery. Fischschwärme sind ein wiederkehrendes Motiv der Metallskulpturen, ebenso Fischerboote und Meeresvögel. Die Kunstwerke des auf Zypern geborenen Künstlers sind so geschmackvoll wie facettenreich, Schnäppchen sollte man hier jedoch nicht erwarten.
Firá, neben der orthodoxen Kathedrale, www.matiartgallery.com

SAVONA

Der Hafen Palacrociere Savona mit neuem gewaltigem Terminal für Kreuzfahrtschiffe liegt ca. 2 km von der Stadt entfernt. Taxifahrten ins Zentrum kosten um 20 €.

Sehenswertes

Duomo Santa Maria Assunta

Das Gotteshaus aus dem Frühbarock ersetzte Ende des 16. Jh. den während der genuesischen Herrschaft über die Stadt zerstörten Dom in der Oberstadt. Im 19. Jh. wurden die neobarocke Fassade sowie die prunkvolle Innenausstattung mit detailreichen Verzierungen und die Deckenbemalung hinzugefügt. Vom Chor aus kann das Domschatzmuseum besichtigt werden. An das nördliche Seitenschiff grenzt ein Kreuzgang, der einst zu einem hier befindlichen Franziskanerkloster gehörte. Nur Samstagnachmittag ist die nahe gelegene Cappella Sistina zu besichtigen, die Papst Sixtus IV. im 15. Jh. als Grabstätte für seine Eltern errichten ließ.
Via Ambrogio Aonzo

Im Inneren der Osteria Bacco (➤ S. 15) in Savona erwarten den Gast ein sehr ungewöhnliches Ambiente und eine authentische Küche.

Museen

Museo Archeologico

Bereits in der römischen Antike war die Gegend von Savona besiedelt. Das der archäologischen Erschließung der Stadtgeschichte gewidmete Museum zeigt vor allem auf dem Festungshügel gefundene Relikte.
Fortezza del Priamàr, Palazzo della Loggia, Corso Mazzini 1, 16. Juni–14. Sept. Mi–Mo 10.30–15, 15. Sept.–15. Juni Mi–Fr 9.30–12.30, 14.30–16.30, Sa–Mo 10.30–16.30 Uhr, Eintritt 2,50 €

Pinacoteca Civica

Die städtische Gemäldegalerie beherbergt ligurische Malerei, primär sakrale Kunst vom 14. bis ins 18. Jh. Zu den wertvollsten Exponaten gehören Ludovico Breas »Kreuzigung« und Nicolò da Voltris »Madonna mit Kind«, dazu kommen Beispiele der lokalen Keramiktradition.
Palazzo Gavotti, Piazza Chabrol 1, Mo–Mi 9.30–13, Do–Sa 9.30–13, 15.30–18.30, So 10–13 Uhr, Eintritt 4 €

Shoppen

Mercato Coperto

In der städtischen Markthalle werden jeden Morgen frisches Gemüse und Obst sowie der Fischfang der letzten Nacht feilgeboten.
Via Giuria, Mo–Mi 7–14, Do–Sa 7–13, 16–19 Uhr

Ausgehen

Osteria Bacco

Die mit zahllosen Schiffsmodellen und anderen maritimen Utensilien eingerichtete Osteria wirkt auf den ersten Blick vielleicht wie eine Touristenfalle, doch treffen sich in erster Linie Einheimische an den rot-weiß gedeckten Tischen. Eine Speisekarte gibt es nicht, dafür verkündet der urige Wirt Francesco Doberti – er war früher einmal Seemann – mit seinem dröhnenden Bass das aktuelle Angebot.
Via Quarda Superiore 17, www.osteriabacco.it, Mo–Sa 12–14.30, 19.30–22.30 Uhr

VENEDIG

Die Kreuzfahrtterminals liegen im Südwesten der Lagunenstadt. Einige Reedereien setzen Shuttle-Busse zum Piazzale Roma ein, von wo aus man mit dem »vaporetto« genannten Linienschiff bis zur Piazza San Marco fahren kann. Zu Fuß geht man je nach Liegeplatz des Schiffes 15–30 Min. bis zum Piazzale Roma. Vom Haupteingang des Passagierhafens fährt auch ein Stadtbus zum Piazzale Roma.

Sehenswertes

Canal Grande

Die 3,5 km lange Hauptarterie der Lagunenstadt kann nur mit Gondel oder Linienboot erkundet werden. Wer nicht so viel Geld für eine teure Gondelfahrt ausgeben will, nimmt am besten ein Boot der Linie 1, die zwischen Piazzale Roma und Lido einmal den gesamten Kanal durchquert. Am Wasser stehen viele der prächtigsten venezianischen Paläste und Gotteshäuser, etwa die Kirche Santa Maria della Salute bei der Anlegestelle Salute. Über den Kanal führt auch die weltberühmte Rialto-Brücke. Schon das rege Treiben auf der Wasserstraße an warmen Sommertagen ist eine Attraktion für sich.

Markusplatz

Schon lange übt der Markusplatz eine besondere Faszination auf Besucher der Lagunenstadt aus, wie zahlreiche Gemälde und Reiseberichte aus den letzten fünf Jahrhunderten belegen. Heute ist der kaum über dem Meeresspiegel liegende Platz quasi immer überschwemmt – wenn nicht vom mehrmals im Jahr auftretenden Hochwasser, dann von Tauben und Touristen. Im kunstvollen venezianischen Karneval wird er zu einer surrealen Bühne der Fantasie.
An der Ostseite der Piazza steht der Dom. Er ist dem Evangelisten Markus gewidmet, dessen Gebeine venezianische Kaufleute 828 aus Alexandria raubten und in ihre Heimatstadt brachten. Auch die vier bronzenen Pferdestatuen auf der Galerie, die einmal eine Quadriga bildeten, sind Raubgut. Der Doge Enrico Dandolo erbeutete sie während des Vierten Kreuzzugs bei der Einnahme Konstantinopels im Jahr 1204. Die Pferde sind das einzige erhaltene Vierergespann der Antike und standen vor ihrer Überführung an den Bosporus auf dem Triumphbogen Kaiser Neros in Rom. Aus konservatorischen Gründen befinden sich die Originalskulpturen im Museo Marciano, am Markusdom sind Reproduktionen zu sehen. Die Kirche in ihrer heutigen Form wurde im 11. Jh. errichtet. Deutlich sichtbar sind die byzantinischen Einflüsse auf den von fünf Kuppeln gekrönten Bau, besonders in dem am griechischen Kreuz orientierten Grundriss. Das Innere des Doms ist über und über mit Mosaiken auf goldenem Grund geschmückt. Die prächtige Pfingstkuppel nahe des Portals stellt die Aussendung der Zwölf Apostel durch die Feuerzungen des Heiligen Geists dar. Die Mosaike in den Seitenschiffen zeigen Geschehnisse aus dem Leben der Apostel.
Über dem Markusplatz thront der Campanile, den die Venezianer »paron de casa«

(Hausherr) nennen. Seine Aussichtsplattform bietet einen tollen Blick über die Lagune.
Piazza San Marco, Haltestelle: San Marco oder San Zaccaria
- Basilica di San Marco: www.basilicasanmarco.it, Mo–Sa 9.45–17, So 14–17 Uhr, Galerien und Museen tgl. 9.45–16.45 Uhr, Eintritt 4 €
- Campanile: tgl. 9.45–20 (Sommer), 9.45–16 Uhr (Winter), Eintritt 8 €
- Palazzo Ducale: www.museicivicivenezia ni.it, April–Okt. tgl. 9–19, Nov.–März tgl. 9–17 Uhr, Eintritt mit Sammelticket Museum Card 14 €, Museum Pass 18 €

Rialtobrücke

Die Ponte di Rialto verband zwei für die venezianische Handelsrepublik lebenswichtige Orte: die beiden Stadtviertel San Marco, in dem sich u. a. die Fondaco dei Tedeschi, die Niederlassung der deutschen Kaufleute, befand, und San Polo mit dem Mercato di Rialto, dem zentralen Marktplatz. Im Jahr 1591 wurde der vom venezianischen Architekten Antonio da Ponte entworfene Bau für den Verkehr freigegeben. Bis zum Bau der Accademia-Brücke Mitte des 19. Jh. war die Ponte di Rialto der einzige Fußweg über den Canal Grande.
Ponte di Rialto, Haltestelle: Rialto Mercato

Museen

Gallerie dell'Accademia

In den 24 Sälen der Galerie finden sich sämtliche Klassiker der venezianischen Kunst, die ihren Höhepunkt im 15. und 16. Jh. erreichte. Werke von Bellini, Tizian und Tintoretto sind zu sehen, aber auch jüngere Arbeiten von Canaletto und Guardi, zu deren Werk auch Motive ihrer Heimatstadt Venedig gehören.
Campo della Carità, Haltestelle: Accademia, www.gallerieaccademia.org, Mo 8.15–14, Di–So 8.15–19 Uhr, Eintritt 6,50 €

Guggenheim Collection

Der zeitlos schöne Palazzo Venier dei Leoni, im 18. Jh. für die Familie Venier erbaut, bildet den Rahmen für eine der bedeutendsten Sammlungen moderner Kunst der Welt. Peggy Guggenheim, Nichte des Milliardärs und Kunstförderers Solomon R. Guggenheim, kaufte den Bau im Jahr 1948 und lebte hier umgeben von ihrer exquisiten Kunstsammlung bis zu ihrem Tod 1979. Sie ist im Garten neben ihren geliebten Hunden beerdigt. Der Palazzo wurde nach ihrem Tod zum Museum umgewidmet. Während des Zweiten Weltkriegs hatte Peggy Guggenheim viele Werke erworben und so vor der Zerstörung bewahrt.
701, Palazzo Venier dei Leoni, Haltestelle: Salute, www.guggenheim-venice.it, Mi–Mo 10–18 Uhr, Eintritt 12 €

Venedigs weltbekannte Rialtobrücke (➤ S. 16) über den Canal Grande.

Shoppen

Meraviglie di Venezia

»Venezianische Wunderwerke« aus venezianischem Glas. Unwiderstehlich sind die Halsketten und Ohrringe aus Muranoperlen.
1701, Calle Frezzeria, Haltestelle: San Marco

Ausgehen

Caffè Florian

Ein venezianischer Mythos und Symbol der städtischen Geschichte ist dieses 1720 eingeweihte Kaffeehaus unter den Arkaden des Markusplatzes – das älteste Italiens. Hier sind Casanova und Goldoni, Goethe und Lord Byron, antiösterreichische Verschwörer 1848 und Intellektuelle und Künstler zu allen Zeiten eingekehrt. Das Lokal ist teuer, aber selbst die Venezianer treffen sich gern im pompösen Samt-Stuck-Ambiente.
Piazza San Marco, Haltestelle: San Marco, www.caffeflorian.com, Do–Di 10–24 Uhr (im Winter bis 23 Uhr)

Atlantik und Nordeuropa

BERGEN

Die Kreuzfahrtschiffe machen meist am Skoltegrunnskaien direkt am äußeren Ende des Hansekontors Bryggen fest. Dazu gehört auch Bontelabo Dock, ein Liegeplatz für größere Kreuzfahrtschiffe.

Sehenswertes

Bryggen

Nach dem Stadtbrand von 1702 wurden viele der schönen Giebelhäuser des Stadtteils Bryggen wiederaufgebaut. Diese einst in sich abgeschlossene Welt mit ihren nun windschiefen Speicherhäusern und den schmalen, mit Holzbohlen ausgelegten Gassen war Sitz der Hansekaufleute. Heute zählt die Unesco Bryggen zum Weltkulturerbe. Am Nordende erhebt sich rechts die Marienkirche aus der ersten Hälfte des 12. Jh. und seit dem späten Mittelalter die Hauptkirche der Hanseaten. Bis weit ins 19. Jh. wurde hier auf Deutsch gepredigt. In den Schøtstuene daneben vergnügten sich 400 Jahre früher die hanseatischen Kaufleute feuchtfröhlich.
Ostseite der Bucht Vågen

Fløibahn

Die Standseilbahn fährt auf den Bergener Hausberg Fløyen, der mit ca. 400 m über Meeresniveau nicht gerade hoch erscheint, aber eine schöne Aussicht auf Stadt und Fjord bietet. Von der Bergstation aus kann man auf Wanderwegen die Gegend erkunden.
www.floyen.no, Ticket 85 NOK hin und zurück

Museen

Hanseatisches Museum

Das Museum vermittelt mit originalem Interieur und authentischer Gestaltung heutigen Besuchern das Leben der Mitglieder der Deutschen Hanse. Die Kaufleute, Lehrlinge und Gesellen – nur Männer waren im Kontor erlaubt – lebten ein karges, streng überwachtes Leben abseits der einheimischen Bevölkerung, was sich in der schmucklosen Gestaltung ihrer Arbeits- und Schlafräume spiegelt. Nur in den etwas von den Kontoren entfernt liegenden Schötstuben bei der Marienkirche durfte Feuer gemacht werden. Im nasskalten norwegischen Winter dienten sie als Speisesaal und Versammlungsraum.
Finnegårdsgaten 1A, http://hanseatiskemuseum.museumvest.no, 16. Sept.–14. Mai tgl. 11–15, 15. Mai–15. Sept. tgl. 9–17 Uhr, Eintritt 90 NOK

Lepramuseum

Das morbide, aber sehenswerte und sehr bewegende Museum ist in einem kleinen Gebäudekomplex in der Innenstadt versteckt. St. Jørgen war im 19. Jh. eine von drei Leprastationen in Bergen und der Ort, an dem Gerhard Armauer Hansen 1873 den bakteriellen Erreger der Krankheit entdeckte. In den oft winzigen Patientenzimmern werden individuelle Schicksale nachgezeichnet, die Krankheit und ihre grauenhaften Auswirkungen erklärt und in durchaus verstörenden Bildern gezeigt. Außerdem wird die Geschichte des Krankenhauses selbst geschildert.
St. Jørgenshospital, Kong Oscars gate 59, 15. Mai–15. Sept. tgl. 11–15 Uhr, Eintritt 70 NOK

Shoppen

Galleriet

Mit 70 kleinen und größeren Geschäften und Restaurants auf sechs Etagen ist das Einkaufszentrum Bergens schickste Passage. Bis 21 Uhr geöffnet.
Torgalmenningen 8, Mo–Sa 9–21 Uhr

Ausgehen

Kippers

Das auf Bergens Pier gelegene Kafe Kippers ist ein Ort der Begegnung von Künstlern und Öffentlichkeit. Das größte Outdoor-Restaurant der Stadt bietet im Sommer bis zu 500 Gästen Platz, die dort einen wunderbaren Blick auf den Fjord und den Sonnenuntergang genießen können.
USF Verftet, Georgernes Verft 12, tgl. 11–23 Uhr

CÁDIZ

Cádiz erhebt sich auf einer Landzunge, die in die gleichnamige Bucht vorspringt. Der Puerto Comercial nordöstlich der Altstadt in der Nähe des Bahnhofs ist Anlegeplatz der Kreuzfahrtschiffe. Die wichtigsten Sehenswürdigkeiten sind von dort nur wenige Hundert Meter entfernt.

Sehenswertes

Catedral Nueva

Der Bau der Catedral de Santa Cruz wurde Anfang des 18. Jh. begonnen, als Cádiz durch den Handel mit der Neuen Welt in ein goldenes Zeitalter eingetreten war. Dies sollte nicht von Dauer sein, daher verzögerte Geldmangel die Vollendung erheblich. Heute ist das Gotteshaus ein beeindruckender Anblick. Mit zwei gewaltigen Türmen und der Vierungskuppel überragt die Kathedrale den daneben liegenden Vorgängerbau aus dem 13. Jh. deutlich. Eine Erkundung des dreischiffigen Inneren lohnt allein aufgrund der einen oder anderen ungewöhnlichen Heiligenstatue. Der Chor besteht aus edlem Mahagoniholz. Zwei der berühmtesten Bürger der Stadt, der Komponist Manuel de Falla und der Autor José María Pemán, liegen in der Krypta begraben.

Plaza Catedral

Iglesia de Santa Cueva

Im 18. Jh. im klassizistischen Stil errichtete Kirche. Die von Francisco de Goya gestalteten Lünetten in der Kuppel zeigen klassische Motive des Neuen Testaments.

Calle Rosario/Calle San Francisco

Torre Tavira

Die 126 historischen Wachtürme sind das weithin sichtbare Kennzeichen von Cádiz. Von oben konnten die Kaufleute der Stadt das Geschehen im Hafen beobachten und bis zum Horizont blicken, während sie auf die Ankunft ihrer Schiffe warteten. Der Torre Tavira ist der höchste Turm. Im Inneren befindet sich eine Camera Obscura, ein rudimentärer Vorläufer heutiger Kameras.

Calle Marqués del Real Tesoro 10 (nahe Plaza de Flores), www.torretavira.com, tgl. 10–18, im Sommer bis 20 Uhr, Eintritt 4 €

Museen

Museo de Cádiz

Das Museo de Cádiz präsentiert eine vielfältige Auswahl an Kunstgegenständen aus der Gegend. Die Gemäldeabteilung dreht sich ganz um die spanischen Barockkünstler Murillo, Zurbarán und Alonso Cano, im archäologischen Bereich sind phönizische Sarkophage ausgestellt, und die der Volkskultur gewidmete Abteilung präsentiert im traditionellen Karneval verwendete Puppen.

Plaza de la Mina, Di 14.30 bis 20.30, Mi–Sa 9–20.30, So und feiertags 9–14.30 Uhr, Eintritt für EU-Bürger frei

Museo de las Cortes de Cádiz

Das Museum zeigt Exponate aus der Geschichte der Stadt, die ihre Bedeutung vor allem durch ihre Lage am Golf von Gibraltar erhielt und im 18. Jh. der zentrale Hafen Iberiens für den Handel mit der Neuen Welt wurde. Eines der Hauptthemen des Museums ist die Verfassungsgeschichte Spaniens, in der Cádiz eine wichtige Rolle einnahm. Ein Modell aus Ebenholz und Mahagoni zeigt die Stadt in ihrem Zustand Ende des 18. Jh.

Ile Santa Inés 9, Di–Fr 9–18, Sa, So und feiertags 9–14 Uhr, Eintritt frei

Shoppen

Mercado Municipal

Gute Auswahl an Fisch, Meeresfrüchten, Fleisch, Gemüse, Obst, Gewürzen, Oliven, Blumen und Lederwaren. Der Gebäudekomplex wurde vor Kurzem restauriert. Volkstümliche Bars und Restaurants befinden sich in der Umgebung.

Calle Libertad

Charcutería Vista Hermosa

Exquisites Angebot von luftgetrocknetem Serrano-Schinken, Ibérico-Wurstwaren und anderen andalusischen und spanischen Delikatessen.

Avenida Cayetano del Toro 1

GEIRANGER

Geiranger ist eine kleine Stadt am Ende eines langen Fjords. Der Seawalk Pier wurde im Jahr 2013 angelegt und kann nur ein einziges Kreuzfahrtschiff aufnehmen.

Sehenswertes

Dalsnibba

Ein grandioser Blick auf die Pracht des Geirangerfjords bietet sich vom Gipfel des Dalsnibba (1476 m), 7 km vom Ort Geiranger entfernt. Die Auffahrt beginnt an der Berghütte Djupvasshytta, daneben schimmert der türkisfarbene See Djupvatnet.

Die Nibbevegen-Straße führt von der Djupvasshytta auf den Gipfel (nur Juni–Okt.)

Der 15 km lange Geirangerfjord (➤ S. 19) ist ein Nebenarm des größeren Storfjord. Der Ort Geiranger liegt etwa 100 km von der Küste entfernt.

Geirangerfjord

Der Geirangerfjord ist einer der schönsten Flecken Natur Europas und die Fahrt zwischen seinen steilen Ufern ein unvergessliches Erlebnis. Die Wasserfälle an seinen Flanken tragen solch poetische Namen wie »Sieben Schwestern«, und die versprengt an den Hängen gelegenen, heute verlassenen Gehöfte (Besichtigung möglich) erzählen vom bäuerlichen Leben der Region.

HAMBURG

Das Kreuzfahrtterminal HafenCity überzeugt durch eine fantastische, stadtnahe Lage (U-Bahn-Station Überseequartier). Das moderne Cruise Center Altona liegt in der Nähe vom Fischmarkt unweit von St. Pauli (Bus-Haltestelle Große Elbstraße). Seit Juni 2015 ist das Terminal Steinwerder auf der anderen Elbseite in Betrieb.

Sehenswertes

Alster

Was vor knapp einem Jahrtausend als Stauteich einer Kornmühle am Rande des damaligen Siedlungsgebietes begann, ist heute eines der beliebtesten Naherholungsgebiete der Stadt. Die Wege an der Außenalster laden zum Spazierengehen und Radfahren ein, oder man beobachtet die Segler bei ihrem nicht ganz einfachen Kampf gegen den Wind. Zwischen Jungfernstieg und Lombardsbrücke liegt die Binnenalster, an deren Ufer sich die großen Gründerzeitbauten mit ihren grünen Kupferdächern reihen. Von der Lombardsbrücke aus hat man den besten Panoramablick auf den Turm des Rathauses, die ehemalige Nikolai-Kirche und den Michel im Hintergrund. Am Jungfernstieg beginnen die Ausflugsfahrten der Alsterschiffe.

S-/U-Bahn: Jungfernstieg

HafenCity und Elbphilharmonie

Bereits in den 1960er-Jahren begann die Auslagerung des Containerhafens in die elbabwärts gelegenen Gebiete hinter dem Alten Elbtunnel, und so stand die zukünftige Nutzung des Hafengebiets am Großen Grasbrook offen. Inzwischen wird die einstige

Vision von der HafenCity – das größte innerstädtische Bauprojekt Europas – zunehmend Realität. Geschichte und aktueller Stand der Bauarbeiten werden im HafenCity Info Center im alten Kesselhaus der Speicherstadt präsentiert, von mehreren Aussichtspunkten aus kann der Baufortschritt mit eigenen Augen überprüft werden.
An der Spitze der HafenCity ragt die weithin sichtbare, geschwungene Silhouette der Elbphilharmonie empor, die vom Architekturbüro Herzog & de Meuron auf einen ehemaligen Kakaospeicher gesetzt wurde. Lange Zeit eher für Kosten- und Bauzeitüberschreitungen bekannt, nähert sich das neue Wahrzeichen der Hansestadt langsam, aber sicher der Vollendung. Im Januar 2017 soll das Eröffnungskonzert stattfinden.
InfoCenter der HafenCity, Kesselhaus, Am Sandtorkai 30, U-Bahn: Baumwall, www.hafencity.com, Di–So 10–18, Do bis 20 Uhr, Elbphilharmonie: Dammtorwall 46, U-Bahn: Baumwall, www.elbphilharmonie.de

Neues Wahrzeichen der Hansestadt: die Elbphilharmonie (➤ S. 20).

St. Michaelis

Der Backsteinbau in der südlichen Neustadt gehört zu den älteren Wahrzeichen Hamburgs und bot Seefahrern jahrhundertelang Orientierung. Ihren Charme erhält die Barockkirche durch ihre protestantische Schlichtheit im Inneren wie Äußeren. Der gegenwärtige Bau aus dem Jahr 1912 ist bereits der dritte an dieser Stelle, die Vorgängerbauten aus dem 17. und 18. Jh. wurden jeweils durch Brände zerstört. Das verheerende Bombardement der Alliierten im Zweiten Weltkrieg überstand die Kirche zunächst mit nur geringen Schäden, bis eine Bombe gegen Ende des Kriegs in das Hauptschiff einschlug und große Zerstörung anrichtete. Bis 1952 dauerte der Wiederaufbau. Von der Aussichtsplattform in 82 m Höhe hat man bei gutem Wetter eine weite Sicht über das Treiben im Hafen und in der Stadt.
S-/U-Bahn: Landungsbrücken

Museen

Hamburger Kunsthalle

Nach umfassender Renovierung präsentiert die Hamburger Kunsthalle ihre Sammlung in neuem Glanz. Auf drei Gebäude ist die von der Spätgotik bis in die Gegenwart reichende Kollektion v. a. von Bildern und Skulpturen aufgeteilt. Außerdem führt der Rundgang durch den Komplex zu mittelalterlichen Sakralwerken bis zu zeitgenössischer Multimediakunst. Unter ihnen befinden sich viele Meisterwerke der europäischen Kunst, etwa von Rembrandt, Goya und Caspar David Friedrich bis hin zu Paul Klee und Max Ernst. Das »Transparente Museum« setzt sich mit dem eigenen Handwerk, dem Präsentieren und Reproduzieren von Kunst, auseinander.
Glockengießerwall, S-/U-Bahn: Hauptbahnhof, www.hamburgerkunsthalle.de, Di–So 10–18, Do bis 21 Uhr, Eintritt 12 €

Shoppen

Frischeparadies

Was es im Frischeparadies nicht gibt, gibt es nicht! So scheint es zumindest. Auf 600 Quadratmetern Ladenfläche an der Hafenmeile wird Feinkost aus aller Welt angeboten, darunter vieles, von dem man noch nie gehört hat.
Große Elbstr. 210, S-Bahn: Königstraße

Ausgehen

Koch Kontor

Beliebter Treffpunkt im trendigen Karolinenviertel ist das Koch Kontor, in dem man zu vernünftigen Preisen Mittagessen, Kaffee trinken und leckeren Kuchen genießen kann. Als literarisch-kulinarische Beilage und Inspiration für eigene Kochprojekte liegen mehrere Tausend Kochbücher zum Hineinschmökern bereit.
Karolinenstr. 27, U-Bahn: Messehallen, Mo–Fr 10–19, Sa 11–17 Uhr

HELSINKI

Kleine Kreuzfahrtschiffe ankern am zentrumsnahen Katajanokka Terminal, große im Länsisatama (Västra Hamnen, Westlicher Hafen) 3 km südwestlich der Innenstadt.

Sehenswertes

Dom und Senatsplatz

Der Senatsplatz bezaubert durch seine einheitliche klassizistische Schlichtheit. Er wurde maßgeblich vom preußischen Architekten Carl Ludwig Engel gestaltet, der nicht nur den Dom entwarf, sondern auch das Senatsgebäude an der Ost- und das Hauptgebäude der Universität an der Westseite des Platzes. Der von orthodoxen Gotteshäusern inspirierte Dom ist innen wie außen in strahlendem Weiß gehalten. In der Mitte des Platzes steht eine Statue des Finnland zugeneigten Zaren Alexander II., umringt von allegorischen Figurengruppen – die bärenfellbekleidete, von einem Löwen begleitete Figur des »Gesetzes« wird gemeinhin als Personifizierung Finnlands interpretiert. Ein kurzer Blick in den wunderschön gestalteten Eingangsbereich der Universität lohnt sich. Im goldenen Licht lauer Sommerabende erstrahlt der Senatsplatz in voller Schönheit und auf den Stufen vor dem Dom blüht das Leben.

Kruununhaka, Tram: Senaatintori, Dom: www.helsinginkirkot.fi, Juni–Aug. tgl. 9–23, sonst 9–18 Uhr

Felsenkirche

Die Temppeliaukio-Kirche ist einzigartig auf der Welt. Das von den Brüdern Timo und Tuomo Suomalainen Ende der 1960er-Jahre realisierte Gotteshaus lebt von der Verschmelzung mit der Natur. Für den Bau wurde in den ursprünglich als Fundament vorgesehenen Granitfelsen ein enormes Loch gesprengt. Eine Kuppel aus Kupfer und Glas überspannt diesen Raum, an dessen nackten Felswänden noch das eine oder andere Rinnsal hinunterläuft. Die avantgardistische Architektur bietet ein ungewöhnliches Raumgefühl und eine großartige Akustik, die bei den regelmäßigen Orgel- und Chorkonzerten zur Geltung kommt.

Temppeliaukion kirkko, Lutherinkatu 3, Tram: Sammonkatu, www.helsinginkirkot.fi, Mo–Sa 10–17, So 11.45–17, Juni–Sept. Mo–Sa 10–17.45, So 11.45 bis 17 Uhr

Kaivopuisto-Viertel

Während die feinen Jugendstilbauten des Diplomatenviertels Kaivopuisto den reichen Bevölkerungsschichten vorbehalten bleiben, ist der gleichnamige Park am Meer Tummelplatz aller Einwohner Helsinkis. Beim Gang an der Küste kommt man an den Stegen vorbei, die noch heute zur Teppichwäsche im Ostseewasser genutzt werden. An den hölzernen Gestellen werden sie danach ausgeschlagen.

Südlich des Zentrums

Museen

Ateneum

Die im 19. Jh. gegründete finnische Nationalgalerie am Bahnhofsplatz zeigt vornehmlich finnische Kunst der Moderne, aber auch große Künstler aus West- und Südeuropa sind vertreten.

Ateneumin taidemuseo, Kaivokatu 2, Metro, Tram: Rautatieasema, www.ateneum.fi, Di, Fr 10–18, Mi, Do 10–20, Sa, So 10–17 Uhr, Eintritt 12 €

Shoppen

Alte Markthalle

Der direkt am Südhafen gelegene Markt bietet sich hervorragend für eine Mittagspause an. Am besten ist natürlich das Fischangebot, vor allem im Sommer, wenn die Fischer am Kai vor den Toren der Halle ihren Fang direkt vom Boot aus anbieten.

Vanha Kauppahalli, Tram: Kauppatori, Mo–Sa 8–18 Uhr

Marttiini

Das »puukko« ist nicht nur das perfekte Messer, um Fisch zu filetieren, sondern auch ein hochwertiges Andenken. Die scharfen Klingen der Finnenmesser werden mit Griffen aus Messing und besonderen Holzarten versehen. Manche Editionen gibt es mit eingravierten Motiven auf der Klinge.

Aleksanterinkatu 11/Unioninkatu 23, Tram: Senaatintori, www.marttiini.fi

KOPENHAGEN

Die meisten Schiffe legen im Frihavn (Freihafen) an, von dort sind es zehn Minuten zur S-Bahnstation Nordhavn. Bis ins Zentrum (Hauptbahnhof) sind es vier Stationen. Einige Schiffe ankern auch an der Langelinie in unmittelbarer Nähe der Kleinen Meerjungfrau.

Sehenswertes

Kleine Meerjungfrau

Die meistfotografierte Frau Skandinaviens ist mehr als 100 Jahre alt, 175 kg schwer und aus Bronze. Hans Christian Andersen, der große dänische Schriftsteller, adaptierte Mitte des 19. Jh. den traurig-schönen Stoff der Kleinen Meerjungfrau, auf die sich die Statue an der Uferpromenade Langelinie bezieht. Ihr Antlitz modellierte der Bildhauer Edvard Eriksen nach dem Gesicht der Tänzerin Ellen Price, den Torso nach dem Körper seiner Ehefrau.
Langelinie, S-Bahn: Østerport

Nyhavn

Der Kanal wurde im 17. Jh. gebaut, um den Handel weiter Richtung Zentrum zu verlagern. Hier wohnte einst die Kaufmannselite der Stadt, die auf diese Weise Wohnstätte, Kontor und Schiffsanlegestelle kombinierte. Seine maritime und ökonomische Bedeutung hat der Nyhavn heute verloren, dafür befindet sich hier eine nette Kneipen-, Ausgeh- und Restaurantmeile.
Metro: Kongens Nytorv

Museen

Ny Carlsberg Glyptotek

J. C. Jacobsen, der Gründer der Carlsberg-Brauerei, war ein engagierter Kunstsammler. Sein Sohn Carl Jacobsen und dessen Frau Ottilia machten seine Sammlung im Jahr 1888 der Öffentlichkeit zugänglich – die Ny Carlsberg Glyptothek war entstanden. Kern ist die antike Kunst Ägyptens, Griechenlands und Italiens, außerdem werden in dem an venezianische Architektur angelehnten Bau Skulpturen von Rodin und Degas sowie dänische und französische Gemälde präsentiert.
Dantes Plads 7, S-Bahn: København H, www.glyptoteket.dk, Di–So 11–18 Uhr, Eintritt 75 DKK

Shoppen

Illums Bolighus

Das Einrichtungshaus bietet zwar auch Mode an, in erster Linie jedoch Stoffe, Möbel, Lampen, Glas, Küchenutensilien und jede Menge andere Objekte des dänisches Designs.
Amagertorv 10, Strøget, Metro: Kongens Nytorv, www.illumsbolighus.dk

Ausgehen

Tivoli

Der beliebte Freizeitpark in der Innenstadt blickt auf eine lange Geschichte zurück. Im Jahr 1843 eröffnet, war er für die Kopenhagener Bürger stets ein Ort, um die Sorgen des Alltags zu vergessen. Im Zweiten Weltkrieg galt der Park den deutschen Besatzern als Ort des Widerstands, da hier u. a. Jazzmusik gespielt wurde.
Vesterbrogade 3, S-Bahn: København H, www.tivoli gardens.com, Mitte April–Mitte Sept. So–Di 11–23, Mi, Do 11–24, Fr, Sa 11–1 Uhr, Eintritt 95 DKK

Bunte Giebelhäuser säumen den Kopenhagener Hafenarm Nyhavn (➤ S. 22). Hier legen auch die Boote zur Stadtrundfahrt ab.

LISSABON

Es gibt mehrere Kreuzfahrtterminals am Fluss Tejo. Kleinere und mittlere Schiffe können Santa Apolónia nahe des Stadtzentrums nutzen (mit U-Bahn-Haltestelle). Die anderen Terminals sind Alcântara und das benachbarte Rocha Conde de Óbidos Cruise Terminal (beide ca. 5 km westlich der Innenstadt, dort in Bus, Tram oder S-Bahn einsteigen).

Sehenswertes

Castelo de São Jorge

Die Existenz eines Kastells auf dem Hügel über der Lisabonner Altstadt kann bis in römische Zeiten zurückverfolgt werden. Die heute noch erhaltene, durch ihre schlichte Gestaltung umso wehrhafter erscheinende Feste geht auf die Zeit der maurischen Herrschaft über Portugal zurück. Eine Legende über die Rückeroberung der Stadt durch Alfons den Eroberer besagt, dass einer seiner Ritter während der Belagerung der Burg eine offene Tür entdeckt habe und sich, sein eigenes Leben opfernd, in den Türspalt warf, um den christlichen Angreifern den Weg hinein zu ermöglichen. Ein großer Teil der Anlage wurde bei dem verheerenden Erdbeben von 1755 zerstört. Seine Funktion als Königsresidenz hatte das Kastell zu diesem Zeitpunkt schon verloren. Der ehemalige Königspalast ist heutzutage ein Restaurant, von dessen Terrasse aus sich ein schönes Panorama über die Stadt bietet.

Metro: Rossio, dann Bus: Castello, www.castelodesaojorge.pt, tgl. 9–18, im Sommer 9–21 Uhr, Eintritt 7,50 €

Elevador de Santa Justa

Eine originelle Lösung, um den Höhenunterschied zwischen den Stadtteilen Baixa und Chiado zu überwinden, ist der Elevador de Santa Justa, den Ingenieure Ende des 19. Jh. am Ende der Rua de Santa Justa installierten. Die zwei Kabinen des in neugotischem Stil gestalteten Aufzugs fassen je 25 Personen, an der »Bergstation« befindet sich eine kleine Aussichtsplattform.

Rua de Santa Justa, Metro: Rossio, tgl. 7–21.45 Uhr, Hin- und Rückfahrt 5 €

Mosteiro dos Jerónimos

Das Mosteiro dos Jerónimos, einer der bedeutendsten Klosterbauten Europas, war ein Lieblingsprojekt des portugiesischen Königs Manuel I. Die Errichtung des prunkvollen Hieronymiten-Klosters wurde mit Geldern aus dem Ende des 15. Jh. von den Portugiesen beherrschten Handel mit Amerika und Fernost finanziert und durch den König und seine Nachfolger höchstpersönlich überwacht. Folgerichtig ist das Kloster ein Paradebeispiel des sogenannten Manuelinischen Stils, der durch reiche Ausschmückungen von Säulen, Fenstern und Giebeln auffällt und in der Formensprache oft auf Motivik aus der Meereswelt, der Seefahrt und den Entdeckungen in Indien und Amerika zurückgreift. Ein weiteres bekanntes, in diesem Stil gehaltenes Werk ist der nahegelegene Torre de Belém an der Mündung des Tejo. Auf einem Spaziergang durch das Kloster begegnet man häufig Abbildern großer Persönlichkeiten der portugiesischen Geschichte: Heinrich der Seefahrer, der Initiator der folgenreichen portugiesischen Entdeckungsreisen entlang der afrikanischen Küste, wurde mit einer Statue am Südportal der Klosterkirche verewigt. Statuen von Manuel I. und seiner Gemahlin Maria von Aragon sind Teil des prunkvoll ausgeschmückten Seitenportals. Das Grab Vasco da Gamas, der mit seiner Flotte den Seeweg nach Indien über das Kap der Guten Hoffnung entdeckte, befindet sich in der Kirche neben den Gräbern seiner königlichen Auftraggeber Manuel I. und João III. Unweit des in ungewöhnlicher Weise zweistöckig gestalteten Kreuzgangs liegt das Grab des heute noch oft gelesenen portugiesischen Schriftstellers Fernando Pessoa. In zwei im 19. Jh. hinzugefügten Bereichen wurden das Museu Nacional de Arqueologia und das Museu da Marinha eingerichtet.

Belém, Praça do Império, Bahnhof: Belém, www.mosteirojeronimos.pt, Mai–Sept. tgl. 10–18.30, Okt.–April Di–So 10–17.30 Uhr, Eintritt 10 €

Museen

Museu Calouste Gulbenkian

Der facettenreiche Geschmack des Kunstmäzens Calouste Gulbenkian zeigt sich in dem nach ihm benannten und zum großen Teil mit seiner Sammlung bestückten Museum. Der 1955 verstorbene Geschäftsmann mit armenisch-britischen Wurzeln sammelte Werke von der Antike bis in die Gegenwart und sah in seinem Testament die Errichtung einer öffentlich zugänglichen Sammlung an seinem letzten Aufenthaltsort Lissabon vor. Wer sich wirklich mit der Sammlung beschäftigen will, sollte durchaus ein paar Stunden Besichtigungszeit einrechnen. Vom Kunstgenuss entspannen kann man in dem umgebenden Park und dem preiswerten Museumsrestaurant.
Avenida de Berna 45, Metro: Praça de Espanha, www.museu.gulbenkian.pt, Di–So 10–17.45 Uhr, Eintritt 5 €

Shoppen

Manteigaria Silva

Seit 1908 die beste Adresse, um die bekannten kulinarischen Köstlichkeiten Portugals zu erwerben: Von Wein und Schnäpsen über Obst und Gemüse bis zu Würsten und Käse reicht das hochwertige Angebot. Eine Kostprobe des gesalzenen Stockfischs, »bacalhau« auf Portugiesisch, ist Pflicht.
Rua D. Antão de Almada 1, Metro: Rossio, Mo–Sa 9–19.30 Uhr

Ausgehen

Bairro Alto

Noch vor Sonnenuntergang werden die altehrwürdigen Gassen der Oberstadt wieder jung, wenn die ersten Lissabonner von der Arbeit kommen und den Tag mit dem einen oder anderen Drink ausklingen lassen. Von Touristenlokalen mit Fado-Musik über die traditionellen Tascas für die Alteingesessenen bis hin zu hippen Klubs und Bars für die frisch Hinzugezogenen reicht das Ausgeh-Angebot.
Metro: Baixa-Chiado

SANKT PETERSBURG

Fast alle großen Kreuzfahrtschiffe machen inzwischen im neuen, modernen Hafen Marine Façade an der Nevabucht fest. Dieses Terminal auf der Vasilevsky-Insel liegt ca. 4,5 km vom Stadtzentrum entfernt und ist mit der Metro (Station Primorskaja) erreichbar.

Sehenswertes

Erlöserkirche

An der Stelle, wo sein Vater von einem Attentäter getötet worden war, ließ Zar Alexander III. die Erlöserkirche errichten. Mit ihren farbenfrohen Zwiebeltürmen ist sie das einzige der St. Petersburger Gotteshäuser, das im Stile mittelalterlicher russischer Kirchen gestaltet wurde. Sie wird auch Auferstehungskirche oder »Auf dem Blute Alexander II.« genannt.
Chram Spasana Krowi, Nab. Kanala Gribojedowa 26, Metro: Newski Prospekt, www.cathedral.ru/spasa_na_krovi, Do–Di 10.30–18 Uhr, Eintritt 300 Rb

Newski Prospekt

Der Newski Prospekt führt auf seinen 4,5 km Länge durch das historische Kerngebiet der Stadt. Mit der Admiralität am einen und dem Winterpalast am anderen Ende entwickelte sich die Flaniermeile im 18. Jh. zum Mittelpunkt des zaristischen St. Petersburg. In dieser Zeit entstanden die luxuriösen Adelspaläste, die noch heute für das prächtige Aussehen der Straße sorgen. Guter Ausgangspunkt für eine Erkundungstour ist das Gostiny Dwor, ein Ende des 18. Jh. errichtetes Warenhaus gigantischen Ausmaßes, unter dessen Dach heute die großen Luxusmarken der Welt die bessergestellten St. Petersburger mit feinen Gütern versorgen. Prunkvoll weiter geht es an der Michailowskaja Uliza mit dem Grand Hotel Europe, das nach dem Ende der Sowjetunion wieder zu alter Glorie gebracht wurde. Hausnummer 28 auf dem Newski Prospekt

ist das sogenannte Singer-Haus, welches mit seiner Jugendstilfassade aus der fast durchgehend klassizistischen Gestaltung der Straße hervorsticht. Das Gebäude beherbergt heute statt den ursprünglich hier ausgestellten Nähmaschinen das Haus des Buches, die größte Buchhandlung der Stadt. Auf der gegenüberliegenden Straßenseite steht die Kasaner Kathedrale, deren geschwungene Kolonnaden als Referenz an den Petersdom in Rom konzipiert wurden. An der Moika angekommen, ist auf der linken Straßenseite das Stroganow-Palais zu sehen, das wie das Gostiny Dwor und der Winterpalast vom russisch-italienischen Architekten Rastrelli entworfen wurde.
Metro: Newski Prospekt

Schlossplatz

Die zeitlose Schönheit des Winterpalasts und des davorliegenden Schlossplatzes täuscht über die tief greifenden Umwälzungen hinweg, die sich an dieser Stelle ereignet haben. Der Winterpalast war ab dem 18. Jh. die Hauptresidenz der russischen Zaren in St. Petersburg. Deren Herrschaft endete im Jahr 1917, als die Bolschewiki mit dem Sturm des Palastes die Oktoberrevolution in Gang setzten.

Der Schlossplatz in seiner heutigen Gestalt geht auf die Initiative Zar Alexanders I. zurück, der nach dem Sieg gegen die napoleonischen Truppen den repräsentativen Bereich zwischen Winterpalast und Generalstabsgebäude als Symbol des erstarkten Russlands vorsah.
Dworzowaja Ploschtschad, Metro: Admiralitejskaja

Seit Peter dem Großen hatten die Zaren Kunst im großen Stil erworben. Heute zeigt die Eremitage (➤ S. 25) in Sankt Petersburg diese Schätze.

Museen

Eremitage

Der Gebäudekomplex der Eremitage mit dem Winterpalast als größtem und prächtigstem Bestandteil erstreckt sich entlang der Newa. Hier befindet sich eine der spektakulärsten und sehenswertesten Kunstsammlungen der Welt. Besucher mit wenig Zeit sollten zumindest einen Blick in die repräsentativen Räume der Kaiserzeit werfen. Der prunkvolle Thronsaal Peters des Großen, der mit Carrara-Marmor ausgelegte Große Thronsaal, die Militärgalerie und der mit Halbedelsteinen verzierte Malachitsaal zeugen vom vergangenen Reichtum der russischen Zaren.
Dworzowaja nab. 32–36, www.hermitagemuseum.org, tgl. 10.30–18, Mi, Fr 10.30 bis 21 Uhr, Eintritt 600 Rb

Shoppen

Vernissage (Kunstmarkt hinter der Erlöserkirche)

Von feinem Kunsthandwerk bis hin zu Trödel und dem einen oder anderen Sowjet-Andenken reicht das Angebot. Um die Preise darf durchaus gefeilscht werden.
Konjuschennaja pl.

Ausgehen

Sewer

Die Törtchen und Kuchen der Konditorei Sewer sind mit ihren herrlichen Verzierungen nicht nur schön anzuschauen, sondern schmecken auch noch herrlich. Im angeschlossenen Café kann man direkt zur Verköstigung schreiten.
Newskij pr. 44, Mo–Fr 9–22, Sa 10–22, So 10–21 Uhr

SOUTHAMPTON

Es gibt zwei Kreuzfahrtterminals in den westlichen Docks und zwei weitere in den östlichen Docks im Hafen von Southampton. Alle vier Terminals sind vergleichsweise günstig gelegen – man erreicht die Innenstadt innerhalb von 20 Minuten zu Fuß oder 5 Minuten mit dem Taxi.

Sehenswertes

Isle of Wight

Ordentlich stolz sind die Engländer auf ihre rautenförmige Insel im Ärmelkanal, so stolz, dass sie gleich mehr als die Hälfte der Insel zur »Area of Outstanding Beauty« erklärten. Das »Miniatur-England« verdient diese Würden durchaus, bezaubert es doch mit einem Mix aus Farmland, hübschen Cottages und der sich seit Jahrtausenden an den steilen Kreidefelsen abarbeitenden See. Auf der Insel haben sich viele auf dem Festland ausgestorbene oder bedrohte Arten sowie Fossilien erhalten.
Die spitzen Felsen der Needles an der Westseite sind die meistbesuchte Attraktion der Insel. Die Vielfältigkeit der Isle of Wight erschließt sich am besten bei längeren Wanderungen, abgerundet durch einen Pub-Besuch. Auch die Lieblings-Sommerresidenz von Queen Victoria, Osborne House bei East Cowes, lohnt einen Abstecher.
www.visitisleofwight.co.uk, südl. von Southampton

Old Town

Seine Bedeutung als Hafenstadt war Glück und Verhängnis zugleich für Southampton. Anfang des 20. Jh. wurde es zum zentralen Verkehrsknoten im Transatlantikverkehr, und auch heute noch ist das Wohlergehen der Stadt eng an den Hafen gekoppelt. Die industrielle und logistische Zentralstellung Southamptons war der deutschen Luftwaffe im Zweiten Weltkrieg Grund genug, einen Großteil der Stadt zu bombardieren – nur wenige Reste des mittelalterlichen und frühmodernen Southamptons überlebten den Krieg und die darauf folgende Neuordnung der Stadt.

Stonehenge

Der prähistorische Steinkreis inmitten der grünen Wiesen Wiltshires ist und bleibt eines der mysteriösesten und faszinierendsten Zeugnisse menschlicher Frühgeschichte. Zumindest über das Alter der Anlage besteht inzwischen Konsens. Erste Bauspuren wurden mittels modernster Messtechniken auf rund 3100 v. Chr. datiert, die ersten Steine wurden wohl um 2600 v. Chr. hergebracht – wie die riesigen Doleritsteine bewegt wurden, bleibt unsicher. Auch über die Funktion der Anlage wird weiterhin spekuliert. Die Reihung und Ausrichtung der Steine sprechen dafür, dass Stonehenge als jungsteinzeitliches Observatorium diente, während nahe gelegene Hügelgräber eine Nutzung als Kult- und Begräbnisstätte vermuten lassen. Die vielen Besucher kümmern diese archäologischen Überlegungen oft nur am Rande, für sie ist Stonehenge ein Ort, der gerade durch seine Rätselhaftigkeit bezaubert.
www.stonehenge.co.uk, Sommer 9–20, Winter 9.30–16 Uhr, Eintritt 14,50 £, 53 km nordwestl. von Southampton

Museen

SeaCity Museum

Das Museum veranschaulicht die symbiotische Beziehung von Stadt und Hafen. Eine Sonderausstellung widmet sich dem berühmtesten Schiff der Welt, der Titanic, die von Southampton aus ihre verhängnisvolle Jungfernfahrt begann. Ebenfalls thematisiert wird die Geschichte der Stadt als zentraler Anlaufpunkt für die vielen Auswanderer nach Amerika Anfang des 20. Jh.
Civic Centre, Havelock Road, www.seacitymuseum.co.uk, tgl. 10–17 Uhr, Eintritt 6,50 £

Shoppen

WestQuay Shopping Centre

Die zentral gelegene Mall bietet für jeden Geschmack etwas und lädt zum Shoppen, Essen und Verweilen ein.
20 Harbour Parade, www.west-quay.co.uk, Mo–Fr 9–20, Sa 9–19, So 11–17 Uhr

STOCKHOLM

Die meisten Kreuzfahrtschiffe legen am Frihamnen (Freihafen) am östlichen Stadtrand an. Von dort nimmt man die 15 Minuten zu Fuß entfernte U-Bahn (Station Gärdet). Einige Schiffe werden auch neben dem Terminal der Viking Line am Stadsgården vertäut: Hier sieht man die Altstadt, die man in etwa zehn Minuten zu Fuß erreicht.

Sehenswertes

Königliches Schloss

In seiner wuchtigen Bauweise beherrscht das Schloss die Stockholmer Altstadt Gamla Stan. Besonders die strenge Barockfassade an der Norrbro strahlt königliche Macht aus. Die Gestaltung des Schlosses geht auf Nicodemus Tessin d. J. zurück, den einflussreichsten Architekten seiner Zeit. Mit dem Bau der Anlage wurde 1697 begonnen, nachdem der Vorgängerbau mit dem schönen Namen Tre Kronor (Drei Kronen) bei einem Brand zerstört worden war. Durch Kriege und Finanznöte von Staat und Krone zog sich die Vollendung jedoch mehr als 50 Jahre hin. Die königlichen Repräsentationssäle sind vom südlichen Slottsbacken aus zu besichtigen. Im Saal »Vita Havet« (Weißes Meer) können sich Besucher wie die Gäste eines royalen Balls fühlen, auf der Galerie Karl XI. finden die königlichen Galadiners statt. In der Schatzkammer im Kellergewölbe des Schlosses sind allerlei wertvolle Artefakte aus der Geschichte der schwedischen Monarchie zu bewundern.

Kungliga slottet, Slottsbacken 1, U-Bahn: Gamla Stan, www.kungahuset.se
- Repräsentationsräume, Schatzkammer und Museum Tre Kronor: Mitte–Ende Mai, Sept. tgl. 10–16, Juni–Aug. tgl. 10–17, Okt.–Dez., Feb.–Mitte März Di–So 12–15, Jan. tgl. 12 bis 15 Uhr, Kombiticket 150 SEK (Mitte Mai–Mitte Sept. auch gültig für Antikenmuseum)
- Antikenmuseum: Mitte–Ende Mai, Anfang–Mitte Sept. tgl. 10–16, Juni–Aug. tgl. 10–17 Uhr, Eintritt 150 SEK
- Leibrüstkammer: Juni–Aug. tgl. 10–17, Sept.–Mai Di–So 11–17 Uhr, Eintritt 60 SEK
- Wachablösung: Mitte April bis Aug. Mo–Sa 11.45, So 12.45, Sept., Okt. Mi, Sa 11.45, So 12.45, Nov.–Mitte April Mi, Sa 12, So 13 Uhr

Rathaus

Schon von Weitem ist der rote Turm mit der goldenen Spitze im Südosten der Insel Kungsholmen zu sehen. Das Stadshuset ist eines der Vorzeigegebäude der sogenannten schwedischen Nationalromantik, die in eklektischer Weise nordeuropäische Backsteintradition mit venezianischen Fenster- und Säulenelementen kombinierte. Im eigentlich in Rot gehaltenen, aufgrund der ursprünglichen Gestaltungspläne jedoch »Blauer Saal« genannten Raum wird alljährlich das Bankett für die Nobelpreisträger gegeben. Der »Goldene Saal« ist hingegen dank reicher Mosaikverzierung tatsächlich golden und zeigt Motive aus der skandinavischen Mythologie.

Stadshuset, Hantverkargatan 1, U-Bahn: T-Centralen, www.stockholm.se/cityhall, Führungen (stündl.) tgl. 10–14 Uhr, Ticket 100 SEK

Im Südosten der Insel Kungsholmen erhebt sich der imposante Bau des Stockholmer Rathauses (➤ S. 27) mit seinem markanten Turm.

Museen

Skansen

Ende des 19. Jh., als die schwedischen Lokaltraditionen durch die Umwälzungen der fortschreitenden Industrialisierung bedroht schienen, wurde das Freilichtmuseum Skansen als Aufbewahrungsstätte authentischer Bau-, Lebens- und Arbeitsweise geschaffen. Mehr als 150 Gebäude aus dem ganzen Land wurden abgebaut und originalgetreu auf dem Areal des Museums wieder aufgebaut. Hauptattraktion sind aber die vielen Akteure, die fachgerecht alte, z. T. ausgestorbene Berufe vorführen.
Djurgårdsslätten 49–51, www.skansen.se, Mai–Aug. tgl. 10–22 (die Häuser nur von 11–17 Uhr), Sept.–April bis 16 Uhr (die meisten Häuser sind dann nur am Wochenende geöffnet), Eintritt 120 SEK

Vasamuseum

Nach seiner Fertigstellung im Jahr 1628 sollte das Kriegsschiff »Vasa« so viele Kanonen haben wie die gesamte gegnerische polnische Flotte zusammen. Es kam jedoch nur 1,3 km weit, bevor es kenterte und sank – mehrere Konstruktionsfehler waren schuld. In den 1960er-Jahren wurde es geborgen, seit 1990 ist es hier ausgestellt.
Vasamuseet, Galärvarvet, Djurgården, Straßenbahn: Skansen oder Fähre ab Slussen, www.vasamuseet.se, Sept.–Mai Do–Di 10–17, Mi 10–20, Juni–Aug. tgl. 8.30–18 Uhr, Eintritt 130 SEK

Shoppen

Kaufhaus Nordiska Kompaniet (NK)

Das Kaufhaus blickt auf ein mehr als hundertjähriges Bestehen zurück. Das Angebot ist hochwertig, die Preise sind selbstbewusst. Die schöne Jugendstilfassade kann völlig kostenlos bewundert werden.
Norrmalm, Hamngatan, U-Bahn: T-Centralen (c 3), www.nk.se, Mo–Fr 10–20, Sa 10–18 und So 11–17 Uhr

Ausgehen

Café Valand

Das denkmalgeschützte Café hat noch die originale Inneneinrichtung aus den 1950er-Jahren. Kuchen und Gebäck kommen frisch aus der eigenen Backstube, die Butterbrote sind lecker belegt. Das Publikum ist gebildet, der Kaffee schwedisch stark, neumodische Späße wie Latte macchiato sucht man vergebens.
Surbrunnsgatan 48, U-Bahn: Rådmansgatan Mo–Fr 9–19, Sa, So 11–17 Uhr

TALLINN

Der Hafen von Tallinn befindet sich einen halben Kilometer nordöstlich der Innenstadt. Das Zentrum ist bequem zu Fuß zu erreichen, es stehen am Hafen aber auch öffentliche Verkehrsmittel zur Verfügung.

Sehenswertes

Alexander-Newski-Kathedrale

Die riesige Alexander-Newski-Kathedrale auf dem Schlossplatz wurde Ende des 19. Jh. als Teil der kulturell-religiösen Angleichungspolitik des russischen Kaiserreiches erbaut. Angeblich steht sie über dem Grab des estnischen Nationalhelden Kalev.
Lossi plats 10, Mai –Sept. So bis Fr 8–19, Sa 8–20 Uhr

Domberg mit Domkirche

Im Volksmund heißt es, dass der Domberg der Grabhügel des legendären Kalev sei. Durch seine Höhe und den weiten Blick über den Finnischen Meerbusen hatte er stets eine herausragende Bedeutung als Verteidigungsanlage. Im 13. Jh. errichtete der dänische König Waldemar II. eine Burg, die im Laufe der Jahrhunderte von seinen schwedischen, deutschen und russischen Nachfolgern aus- und umgebaut wurde. Zu den ältesten Teilen gehört der Wehrturm »Langer Herrmann«. Im benachbarten, repräsentativen Schloss tagt u. a. das estnische Parlament. Die Domkirche aus dem 13. Jh. ist das älteste Gotteshaus der Stadt. Sie überstand das verheerende Feuer des Jahres 1684, wenn auch mit großen Schäden. Im Inneren dominie-

ren die Wappenepitaphe des deutschbaltischen Adels den Raumeindruck.
Toompea/Toomkirik, Toom-Kooli 6, www.mkirike.ee

Festungsmauer

Von der mittelalterlichen Festungsanlage, die einst die Tallinner Ober- und Unterstadt umschloss, ist noch viel erhalten: der größte Teil der Stadtmauer (1,8 von 2,3 km) und 26 der ehemals 46 Türme. Empfehlenswert ist sowohl der Blick auf die Mauer (z. B. vom Domberg) als auch in die Mauer: die Türme Nunna, Sauna und Kuldjala sind für Besucher geöffnet.

Nikolaikirche

Westfälische Kaufleute bauten im 13. Jh. die schlicht gehaltene Niguliste kirk an den Ausläufern des Dombergs. Die massive Gestalt kommt nicht von ungefähr, war das Gotteshaus doch ursprünglich als Wehrkirche zum Schutz vor möglichen Angreifern gedacht. Im Zweiten Weltkrieg fiel es dem Luftangriff der Roten Armee auf die Tallinner Altstadt zum Opfer, nach einem langwierigen Wiederaufbau beherbergt sie heute die Abteilung für Sakralkunst des estnischen Kunstmuseums.
Von großer kunstgeschichtlicher Bedeutung ist der »Totentanz«, der wohl aus der Werkstatt des Lübecker Malers Bernt Notke stammt. Die Vorlage in der Lübecker Marienkirche wurde im Zweiten Weltkrieg zerstört und auch das Gemälde in Tallinn ist nur unvollständig erhalten.

Die Silhouette des befestigten Dombergs (➤ S. 28) von Talinn: Links ist die Alexander-Newski-Kathedrale zu erkennen, rechts die Domkirche.

Niguliste Muuseum-Kontsertisaal, Niguliste 3, www.ekm.ee/niguliste, Mai–Sept. Di–So 10–17, Okt.–April Mi–So 10–17 Uhr, Eintritt 5 €

Museen

KUMU Kunstmuseum

Mit dem cool geschwungenen Bau am Rande des Kadrioru Park reiht sich die estnische Hauptstadt in die internationale Spitzenklasse ein, was die zeitgemäße Auswahl und Präsentation von Kunst angeht. Die Dauerausstellung im dritten und vierten Stockwerk widmet sich den klassischen Werken der estnischen Moderne sowie der Kunst in der Ära der sowjetischen Herrschaft. Der eigentliche Star des Museums ist aber das Gebäude selbst.
Eesti Kunsti-muuseum, Weizenbergi 34/Valge, April–Sept. Di, Do–So 11–18, Mi 11–20, Okt.–März Mi 11–20, Do–So 11 18 Uhr, Eintritt 6 €

Shoppen

Café Maiasmokk

Lecker und zugleich lehrreich ist das seit 1864 bestehende Café, dessen Name »Naschkatze« bedeutet. Einer der liebevoll altmodisch eingerichteten Räume informiert über die Geschichte des Marzipans.
Pikk 16, www.kalev.eu

Estnische Volkskunst

Als ein Volk, das lange Zeit unter fremden Herrschern leben musste, sind die Esten besonders stolz auf ihre Volkskultur. Die während der Unabhängigkeitsphase der 1920er-Jahre gegründete estnische Volkskunstvereinigung (Kodukäsitöö) ist eine der bedeutendsten Gruppen, die diese Kultur pflegen und weitergeben. Die Läden der Kodukäsitöö bieten in traditioneller Weise hergestellte Kleidung, Stoffe und Spielsachen aus hochwertigem Material an.
Eesti Käsitöö Maja: Pikk 22, Mo–Fr 10–18.30, Sa 10–17 Uhr

Übersee

DUBAI

Dubais Kreuzfahrthafen liegt nördlich des Stadtzentrums und südlich von Sharjah in der Nähe des Flughafens. Das Kreuzfahrtterminal verfügt über einen eigenen Taxistand. Kostenlose Shuttle-Busse bedienen die beiden Einkaufszentren Mercato Mall und City Center Drive, von wo aus man auch auf ein Taxi umsteigen kann.

Sehenswertes

Burj Khalifa

Das höchste Gebäude der Welt ragt 828 m über die Stadt am Persischen Golf. Die Aussichtsplattform befindet sich auf der 124. von 189 Etagen in immerhin 452 m Höhe. Auf dem Weg nach oben passiert man rund 1000 Wohnungen und Büros, mehrere Malls sowie ein Designhotel der Marke Armani. Weitere Superlative warten zu Füßen des Khalifa-Turms: Die Dubai Mall mit ihrem gigantischen mehrstöckigen Aquarium und rund 1200 Geschäften ist die größte der Welt. Im See vor dem Center gibt es ein eindrucksvolles Wasserschauspiel zu bewundern – die größte Fontäne schießt über 150 m hoch.
Ab Sheikh Zayed Rd., 1st intechange, Metro: Burj Khalifa, www.burjkhalifa.com, Eintrittskarten im Ticket Office im Erdgeschoss der Dubai Mall neben dem Eingang zu »At the Top«, sofortiger Einlass 400 Dh

Dubai Creek

An den Ufern des Dubai Creek liegen die Ursprünge der heutigen Metropole. Der ins Land hineinragende Salzwasserarm schlängelt sich in die Stadt und endet in einem kleinen Naturreservat. Ein Spaziergang an seinen Ufern bietet die Chance, das rege Treiben der Dhaus und Abras auf dem Wasser zu beobachten.

The Palm Jumeirah

Die künstlichen, wie Palmen geformten Inseln vor der Küste Dubais haben der Stadt einiges an Öffentlichkeit und viele neue superreiche Immobilienbesitzer eingebracht. Beeindruckend überragt wird das Ensemble vom Hotel Atlantis, welches Besuchern einen ganzen Themenpark voller Attraktionen zum Sujet Wasser bietet. Mit dem Festland verbunden ist The Palm Jumeirah, immer noch die einzige vollendete von insgesamt drei geplanten Meerespalmen, durch eine Monorail-Bahn.
Jumeirah Beach Rd., Metro: Internet City, www.nakheel.com

Museen

Dubai Museum

Dass Dubai einmal eine einfache, vom Fisch- und Perlenfang bestimmte Stadt zwischen Wüste und Meer war, daran erinnert das in einer neu gebauten Etage unter dem altehrwürdigen Al-Fahidi Fort eingerichtete Dubai Museum. Der Alltag der Stadt vor dem Ölboom wird in großen Dioramen dargestellt sowie das beschwerliche Tagwerk der Perlenfischer nachgezeichnet.
Bur Dubai, Bastakiya, Al-Fahidi Fort, Al-Fahidi St., Metro: Al Fahidi, tgl. 8.30–20, Fr 14.30–20.30 Uhr, Eintritt 3 Dh

Shoppen

Dubai Mall

Die Dubai Mall ist Shopping-, Freizeit- und Erlebniszentrum in einem. Wer keine Lust auf eine Einkaufstour hat, dem bieten ein Aquarium, eine Eislaufbahn, eine riesige Video-Arcade, ein Kino-Komplex und eine eigene Mini-Stadt für Kinder unzählige Möglichkeiten, sich zu vergnügen.
Bur Dubai, Dubai Old Souk, Metro: Al Ghubaiba

Gewürzmarkt in Deira

Der Gewürz-Souk betört Besucher mit den intensiven Gerüchen von Zimt, Weihrauch und Kardamom, die durch die engen Gassen strömen. Aus Pakistan, Indien, dem Iran und anderen fernen Ländern werden frische Gewürze, Früchte und Nüsse angeliefert und dem größtenteils touristischen Publikum angepriesen.
Deira, Sikkat al-Khail, zwischen Gold Souk und Creek, Metro: Baniyas Square

HONGKONG

Kleinere Schiffe docken im Herzen von Tsim Sha Tsui am Ocean Terminal in Kowloon an. Der Star Ferry Pier sowie eine MTR-Station (U-Bahn) sind beide fußläufig in 5 Minuten zu erreichen.
2013 wurden mit dem Kai Tak Cruise Terminal auf der Landebahn des alten Flughafens neue Liegeplätze für Kreuzfahrtschiffe geschaffen. Er befindet sich in der Kowloon Bay, ca. 14 km östlich des Zentrums.

Sehenswertes

Central District

Mit moderner, himmelstrebender Architektur ist der Central District das Aushängeschild und ökonomische Zentrum Hongkongs im 21. Jh. Hier haben die großen internationalen Finanzdienstleister ihre Niederlassungen, auch viele Regierungsstellen sind hier angesiedelt. Die Briten bestimmten die Gegend im 19. Jh. zum Hauptsitz ihrer Kolonie, in der Folge erlebte das Areal starken Zustrom von europäischen wie chinesischen Zuwanderern. Unter den vielen Wolkenkratzern stechen zwei heraus: der von I. M. Pei geschaffene Turm der Bank of China mit seiner Komposition aus Drei- und Vierecken sowie das höchste Gebäude Hongkongs, das eher schlicht wirkende International Commerce Centre (484 m). Traditionell werden beim Wolkenkratzerbau in Hongkong nicht nur die Gesetze der Statik, sondern auch des Feng-Shui beachtet.
Star Ferry: Central Ferry Pier No. 7

The Peak

Auf den Hausberg The Peak geht es mit der Peak Tram, mit Bus Nr. 15, Minibus Nr. 1 oder zu Fuß. Die 1,5-stündige Wanderung um den Berg endet mit einer unvergesslichen Aussicht auf den Victoria Harbour.

Seit dem Jahr 1888 fährt die Peak Tram Hongkongs Hausberg The Peak (➤ S. 31) hinauf und überwindet dabei einen Höhenunterschied von 368 m.

Nach Sonnenuntergang bieten das Lichtermeer der Stadt und dessen Widerschein im Wasser zwischen Hong Kong Island und der Halbinsel Kowloon einen spektakulären Anblick.
www.thepeak.com.hk

Wong Tai Sin Temple

Der für Taoismus, Buddhismus und Konfuzianismus bedeutsame Tempel im Norden Kowloons ist der Gottheit Wong Tai Sin, dem »Großen Unsterblichen Wong«, gewidmet. Während der chinesischen Neujahrsfeierlichkeiten ist der Tempel am stärksten besucht, soll doch das Opfern von Räucherwerk an Wong Tai Sin Glück für das ganze folgende Jahr bringen.
2 Chuk Yuen Village, Wong Tai Sin, Kowloon, MTR: Wong Tai Sin, Exit B2

Museen

Hong Kong Museum of History

Anhand einer vielfältigen Auswahl von Originalexponaten wird die wechselvolle Geschichte der Insel an der Mündung des Perlflusses nacherzählt. Die Themenbereiche reichen von der Natur- bis zur Militärgeschichte.
100 Chatham Road South, Tsim Sha Tsui, Kowloon, Tsim Sha Tsui Station, http://hk.history.museum/en_US/web/mh/, Mo, Mi–Fr 10–18, Sa, So, Fei 10–19 Uhr, Eintritt 10 HKD

Shoppen

Pacific Place

Wanchai war einst das Rotlichtviertel Hongkongs, besonders in der Zeit des Vietnamkriegs. Heute ist die Gegend für ihre vielen Bekleidungsläden und Restaurants bekannt.
88 Queensway, Wanchai, MTR: Admiralty, www.pacificplace.com.hk

Ausgehen

Temple Street Night Market

Nach Sonnenuntergang wird Hongkongs Temple Street (➤ S. 32) zu einem flirrenden Nachtmarkt mit Imbissständen, Wahrsagern und Alltagsobjekten.

Wenn sich die Dunkelheit über die Stadt senkt, lässt sich auf dem Nachtmarkt in der hell erleuchteten Temple Street die Lebhaftigkeit Südchinas mit allen Sinnen erleben. Unter grellen Leuchtreklamen wird mit Eifer um Preise gefeilscht, es wird gewettet und gespielt, an den Straßenständen werden kulinarische Spezialitäten und Weissagungen angeboten.
Nördlich des Kowloon Parks, MTR: Yau Ma Tei, tgl. ab ca. 16 Uhr

MIAMI

Miami ist mit sieben Terminals der größte Kreuzfahrthafen weltweit. Er befindet sich auf Dodge Island, einer künstlichen Insel, die sich östlich von Downtown und südwestlich von Miami Beach erstreckt. Mit dem Taxi oder Shuttle-Bus sind es ca. 5 km nach Miami und 10 km nach Miami Beach.

Sehenswertes

Art déco in South Beach

South Beach ist Miami, wie man es von Postkarten und aus Fernsehen und Kino kennt. Schöne, braun gebrannte Menschen schlendern auf den Boulevards, an denen sich Palmen und schicke Hotels aufreihen. Der vielleicht beste Zeitvertreib ist es, das rege Treiben mit einem Iced Coffee oder einem Cocktail in der Hand zu beobachten. Architekturbegeisterte finden zwischen 5th und 15th Street einige der bekanntesten Beispiele des Art-déco-Stils, etwa das Cardozo Hotel direkt am Ocean Drive.
1300 Ocean Dr., www.cardozohotel.com

Little Havana

Wer von Little Havana eine Stadt mit dem morbiden Charme des Originals erwartet, wird eher enttäuscht sein von dem funktional-einfach gestalteten Viertel. Gehörige Ausnahme ist die Southwest 8th Street, die Calle Ocho, in der die kubanische Lebensart ins Auge fällt. Hier gibt es authentische kubanische Restaurants und Fruterias mit herrlich frischem Zuckerrohrsaft. Jeden letzten Freitag im Monat präsentiert sich das Viertel bei den Viernes Culturales in seiner ganzen Schönheit und Schaffenskraft, mit Theater- und Tanzperformances, Essens- und Handwerksständen. Das Tower Theatre in der 8th Street ist das wichtigste Kulturzentrum des Viertels, hier finden Filmvorführungen und Veranstaltungen rund um das Thema Lateinamerika statt.
Westl. von Downtown Miami

Miami Seaquarium

Mit Delfinen, Orcas und Haien sind die Stars der Meere im Seaquarium vertreten. Größte Attraktion ist die Haifütterung, gleich zwei verschiedene Delfinshows gibt es zu sehen, eine davon in den Originalkulissen der Kultserie »Flipper«.
4400 Rickenbacker Causeway, www.miamiseaquarium.com, tgl. 9.30–18 Uhr, Eintritt 42 $

Museen

Pérez Art Museum

Das 2013 eröffnete Pérez Art Museum Miami mit dem vielsagenden Akronym PAMM, ein Partnerschaftsprojekt von öffentlichen Trägern und privaten Spendern, zeigt Avantgardekunst der Gegenwart in einem topmodernen, von dem berühmten Architekturbüro Herzog & de Meuron entworfenen Gebäude. In der Dauerausstellung sind die Größen der internationalen Kunstszene des 20. und 21. Jh. vertreten, etwa Ólafur Elíasson, Dan Flavin und Diego Rivera. Die Hauptattraktion des Museums sind aber die hervorragend kuratierten Sonderausstellungen.
1103 Biscayne Blvd., www.pamm.org, Di–So 10–18, Do 10–21 Uhr, Eintritt 16 $

Shoppen

Design District Miami

Für die einen ist die Wandlung des einstmals als Buena Vista bekannten Viertels zum sogenannten Design District der beste Beleg für die einzigartige Dynamik Miamis, während Kritiker in den Umwälzungen ein Paradebeispiel für rapide fortschreitende Gentrifizierung sehen. Noch in den 1990er-Jahren war zwischen West 1st Avenue und Biscayne Boulevard tote Hose. Anfang der 2000er-Jahre zogen hippe Künstler und Designbüros in die Gegend, denen kurze Zeit später das richtig große Geld in Form von Flagship-Stores der globalen Klamottenmarken, Galerien und Luxus-Boutiquen folgte. Die niedrigen Warenhäuser, die einst für den Verfall der Gegend standen, dienen heute – grundsaniert, aber in dekorativem »Shabby Chic« – häufig als cooler Hintergrund für Fotoshootings von Modemagazinen und -marken.
Zwischen North Miami und Northeast 2nd Ave. und Northeast 38nd und 41st St.

Ausgehen

Ocean Drive

Nicht ganz von dieser Welt erscheint der Ocean Drive in der Abenddämmerung, wenn die am Horizont untergehende Sonne das Meer golden erstrahlen lässt und die Neon-Leuchtröhren der Restaurants, Bars und Hotels eine nach der anderen beginnen, die Straße bunt zu illuminieren. Passiert man dann noch die Mitglieder der Jeunesse dorée, die den Drive täglich zu ihrem ganz persönlichen Laufsteg erklären, und die sich betont lässig über die Straße schiebenden pastellfarbenen Cabriolets der Marken Buick oder Cadillac, wähnt man sich vollends in einem Traum.
Ostufer von Miami Beach

NASSAU / BAHAMAS

Kreuzfahrtschiffe machen an der Prince George Wharf direkt vor den Toren von Nassau, der Hauptstadt der Bahamas auf der Insel New Providence, fest. Das Terminal befindet sich am Rawson Square, von wo Sie das Stadtzentrum in rund 10 Minuten zu Fuß erreichen.

Sehenswertes

Fort Fincastle

Wie ein steinerner Raddampfer liegt Fort Fincastle über der Hauptstadt der Bahamas. Mangels Feindaufkommen wurde die Verteidigungsanlage kurz nach ihrer Fertigstellung 1793 zum Leuchtturm umgebaut. Als 1817 ein neuer Leuchtturm auf Paradise Island errichtet wurde, verlor das Fort auch diese Funktion. 1928 wurde nebenan ein Wasserturm errichtet, von dessen Aussichtsplattform man über Nassau und aufs Meer blickt. Hoch geht es über Queen's Staircase an der Nordflanke des Hügels.

Queen's Staircase, Elizabeth Avenue, ab Shirley Street, geführte Touren tgl. 8–15 Uhr, Eintritt frei

Junkanoo Expo

Die Junkanoo Expo stellt die farben- und formenreichen Kostüme, Masken, Musikinstrumente und Dekorationen der Umzüge aus, die jedes Jahr zu Weihnachten und Neujahr die Straßen von Nassau in ein großes Fest verwandeln. Seit dem 17. Jh. wurden die alten afrikanischen Ahnenkulte der einst als Sklaven über den Atlantik verschleppten Bahamen in den Junkanoo-Paraden mit originellen Neuinterpretationen versehen.

Prince George Wharf, tgl. 10–16 Uhr, Eintritt 2 BSD

Museen

Pirates of Nassau

Das Museum führt Besucher zurück in die Zeit, als Nassau ein berühmt-berüchtigtes Piratennest war und Seeräuber wie der legendäre Blackbeard von hier aus die Westindischen Inseln unsicher machten. Absolute historische Faktentreue sollte hier nicht erwartet werden, das Museum nähert sich dem Thema eher auf eine der Zeit entsprechende, sehr unterhaltsame Weise.

George Street/Ecke King Street, www.pirates-of-nassau.com, Mo–Sa 9–18, So 9–12 Uhr, Eintritt 13 US-$

Shoppen

Bay Street

Die in Downtown Nassau direkt am Hafen gelegene Bay Street mit ihren bunten Bauten im Kolonialstil ist dank Duty-free-Shops und Souvenirläden ein Einkaufsparadies für die Besucher von New Providence.

NEW YORK

Die meisten internationalen Kreuzfahrtschiffe legen im Westen von Manhattan am Hudson River an. Einige Schiffe ankern auch im Brooklyn Cruise Terminal südlich von Manhattan im Quartier Red Hook in Brooklyn.

Sehenswertes

Central Park

Die 800 m breite und um die 4 km lange Grünfläche inmitten Manhattans ist zu Recht der berühmteste Stadtpark der Welt. Auf dem Running Track rund um das große Reservoir in der Mitte des Parks arbeiten stressgeplagte Manager in der Mittagspause an ihrer Fitness, auf den Baseballfeldern drum herum verbessern Kinder ihre Schlagkraft, während professionelle Gassigeher von ihren Hunderudeln durch die Gegend geschleift werden. An wenigen anderen Orten ist New York so unverstellt sympathisch und vielseitig.

Empire State Building

Die Glaubensfrage für New-York-Besucher schlechthin: Soll ich auf das Empire State Building oder das Rockefeller Center? Vorteil des Letzteren ist, dass es Ausblick auf Ersteres bietet, aber jenes ist nun mal das Original. Fast 40 Jahre lang, bis 1970, war der Wolkenkratzer das höchste Gebäude der Welt. In dieser Rolle wurde er zuerst von den Doppeltürmen des World Trade Centers an der Südspitze der Insel und später von der Konkurrenz in Asien bzw. im Nahen Osten abgelöst. Der schönste Wolkenkratzer der Welt bleibt das »ESB«weiterhin.

5th Ave. (zwischen 33rd und 34th St.), U-Bahn: Park Ave./33rd St., www.esbnyc.com, tgl. 8–2 Uhr, Eintritt 29 $

Times Square

Der Times Square kann selbst auf mental vorbereitete Besucher erschlagend wirken – mit all dem Blinken, Röhren, den hupenden Autos und sich hindurchmäandernden Menschenströmen. Hier herrscht die Illusion, ob nun in den imaginären Werbewelten der riesigen LED-Reklamen, den Auftritten der als Superhelden verkleideten Street-Performer, den Flagship-Stores von Süßwarenfabrikanten oder auf den Bühnen der großen Broadway-Theater.

U-Bahn: Times Square

Museen

Museum of Modern Art

Pflichtbesuch für jeden, der auch nur ansatzweise etwas mit moderner Kunst anzufangen weiß, ist das MoMA mit seiner weltweit einzigartigen Sammlung an Werken des 20. Jh. aus der ganzen Welt. Alle großen amerikanischen und europäischen Namen sind vertreten, neuerdings wird der Blick auch mehr und mehr auf Videokunst sowie die lateinamerikanische und asiatische Kunstszene gerichtet. Ab und zu läuft einer der vielen Filmklassiker aus dem umfangreichen Depot des Museums. Generell sollte man einen Blick in die oft sehenswerten Sonderausstellungen werfen und sich über aktuelle Veranstaltungen informieren.

11 West 53rd St. (zwischen 5th und 6th Ave.), U-Bahn: 5th Ave./53rd St., www.moma.org, Sa–Do 10.30–17.30, Fr 10.30–20 Uhr, Eintritt 25 $

Unzählige Leuchtreklamen prägen New Yorks Times Square (➤ S. 34).

Shoppen

Bloomingdale's

Mit raffiniertem Marketing, rascher Expansion und Sinn für Qualität hat sich Bloomingdale's in die Annalen des shoppingverrückten New Yorks eingeschrieben. Das Kaufhaus als Konsumtempel – selten wird dieses Image so wahr wie hier.

Zwischen Lexington und 3rd Ave., 59th und 60th St., U-Bahn: Lexington Ave./59th St., tgl. 10–20.30 Uhr

Meatpacking District

Der 2009 eröffnete Highline Park ließ es bereits vermuten, mit dem 2015 eröffneten Neubau des Whitney Museums an seinem südlichen Ende ist es Gewissheit: Der Meatpacking District ist der hippste Spot Manhattans. Das gilt auch in Sachen Shopping. Die kleinen Läden im einstigen Schlachthofviertel setzen auf Individualität im Angebot wie in der Präsentation. Das bedeutet ungewöhnliche Warenkombinationen, hochwertige Designerstücke und trendiges Verkaufspersonal. Der echte New Yorker kauft sich vor der Shoppingtour einen Latte Macchiato to go aus nachhaltigem Anbau und stärkt sich mit einem BLT-Sandwich bei einem der zahlreichen kleinen Delis.

U-Bahn: 14 St.

RIO DE JANEIRO

Das Kreuzfahrtterminal von Rio de Janeiro befindet sich entlang der alten Warenlager 1 bis 6 am Pier Mauá im Hafen Cidade Maravilhosa. Von dort dauert eine Taxifahrt zur Copacabana etwa 20 Minuten.

Sehenswertes

Copacabana & Ipanema

Selbst wer die Namen der großen Stadtstrände Rio de Janeiros kennt, unterschätzt vielleicht, wie stark die Stadtbewohner mit ihnen verbunden sind, wie untrennbar der Strand mit dem Alltagsleben verwoben ist. Die sandigen Areale zwischen Stadt und Atlantik sind Multifunktionszentren im besten Sinne: Hier treffen sich die Cariocas, wie man die Einwohner Rios nennt, um ihre durchtrainierten Körper zu präsentieren, miteinander zu feiern, zu handeln, Sport zu treiben und Musik zu machen, alles in fröhlich-lockerer Stimmung. Unterteilungs- und Orientierungshilfe sind die am Rande des Strandes aufgereihten nummerierten Postos, die Ausgucke der Rettungsschwimmer. Der Strand von Leme (Posto 1) ist vornehmlich von Familien mit Kindern bevölkert, der folgende Bereich ist die berühmte Copacabana, ab Posto 7 beginnen die Strände von Ipanema und Leblon. An Posto 6

sieht man oft Einheimische Karten- und Schachspielen sowie Fischer ihre Netze flicken, Posto 7 ist der Surfer-Treffpunkt und Posto 8 ist beliebt in Rios Homosexuellen-Szene. Im hinteren Strandbereich trifft sich die Jugend zum Flirten, Fußballspielen und Sonnenbaden.
Metrô: Siqueira Campos oder Cardeal Arcoverde

Corcovado

Einen Park haben viele Städte, einen Stadturwald kaum eine Metropole auf der Welt. Bis tief zwischen die Häuser hinein ziehen sich die Ausläufer des Parque Nacional Floresta da Tijuca. In der Zeit der portugiesischen Kolonialherrschaft war das Areal mit riesigen Zuckerrohr- und Kaffeeplantagen bepflanzt. Diese intensive Landnutzung bedrohte zunehmend die Wasserversorgung Rios, und so wurde das Farmland Ende des 19. Jh. wieder der Natur überlassen. Ebenfalls einen Besuch wert ist der 1808 angelegte Jardim botânico im Süden der Stadt. Der beliebteste Ort im wild gewachsenen Nationalpark ist die Spitze des Corcovado westlich des Stadtzentrums, auf der die 38 m hohe Christusstatue (Cristo Redentor) schützend ihre Arme ausbreitet. Auf den Gipfel führt eine Zahnradbahn, deren Talstation nicht weit vom Museu Internacional de Arte Naïf entfernt ist und von der aus weitere Wege in den Tijuca-Nationalpark führen.
Talstation der Zahnradbahn: Rua Cosme Velho 513, www.corcovado.com.br, tgl. 8.30–19 Uhr

Kathedrale São Sebastião

Wie eine moderne Maya-Pyramide ragt die gigantische Kathedrale von Rio in den Himmel über der Stadtmitte. Äußerlich eher monoton grau im Gesamteindruck, kommen im Inneren die bunten Glasfenster des Mitte der 1970er-Jahre vollendeten Gotteshauses zur Geltung.
Av. República do Chile, www.catedral.com.br, tgl. 7–18 Uhr

Zuckerhut

Gegenüber dem Corcovado ragt der 395 m hohe Zuckerhut (Pão de Açúcar) auf, der durch seine steilen Hänge und die Lage am Eingang der Guanabara-Bucht vor den Toren der Stadt einige Bekanntheit erlangt hat. Die Seilbahn mit Zwischenhalt auf dem Gipfel Morro da Urca fährt alle 20 Min.
Pão de Açúcar, Talstation der Seilbahn: Praça General Tibúrcio, www.bondinho.com.br, tgl. 8–20.40 Uhr

Museen

Museu Histórico Nacional

Das in einem ehemaligen portugiesischen Fort untergebrachte Nationalhistorische Museum widmet sich mittels zahlreicher Exponate der Geschichte Brasiliens von der vorkolonialen Zeit bis heute.
Praça Marechal Âncora, www.museuhistoriconacional.com.br, Di–Fr 10–17.30, Sa, So 14–18 Uhr, Eintritt 8 R$

Ausgehen

Confeitaria Colombo

Die Portugiesen brachten nicht nur Sklaven und Waffen nach Brasilien, sondern auch ihre Kaffeehauskultur, wie in dem schön eingerichteten Jugendstilcafé aus dem vorletzten Jahrhundert zu sehen und zu schmecken ist.
Rua Goncalves Dias 32, www.confeitariacolombo.com.br, Mo–Fr bis 20, Sa bis 17 Uhr

Weithin sichtbar erhebt sich die 38 m hohe Statue des Cristo Redentor auf dem Gipfel des Corcovado (➤ S. 36) über der Metropole Rio de Janeiro.

SAN FRANCISCO

San Francisco hat zwei Hauptterminals für Kreuzfahrtschiffe: Pier 27 wurde erst 2014 für diesen Zweck geöffnet, Pier 35 wird immer noch verwendet und befindet sich gleich neben dem Rummel auf Pier 39 und dem bekannten Hafenviertel Fisherman's Wharf.

Sehenswertes

Cable Cars

Die Ende des 19. Jh. als brandneue Form des Personentransports eingeführten Cable Cars haben heute ihre praktische Funktion weitgehend verloren, erfreuen sich aber ungebrochener Beliebtheit bei Besuchern aus aller Welt. Von den einst mehr als ein Dutzend die Hügel von San Francisco erklimmenden Linien sind nur noch drei übrig. Empfehlenswert ist eine Fahrt mit der Powell-Hyde-Linie, die zwischen Powell and Market in der Stadtmitte und Fisherman's Wharf verkehrt.
Einfache Fahrt 6 $

Golden Gate Bridge

Die Hängebrücke über der Bucht von San Francisco ist nicht nur das Wahrzeichen der Stadt, sondern symbolisiert für viele Menschen den amerikanischen Geist, stets das Unmögliche zu wagen. Fast 3 km lang ist die im Jahr 1937 vollendete Konstruktion, bei Flut liegt die Fahrbahn 70 m über dem Meeresspiegel. Die Brücke kann mit einem schönen und nicht allzu langen Spaziergang entlang der Küste vom Hafen aus erreicht werden.
Bus 28, 29 bis Toll Plaza am Südende der Brücke, www.goldengatebridge.org, Zugang für Fußgänger März–Nov. 5–21, Nov.–März 5–18 Uhr

Mission Dolores

Der älteste Gebäudekomplex der Stadt wurde 1776 von spanischen Siedlern errichtet, lange bevor das Gebiet durch den Goldrausch drastisch an Bedeutung und Bevölkerung gewann. Die große Basilika in prächtigem lateinamerikanischen Stil neben der ursprünglichen Kapelle wurde im 20. Jh. hinzugefügt.
3321 16th St., Bus: 16th und Dolores Sts., BART 16th St. Station, www.missiondolores.org, tgl. 9–16 Uhr, Eintritt frei

Museen

Exploratorium

Natur, Wissenschaft und Technik spielerisch erleben und erlernen ist das Prinzip des Exploratoriums, das seit seiner Gründung 1969 weltweit zahlreiche Nachahmer gefunden hat. Das Museum ist in Pier 15 untergebracht, einer der früheren Anlegestellen an der Embarcadero. Viele der originalen Gestaltungselemente blieben beim Einbau des Museums erhalten.
Pier 15, Straßenbahn, www.exploratorium.edu, Di–So 10–17, Do zudem 18–22 Uhr (erst ab 18 J.), Eintritt 25 $

Shoppen

Ferry Building

San Francisco ist weltweit eine der Vorreiterstädte, was biologische Ernährungsweise betrifft. Das Center for Urban Education about Sustainable Agriculture veranstaltet Di, Do und Sa den Ferry Plaza Farmers Market mit großteils biologisch angebauten Lebensmitteln aus der Bay Area. Donnerstags dreht sich alles um Street Food, was hier nicht Pommes mit Ketchup bedeutet, sondern raffiniert ergedachte Gerichte in handlichen Portionen.
One Ferry Building, Straßenbahn: The Embarcadero und Folsom St., www.ferrybuildingmarketplace.com, Markt Di, Do 10–14, Sa 8–14 Uhr

Ausgehen

Fisherman's Wharf

Mit ihren vielen Fisch- und Meeresfrüchterestaurants hat die Fisherman's Wharf die Verbindung zu ihren Ursprüngen als Fischereihafen erhalten. Dazu gesellen sich Touristenattraktionen wie ein Wachsfigurenkabinett und Ripley's Believe it or not Odditorium. Im Sommer geht es noch reger zu als sonst, bei Straßenfesten, Flohmärkten und Konzerten. Auch die Fähren zum berühmten Inselgefängnis Alcatraz legen hier ab.
Straßenbahn: Jefferson/Taylor Sts., Cable Car: Taylor und Bay Sts., www.fishermanswharf.org

SYDNEY

Hauptanlaufpunkt für Kreuzfahrtschiffe ist der Sydney Overseas Passenger Terminal in der Sydney Cove beim Bahnhof Circular Quay in Fußmarschnähe zum Opernhaus. Der White Bay Cruise Terminal eröffnete 2013 westlich des Darling Harbour in Balmain.

Sehenswertes

Harbour Bridge

»Coat Hanger« – Kleiderbügel – nennen die Bewohner Sydneys augenzwinkernd ihr zweitberühmtestes Wahrzeichen. Mit elegantem Schwung erstreckt sich die stählerne Bogenbrücke 503 m über den Jackson Port. Von der Cumberland Street aus können Abenteuerlustige in geführten Gruppen das Gerüst der Brücke bis in 134 m Höhe erklimmen und einen Blick in das Innere der Konstruktion werfen. Im südöstlichen Pfeiler können sich Besucher über die Baugeschichte informieren und von der Aussichtsplattform die Blicke auf die Stadt genießen.

Royal Botanic Gardens

Zwischen Opera House und Innenstadt liegen die bei Einheimischen wie Besuchern beliebten Royal Botanic Gardens. Besonders schön ist ein Gang durch das Tropical Center, in dessen Pyramiden-Glashaus ein kleiner australischer Regenwald angepflanzt wurde, sowie über die verschlungenen Pfade des Palm Grove Centre. Auch für eine Auszeit vom stressigen Besichtigungsprogramm bietet sich der Park wunderbar an.
Mrs. Macquaries Rd., www.rbgsyd.nsw.gov.au, tgl. 7–17/20 Uhr, Eintritt frei

Sydney Opera House

Schon bei seiner Eröffnung im Jahr 1973 war klar, dass das Sydney Opera House mit seinen gleißend weißen Segeln vor dem Hintergrund der Harbour Bridge das neue architektonische Wahrzeichen der Stadt werden würde. Nur eine grobe Skizze hatte der dänische Architekt Jørn Utzon beim internationalen Wettbewerb für das neue Opernhaus eingereicht, das an der Stelle des heruntergekommenen Tram-Depots auf Bennelong Point entstehen sollte; dennoch wurde sein kühner Entwurf schließlich verwirklicht. Der Bau wurde durch unerwartete technische Schwierigkeiten, explodierende Kosten und den daraus resultierenden politischen Druck massiv erschwert. Am Ende wurde das Haus ohne den entnervt das Projekt verlassenden Utzon fertiggestellt, erst bei der Neugestaltung der Oper zur Jahrtausendwende wurden seine Ideen für den Innenbereich berücksichtigt. Die verschiedenen Säle des Hauses werden heute unterschiedlich genutzt – natürlich für Opern und Symphoniekonzerte, aber auch für Theatervorführungen und Pop-Konzerte.
Bennelong Point, www.sydneyoperahouse.com, Führungen tgl. 9–17 Uhr, ab 29,60 A$ bei Online-Buchung

Museen

Australian Museum

Das älteste, bedeutendste Museum Australiens widmet sich in diversen Ausstellungen der Natur- und Kulturgeschichte des Landes. Einen Schwerpunkt bildet die Kultur der Aborigines, die hier eine umfassende, angemessene Darstellung findet.
6 College Streets, www.australianmuseum.net.au, tgl. 9.30 bis 17 Uhr, Eintritt 15 A$

Shoppen

Strand Arcade

Mode, Design und Kunsthandwerk aus der Region in original viktorianischem Ambiente gibt es in der Strand Arcade zu sehen und zu erwerben.
412–414 George Stree, www.strandarcade.com.au

Ausgehen

Darling Harbour

Lange Zeit wurde das Areal westlich des Stadtzentrums seinem bezaubernden Namen nicht gerade gerecht. In den letzten 30 Jahren wurde auf dem verfallenen Hafengelände jedoch ein attraktives, lebendiges Viertel mit Wohn-, Erholungs- und Freizeitwert geschaffen.
www.darlingharbour.com